文學叢刊

# 海　艷

無名氏全集第四卷上冊

卜寧（無名氏）著

文史哲出版社印行

國家圖書館出版品預行編目資料

**海艷** / 卜寧著. -- 初版. -- 臺北市：文史哲，民 89
冊：公分. -- (文學叢刊；106)（無名氏全集；第四卷）
ISBN 957-549-288-9(一套：平裝)

857.7　　89005939

文學叢刊 ⑩⑥

**無名氏全集第四卷**

# 海　艷（上下冊）

著　者：卜寧（無名氏）
出版者：文史哲出版社
登記證字號：行政院新聞局版臺業字五三三七號
發行人：彭正雄
發行所：文史哲出版社
印刷者：文史哲出版社
臺北市羅斯福路一段七十二巷四號
郵政劃撥帳號：一六一八〇一七五
電話 886-2-23511028・傳真 886-2-23965656

**平裝二冊售價新臺幣八〇〇元**

中華民國八十九年五月初版



ISBN 957-549-288-9

獻給這一時代為真理而受苦難，
而不屈，而掙扎，而戰鬥，
而終將獲勝的各民族純潔靈魂！

——無名氏

# 「無名書」修正定本共六卷

# 鳴謝

這許多年來，寶島的經濟起飛及其所衍生的繁榮，似漸漸影響社會生態及風氣。芸芸衆生中的相當多數（特別是不少青年），日益競逐物質生活的調適及享受，遠過於追求精神生活的性靈調劑及欣賞。流風所及，加上第四臺與網路的衝擊，純文學閱讀市場乃日趨萎縮，以致陷入極不景氣。這種不太正常的現象，雖尚不致如有心人士憂慮文學行將死亡，但至少它確實已漸面臨嚴重的市場危機。我們一貫堅信：文學是一個民族的生命活力的創造源泉，更是民族大靈魂探索並通達眞善美偉大境界的原發性的力量直如長江大河。儘管純文學市場日漸險惡，我們仍堅持優秀文學作品應繼續出版。因而社會諸碩彥遂發起成立「無名氏全集出版基金籌募委員會」，籌劃印行「無名氏全集」二十巨冊，五百餘萬字。這是一項很巨大很艱難的文化工程。在目前大不利的客觀環境下，不得不期冀社會有識有心人士及一些文化基金會的贊助。現在，已有一些素富正義感並熱心文化公益的機構及社會賢達們慨允支持「全集」出版，對他們無私的愛護文化愛護文學藝術的高尙精神，本會及卜寧（即無名氏、卜乃夫）本人特表示最深的謝意，並率先公佈首批鳴謝名單如下：（按其贊助出版的時間先後排序）：

國防部總政治作戰部（主任曹文生將軍）
聯合報系文化基金會
外交部（部長胡志強先生）
行政院新聞局（局長程建人先生）
行政院文建會（主任委員林澄枝女士）
行政院退除役官兵輔導委員會（主任楊亭雲將軍）
廣興文教基金會（董事長王廣亞先生）
世華銀行文教基金會（董事長何宜武先生）
僑務委員會（前委員長祝基瀅先生）
國防部總政治作戰部（前主任杜金榮將軍）
田家炳文教基金會
晨光文教基金會
中流文教基金會
中華民國團結自強協會（理事長白萬祥將軍）
柯明期先生
姚白芳女土
吳麗娟女士

無名氏全集出版基金籌募委員會
卜寧（無名氏）
啓

# 海艷說了些什麼？

## ——無名氏「海艷」重版序

曾昭旭

海艷的主題沒有別的，就是浪漫；甚至海艷的主角也不是別人，依然只是浪漫。但浪漫是什麼意思呢？浪漫就是什麼意思都不是。因為「浪漫」的詞義原就是無邊無際，無方無所，不可界定，無從執着。它只是一點形而上的生命精神（其實連這也不是），可堪意會，無法言傳。它如果生發於一個人的生命內部（例如當人獨對清風明月，倏然有所契悟的時候），便是如人飲水，冷暖自知；如果生發於兩個生命之間（例如當兩人四目交投，一剎那間互有所契會的時候），也只是心心相印，而不足為外人道。

所以，浪漫基本上是不可言說的；不止不堪為外人道，甚至當事過境遷，便連為自己道都已多餘，而不免走樣。

但什麼叫不可言說？所謂言說又畢竟何義？當人獨對穹蒼，感清風之徐來，仰明月之朗照，此時是有言還是無言？有相還是無相？乃至，當情人相遇，彼此以摯情相感，以生命相許之際，渾然忘我，不知有漢，此時又算是有言還是無言，有相還是無相？如若此時果然是生命真情的自然流露，那麼即使顯之於外的驚天動地，其內在本質恐怕也依然是亘古無言的寂天寞地罷！

而如若當此之際，生命的真誠稍一虛歉，其外現的形跡稍欠自然，一種習氣、慣性、黏着，一種規格化、模式化、定型化便即時湧上，佔據人的心靈，驅迫人的生命，而使人真我沉淪，但餘軀殼。此時乃謂之有相，此相乃謂之語言。而此語言，是不但不足以表顯生命，且反而適足以障蔽生命的。所以，當語言浮現，便是浪漫的死亡。

所以，若語言當幾而發，過而不留，便雖有言而亦無言。反之，若稍涉沾滯，不免眷戀，那便即使無言相對，也自顯愁慘之相了。

浪漫是不可言説的，雖然當浪漫流行時，也未嘗無言。

而世人則恆是在言與不言間拿捏不準，也因此恆在浪漫與沾滯間忽此忽彼，時迷時悟。而迷悟相尋，便顯露出生命現實，一種辦證詭譎的歷程來。這歷程，或者是迴環而上遂的，於是痴迷執着，也不過是偶然的幻相，而未嘗不可以翻成人上達的資糧，但這歷程也可能是一惡性的循環，於是偶現的清明，也不過是乍喜還悲，反予人更大的失望，遂不免更向幽邃的地獄沉落。當然更經常的是載浮載沉，下不於沉淪幽冥，上亦無以仰接天光，便會覺得人生只是一無奈的存在，為造化所隨機播弄。這時，偶然的愛情是值得人狂喜的，但愛情的失落也同樣令人哀傷；當然哀傷之餘人也未嘗不有若干領悟，然而憂傷方癒也還可能再度為愛痴迷。於是愛與浪漫遂成一亙古的神秘與蠱惑了。

人於愛情的路上，畢竟是下沉還是上達？抑或是起伏浮沉？恐怕也是一亙古的不可確知罷？

在這本質的不可確定中，言或者無言，便也以一無限複雜詭異的面相，在一切參與者的面前倏忽閃現了。

我完全不知作者在寫海艷的時候，他的心是清明的？還是執着的？劇中人瞿縈與印蒂也一樣，我也完全不知他們是神抑是魔？通過作者或者劇中人的心、眼、口、筆，那些鋪張的言辭，那些懾人的月色，那些詭異的夜晚，那些激情的狂濤，到底是一種超越的指點還是一種魔魅的掩襲？乃至那些激情後的平靜罷！我也不知道那是不是一種徹悟，或者還只是一種曚騙。

乃因浪漫本來不可言說（但言說並不一定就是言說），而一切言說是否果屬言說，也本質上不可確定之故。

那麼，誰是最後的確定者呢？那無疑只有你。是的，就是你，「你」！你是浪漫的唯一見證者與創造者。印蒂不是，無名氏不是，我不是，而「你」！你是。這本書是不是浪漫的靈光爆破，完全取決於你讀了之後是不是有一種浪漫的真實觸動。他是否值得你珍重收藏，也完全取決於你讀了之後是否領悟到什麼。

是的，由於海艷的主題是浪漫（乃至其他主題是浪漫的文學作品也一樣），所以它的命運便已註定握在你的手上。因為這便是浪漫所以為浪漫的本質。也因此連帶的，我這篇序也一樣，它是否有益於本書主題的點明，抑或是根本多餘，也非我所知，非我所能聞問。

那麼，就讓我就此打住罷！我恐怕已經說得太多了。

# 海艷 目錄

（下冊）

# 第一章

## 一

海幻著、亮著、夢著、藍著，一片無極無限藍，藍裡有船，有流動，有天空。白鷗在天藍與海藍間飛。黑燕翔舞明藍，像一枝繡銀箭鏃，白色文鰩魚突然斜衝出藍波，瞟疾的掠波飛，斜斜曲曲的，展開長長胸鰭如鳥翼。鮮燦燦陽光，投影於藍色粼動裡，無停休編織金色花紋、流動花朵、華光四閃的花圈。波面漩起藍色的弧，金色的弧，一環環的，一匝匝的。所有波形都是海的夢容夢態，海藉波語呢喃夢囈。一圈圈渦形的大漣漪，陀螺式轂轉且旋舞，按照水分子的軌道，描畫海的圓運動，四射金色的泡沫、藍色的泡點、青色的水珠。銀藍色的鯡魚在藍水裡游。藍褐色的鱒魚在藍液裡泅。一些神秘的微細動物浮露海面，琉璃樣透明。屈折的光色從海底簇昇上來，彎彎迤迤的，海面現出許多同斜褶曲。海水溫柔的相互摩擦，鹹味滲入藍，也比例著藍。藍浪中飄漂紅色海藻，綠色褐色的海藻，它們像海的幻想，聚散無定，時隱時顯。海有著金色的綠色的幻想。海船似乎就在海幻想裡靜靜走。海現在無限純淨，無極圓圓的藍，沒有珊瑚礁，沒有岩礁，沒有島嶼、沙洲、磯岬，濱岸，一切明靜而單一。它似變成一片大平原，一溜開遍非洲藍色蓮花的空間，人可以騎白馬，在上面永無休止的馳。藍色平面綿亘無盡，投印天空的顏色，天藍海藍幾分不清。海船四周銀鷗，愈飛愈多了，一隻隻拍著白色翅膀，像一群白衣女尼羽化了，沾帶一種空靈與素淨，一種只有修道院才能飄溢的超脫芳香。這是一個初夏上午，有七色太陽，有亮色藍天。海早閉上眼，渾身舒散夢中的藍情調，透明度濃濃的，水色淡淡的。白色海船遨遊藍海面，遊得很輕鬆，像一朵白色花飄在藍天，又似一輪白色月亮游泳藍雲間。人意識內，很難分別船是走在海上，還是走在天上；是在水裏，還是在雲裏。天海雲水都溶成一片玉灩灩的藍。

印蒂又站在大海面前。

他兀立甲板上，憑著欄杆，深深凝望海。四近有人散步，有人看海，有人談天，他們的聲音和動作，形成一些複雜而不安的氣球體，飄動於船頭。但這些球絲毫不影響他。他整個情緒都貫注海面。自從上船後，他就把海當做一本聖經，從早翻到晚，幾乎連整個郵船的存在全忘記了。他大半時間都消磨於甲板，專一看海。看倦了，就閉眼假寐。醒了，一睜眼，到處是藍。

海！這魔迷的存在！偉大的存在！永遠是汲不涸竭的智慧聖水。不斷給他啓示和沉思。它最大的啓示是：生命不只有暴風雨，也有美麗與和平。此刻，它就把純潔的和平捧給他，平靜他那曾被暴風雨激蕩起的急促血流。這正是靈魂兩種界域，衝過暴風雨，靈魂必須靜躺在和平牧場上。他目前心境，正像面前這片海靜：厭倦暴風雨，厭倦血腥，厭倦那些火坑、陷阱、醜惡、污穢，以及那些兇厲的面孔。他唯一渴望的，只是一點聖潔、美、夢，不折不扣，毫不滲雜任何相反材料的夢。生命絕不是獨斷教條，也不是長長法官席上的鈴聲，也不是粗暴武當拳，或文雅的太極拳，更不是要窒死人的那些狂亂吼聲。生命只是一點不穿任何外衣的美，一種不圍任何裙子的靜。在這片永生的美和靜裡，任何虛幻假託全不存在，也毫無必要。也只有藉這種永生事物，才能斫掉那些骯髒的手，那些卑污的樹。當前這個人問，不時伸出漆黑一片的手，它們斫掉一棵漆黑的樹，卻栽兩棵，斫了兩株，卻又栽四株，斫伐著黑眼裡一片昏花，再分不清那原先所定的界限。他有什麼理由再去擠到他們中間，做一個終生看不見眞天空眞雲彩的黑暗斫伐手？眞天空眞雲彩這時不正在他面前？湊熱鬧擠在大黑暗森林內的人，哪裡能看見這些？他所有要求於生命的，此刻不都出現了？寬大、自由、平靜、美麗？過去十年暴風雨，抵不上眼前一點鐘、一刻鐘，甚至一分鐘、一秒鐘。這一種和平與美，對他是一派絕對陌生的世界。那些在血裡面吼叫的人，始終唾棄這個世界，但他們被污血弄歪扭了的思想，不正需要這片空間的純淨加以扭正？他們那些被鮮血染模糊了的眼睛，不正需要一點海水洗乾淨？血，特別是模糊複雜的血，並不是眞理的唯一大律師。眞理的律師太多太多了。人沒有理由擁抱這個律師，踢走別的所有律師。

現實政治鬥爭中，他多年求不到的絕對，此刻，他在一秒鐘內就求得了。在大海面前，再沒有手段、懷疑、猜忌、陰謀、誣陷、卑劣、殘忍。這裡，只有一個絕對完整的表現：它誘惑人無條件活下去，召喚人絕對向永生走，往生命最深點走。這時候，人不再感到生命的粗硬，會用一種感激的情緒，交付自己的一切。

「啊！海！我感謝你！你告訴我生命中最崇高的部分。今後，我要接受你的思想，用一個嶄新觀點看世界、看宇宙。……」

印蒂思想改變，絕不是一種偶然。自從到南洋S埠後，他的生活就劃了一條新紅線。半年來，在南洋群島，由於那些高高椰子樹，陽光和海水，由於長長的平平的海岸，以及熱帶的赤裸裸的氣氛，他的精神進入一片新領域。極度人間的陰暗，被南洋的陽光照亮了。極度凝定的鬱悶，被南洋海水衝掉了。在這些簪插原始素樸的島嶼上，人的複雜思想感情漸漸統一起來。那雙因日光而分外明亮的眼睛，慢慢瞥見人類的原始根源，以及一些在騷囂社會所看不見的東西。人可以聽到一種充滿永恒音符的單純曲調。他開始感到這些島上許多由陽光與海水編織的存在，應該帶入那地獄式的人間去，帶到那些除了血再不知別的存在的人群中。

印蒂本擬卜居南洋一個長時期，林鬱也希望他這樣。可是，他過去那段災禍，似乎還未唱完，居然在南洋出現一支尾聲。當地竟有人告發，說他是共產黨，負有秘密使命來此，並舉他在光明報所發表的一些專論爲例。在這些文章裡，他積習難除，依舊用新興社會科學觀點來分析許多國際問題，對大英帝國及荷蘭帝國照例懷著深度的憎惡與輕視。歷史性的政治糾葛，再加上反荷反英（二者實一），他被當局驅逐了，幾乎連累光明報也要停刊。林鬱頗氣憤，決定向報館董事會辭職，但因爲一些交代手續和雜務，他還得多住一兩個月。印蒂便先回國。印蒂知道，這一套把戲，是某黨駐B埠支部在鬧鬼。按他過去脾氣，他應當憤怒極了，但他只付之一笑，認爲是一場很滑稽的無妄之災。加之母親不時來信，提醒他去年所答應的旅行限期（不超過半年），他決定提前離開南洋。這次回國，他還帶著點另外計劃：打算在家中住一段時期後，就找一個山明水秀的風景區，好好過一段詩意生活。他打算修正柏拉圖的論調，不僅要寫詩，也要活在詩裡。照他現在看來，這個世界，實在比他過去所感受的要大得多，大得正像他面前的海。在海裏，一個人可以泅泳、可以看雲、可以釣魚、可以泛舟，也可以躺臥海灘上曬太陽。人的手足是自由的，它們儘可表現自己所願表現的姿態。

印蒂在甲板上來回閒蹀，一種說不出的歡樂情緒裹住他。他被大海整個抓住了。

海實是一座不可思議的淵，它剝掉人所有肉體空間，卻又塡滿他全部精神空間。在這片藍色無極裡，印蒂整個實體化一片空靈。他每一條血流都往這片藍流去。他瞳孔每一粒水晶分子，全溶入無限。無限滲透他，像湖水滲透苔草。他的手足不再是摸觸體，而是呼吸體，一毫最微細的動彈，就能深呼吸無限的濃氛。他沉重的自我存在，也凝成無限的一粒細胞。他自己徹底空了，只剩下沙粒一點大的膠狀意識，隱隱聯繫外界的最後媒介。在這片生命母體的藍色中，他的心靈擴大了。海強調了他的巨大擁抱力。從此，他更愛擁抱了。海用藍用音告訴他，生命最高力量是大擁抱；他必須從中深味宇宙，了解世間。一雙從未擁抱過的臂膀，只是殘廢的朽枝。

海也是一種生物，專製造且描畫無限的生物。它以藍、以圓、以流來描繪。它把無限塗鬆上太陽的金，又抹上風的痕迹，再滲雜天空投影。這是一個宇宙以外的生物，它藉藍表現青春，藉黑顯示深度，藉暴風雨抒發它平日所埋葬的另一面。只有尊敬這個生物，我們才能咀透人性最底面，把握生命的眞實手臂。

印蒂懷著酒徒情緒，凝立大海面前。他睜著酒徒的眸子，瞭望它。世界上最偉大的酒，是海，但習慣喝它的人並不多。他勉勵自己：必須養成這一嗜好。只有這一嗜好深切固執化了，他所有夙疾才能根治。他不須上西天找金丹，藥就在他身邊。他眼睛像兩片饕餮的嘴唇，無饜的啜吮這片藍色藥酒。漸漸的，海的不死感滲透他。他確信這個世界眞有不死存在。

## 二

夜來了，月亮從海平面昇起，像一株銀色火，又冷靜，又精鍊。海面立刻釉了層魔祟色彩。整個大海幻成妖嬈的女巫，抖動羅可可式的蠱惑，引誘人投向她，雖然這是投入危險。白色睡蓮花，無數千萬朵，恍恍惚惚，夢樣招展於海體。月光把海造成一座白色花苑、一派花式的海。適應海面水分子圓運動、橢圓運動、與水平運動，這一大片白花作圓舞蹈，拍著緩靜的節奏。對照海上一汪玉白，天穹呈一片深藍，藍中又凸顯一顆顆透明；是星斗。天和海本似一種存在體，一個無限的巨大蛤蜊，忽然張開來，上面藍，下面銀。

在藍和銀的界限內，輕馳亞熱帶海風，像麋鹿，敏捷而溫柔，帶點鹹味。當海風由微騁轉爲繚繞時，漸漸的，月光也染了點鹹味；那片乳白色，不只衝入人的眼簾，也鑽入他的唇舌。

這樣的海上月夜，印蒂常不想睡。所有搭客休息了，他獨自走出艙室，靜悄悄的，沿吊梯爬上船頂，踱到一隻白色救生艇邊，坐在一隻白色帆布椅上，獨自享受海。夜裏看海，他願意爬上船頂，不願站在甲板上、欄杆邊，有兩個理由。第一，甲板四通八達，經常有旅客散步，容易碰見人。船頂比較幽僻，除水手外，平常閒人較少，夜深時，一片孤寂瀰漫一切，他可以孤獨的留在這兒。也只有在這種絕對孤獨中，他才能絕對佔有當前一切景色。第二，要整個擁抱這樣的月夜海景，一個人與藍天之間，必須毫無阻物，感覺自己與純潔空間赤裸裸擁成一片。因此，只有赤裸裸直接站或坐在藍天下，前後左右，幾乎一片光蕩，他才能深深抱著海和月光。兀立甲板上，凭欄看月夜、海景，好像戴了副鐵手套與愛人握手，不是味道。

基於上面理由，他一上船，從第一個月夜起，每夜都攀登船頂，消磨許久。

今夜，他剛一站定，一個充滿預感的現象立刻又抓住他。他不禁吃了一驚，愕然道：

「怎麼又是她？」

是的，正是她！這是第三次了。眞有點鬼氣。

印蒂欣賞月下海景，加了兩個前提，總算設想圓全。但從第一夜起，他就發現，這只是半圓。靠船首無線電天線下，隱隱的，居然有一個白色形體。他當時全副心思，都貫入海色，並未去仔細追究。昨晚，他再來時，才覺得這個「半圓」眞是注定了。靠船首確有一個人，不只是「人」，而且，（經他詳細觀察後），還是個女人。這一夜，他仍凝神看海，並不理會。他想，海是大的，容得起各種眸子，各有各的海緣，以及看海理由，……可是，今夜，這是第三夜了，他又邂逅她。他再不能無動於衷了。他兩眼像掛上鈎的魚，不時被一股力量從海內拖開去。他仔細端詳了幾次。她面對海，他看不見她的臉。她唯一符號，只是那點白：一片白色裝束。她整個人似深深沉入海，海以外的存在，對她只是零。船頂裝鑲厚厚橡膠，人走在上面，並沒有腳步聲，他又是坐在機艙頂蓬附近，她根本就沒有察覺他的存在。

印蒂對那白色存在望了一會，視線終於回到海面，讓自己思想墜入海底。漸漸的，一些幻想燦燦爛爛飄起來。他面前似乎不是海，而是大捲大捲的雪，露灑晃曜，閃爍了深夜，也代替它。這豐饒的雪景簇新而普洽，把世界改造成一個亮的世界、晶的世界，晶晶亮亮中一片謐靜。這種靜正是月光特色，卻分外豪華的在海體上表現了。沉重的機輪聲軋軋響，比照的更誇張了這靜。海現在好像並不用一種美來俘虜他，而是藉靜來捕捉他。海，一個狂暴的精靈，這時卻又白又靜，像意大利雲母石一樣溫柔，且帶點肉感，又迷人，又黏人，他實在無法抵抗。他不禁深深沉進去，幾乎要發出一種呻吟。

不知沉了多久，無限白靜中，偶轉頭，他又遇見船首那片白色存在。眞怪，它竟像這片海靜一樣感動他。在這樣的月光下，海水上，靜夜裡，那女人即使是一塊冰冷岩石，也會發生一種挑逗意味，一股熱力。

他禁不住一陣顫慄，那女人似乎突然從身外衝入他身內。他附近實在潛存一片異樣力量。他開始敏感它的蔓延性與侵漬性。「難道竟會發生一點事情嗎？」他預感式的想。他沉思了。這一預感並不缺少理由：一片白色的海，一朵白色的夜，一個白色女人，這三者聯串起來，就夠發生一點事了。

他正式轉過頭，向她那面望去。巧極了，不知由於什麼靈感，她彷彿忽然發覺他，也轉過頭，開始打算辨識他。但她只斜偏了點臉，並不正對他，因此，他只能看到她的側面，抓不住她整個臉輪廓。她斜過臉，一發現他在正式端相她，立刻又轉回首。

他沒有看清她的臉，並不失望，卻往她那一方向邁了八、九步，仔細端詳她的形體。她穿一襲西式長袍子，是透明的絲質。它似乎有無限長，無限白，把她本就修長的身材，襯映得更苗條了。她像雅典神廟的一根白石圓柱，華貴而和諧。她繁茂的幽黑鬈髮，長長的散披於雙肩，隨風飄舞，給人一種大森林感覺。她整個人似乎就是太古森林產物，只由於一陣偶然海風，才從神秘濃蔭核心吹出來，飄到海上。她全部姿態，就是一種飄，一縷嫋，一片昇騰，在飄嫋昇騰中，卻又不缺少奇異的雕塑華嚴。人對她望久了，不僅被喚起無限飛飄昇騰的慾念，同樣也會喚起對莊嚴的渴望。

印蒂還沒有看完，迅速轉過臉，面臨大海，喘了口氣，如釋重負。一個警告在他心裡響：「這個姿態是一種危險！」一點也不錯，對於男人，這種姿態，常會發展成一種謀害。假如說海流海藍能洩漏海的秘密，一個女人內心所藏的珠寶鑽石，也會透過形象姿態而放光、發亮。他剛才的短短瞭望，像聖徒朝拜科隆大教堂，無須踏上石階，登堂入殿，只要遠遠望一眼那高高飛騰的哥特塔尖，就可以直覺肯定：堂內會蘊藏無量數更飛騰的生命。這也許是命定：有怎樣的姿態，就會有怎樣的臉，怎樣的心靈。他不敢再聯想下去。

約莫有二十分鐘左右。他靜靜觀海，不再轉首。

不久，一個古怪念頭又昇起來，他忍不住又回過頭，向她那邊眺望。才一轉首，他吃了一驚，她也正轉臉端相他。像一陣電光石火，四隻眼睛碰擦了。她怔怔瞪了他幾秒，立刻又轉過臉。剎那間，他獲得這個年輕女人的全部臉輪廓。

他喘了口氣，閉上眼。這正是一副叫他感到生命殘酷的臉，一幅使人在第一眼就幾乎停止呼吸的臉，一張過一百萬年也不會忘記的臉。

在白色月光刺繡下，這年輕女人象牙黑的眼睛裡，閃灼三類色素：深沉、黑暗、明亮。

她臉上交替三關情調；印度紅瑪瑙、北極雪、波斯古巖窟。她面龐是一片天空，盛夏白雲閃亮時的白色天穹，上面出現幾種古希臘造型產物：高高的鼻子，彎曲的薄薄紅唇，弧形的頰，以及一些像海上氣候一樣不可捉摸的窵秘線條和光影。她充滿雕塑感的臉輪廓、不過是一片透明薄幕，穿過它，一雙犀利眼睛，可以直入幕後，捕捉那豐茂的靈幻存在。人不難發現，她深深蘊藏的精神狀態、似一場古代鼙舞，涵蓄無窮的婆娑和迂迴，無量數的波浪節奏與旋律，以及一些能拯救人也能毀滅人的事物。

這是一個磁極味的女人。從第一個剎那，人就可以由她灼熱眼睛裡，體味她內在的一股神異旋動力。她所有姿態與動作，不只是立體形象線條，而是從她靈性核心深處旋滾出來的產物。這是一個懂得建立核心並表現核心的女人。和她在一起，你很容易被重重纏裹在一座深沉雰圍裡，你會感到：你四周洶湧一圈圈魔祟的暈。在這層滲透性的暈光中，你經常用的那桿天秤粉碎了，代替的是一片深湛的感覺惰性。由這惰性綿延之流，你覺得整個世界換了副臉：極異樣，又極誘惑。這種女人所給人的印象，永遠是刑罰式的烙印，一次烙上，一輩子別再想揭開。不同是，由於年齡，她魔力的調子還帶點口哨味和笛味，並非地獄式的沉重。一雙江湖老眼可能貫透她渾身濃烈色彩，看到一片新鮮而樸素的內層。但印蒂的經驗卻不許他這樣敏感，他被她渾身那片油彩眩昏了。

讀（不是看）完這個女人的臉，印蒂像活完一個世紀，一種異樣長長的感覺沁透他。緊接著，是他內心的喊聲：我的舊世紀完了，一個新世紀來了。

船幽幽前進，駕月光，騎波浪。船尾處一陣宏壯濤聲，像一些輪滾體，在月光裡無停休廻旋。海裸出銀色胴體，弧形味的扭擺著，好像月亮就是她的情人，她要整個委身給他。一簇簇銀質光輝燿燴於波頂、波谷，所有波面砌成一些風信子石編織的羽扇，燦煥揮動。一些夜光蟲在夜空飛。天穹愈益藍靜了。

瞧著海上月光，印蒂說不出的覺得異樣難堪。

他決定向船首走去，打算再仔細看看。

可是，他才走不幾步，那個白色女人似乎敏感到什麼，陡然繞了個圈子，輕輕走向吊梯，消失在樓梯口。

當她向吊梯走去時，印蒂不斷端相她的背影。她走路的姿態實在動人，好像一個在天堂裡尋找上帝的聖女，步態又莊嚴，又虔誠，彷彿每一步都代表一份高貴的思想，一團高貴的感情。

這一晚，印蒂回艙內，第一次失眠。

他躺在床上，默想著一些從未想過的事。

## 三

這是第四個夜。印蒂第四次踏上船頂，賞月光，享受海和幽夜。

海非常靜，靜得像入禪定。海水充滿禪味。青色波浪上下運動，並不牽累海底流，只淺淺影響海平面，叫海面添了一層華爾滋的溫柔情調。海彷彿也能自我欣賞，懂得：只有這種青色月夜，才能表現它聖幻的一面。因此，它伏貼極了，除了船首船尾，再無衝流與急浪，更沒有逆濤。到處是輕淺的瀨波渦漩著。青色的月，比昨晚豐滿，也更幽魅了。隨海上「漂流」，它的光也四處浮漂。無量數青色投影，彎彎曲曲的、幽幽麗麗的，隨浪紋抖顫，像是冠在樂譜前面的無窮$符號，徵兆音樂家的無限靈想的幻感。亞熱帶天空的星斗似乎分外明，長長長長的直垂下來，和波浪上這許多青色$形聯成一片。幾隻海鳥從月光裡飛出來，又遠遠消失在月光中。青色波浪裡，一兩條銀色飛魚驚跳著，彷彿遭了夢魘，從夢裡驚醒了。魚躍處，偶有一簇簇黑色海藻飄浮，像一綹少女黑髮，黑暗而情感的點綴水面。這是一個青色夜，青色海。海和夜都變成音樂符號，昭象青春的綿延，無邊的青色神秘。一座青色的天，一片青色的月光，一汪青色的海。在這樣廣泛的青色背景下，世界不再是造型的了，而是一種最最簡單的，幾乎等於無形的形：霧形。一個霧形世界！世界的顏色，也正像一個西班牙修女薄暮倚窗時，半睜半闔的夢眼的色澤：那種介於透明與陰暗之間的顏色。在這樣一片幽魅朦朧天地中，人活著，像煙、像樹葉子，生命是一種靜靜裊溢的煙氣、一種靜止的樹葉。人變成氤氳體。人和人的關係，也正似一片煙溶入另一片煙。

印蒂沿白色救生艇邊散步，內心充滿四周玄秘情調。他彷彿在夢中大霧裡走，鬆柔極了，說不出的一片比雲彩還溫馨的青色籠罩他。這片青霧給予他的感覺並不複雜，他只有一個感覺：他像一團雲彩，輕輕蠕飄。萬千動態都默寂了，所有生命線條和形象全單一化了，化為一片雲霧體。一切色彩也泯沒了，只溶成一片不透明的柔青。他就走在青裡。他自己就是一派較濃的青，一團較重的霧。他無思想無意識的飄，情緒像嵐靄，美麗而輕鬆。似乎並不是他在活動，而是他的感情在動。不是他走，呼吸，而是他的感情在走，在呼吸。他輕煙樣飄來蕩去，一炷並不深沉卻很神秘的美浸透他。

印蒂散步許久，停下來，向船首望去，那裡幾乎空蕩蕩的。那株白色植物竟未出現。他微感驚訝。

今天他來得特別早，原想早點邂逅那白衣女人。他要端相，她怎樣出現於吊梯口，怎樣婷婷向船首走去，又怎樣立定了，看海。他初到時，好幾個海員還在吹海風，十點左右，他們才紛紛散去，只剩他一人。他對船首又投了一瞥，暗暗納罕：「今夜她難道不來了嗎？」

這個神妙月夜，缺少她那點白，好像名貴磁器缺少一點重要花飾。今夜的海，正是一件淡青磁器，精緻極了，可是，沒有她那朵花飾，依舊是一個未完成品。海需要她來完成。月夜也需要她來成全。

他來回踱著。時間過去了。他漸漸侷促不安。當一個人被一份希望所影響時，時間常是製造不安的因素。

正當他微微不安時，遠遠的，吊梯口，一枝白色形體影綽綽的出現了。

印蒂停下步，雙眼矢鏃樣射去。才射出不久，他又覺得不妥，連忙掉轉臉，面向船尾，和她方向正相反，好避免她的注意。

那株白色形體，離開吊梯後，對四面端相了相，似乎不僅「知」覺他存在，也「感」覺他存在。她在煙囪附近立了幾秒，好像有所躊躇，終於，慢慢的，一步步的，往船首走去，仍在她前幾夜的位置上站定了。四周的綜合海貌與月貌，已形成一股奇異力量，頑強的進攻她，不僅要抓牢她的腳步，也要抓緊她的思想。正由於這一威脅和蠱惑，漸漸的，她思想裡的最後一抹陰影才給剝掉了。

印蒂停止散步，靠那艘白色救生艇旁邊站定了，低頭瞧幾隻長喙魚，從海波內驚跳起來。瞧著瞧著，他心頭產生一個決定。

大約有半點鐘，估計她整個沉迷於海色了，印蒂悄悄走過去，離她約莫兩三步遠，站定了，平靜而自然的問道：

「對不起，小姐，我能不能請教您一個問題？」他的平靜與自然中，含蓄一種適當的堅持。

他的音籟像魚鈎，把她釣出夢幻。下意識的，她感到點驚駭，不由向後退了一步。但旋即、他的安定態度傳染她，她也安定下來。不一會，她又向前邁進一步，恢復原先步位，眼睛並不看他，帶了點決心，輕輕點點頭：

「可以。」

他轉了轉身子，正式面對她，帶著點嚴肅，大大方方的道：

「小姐，我所提的問題很簡單：您爲什麼這樣沉迷在海裡呢？」

她並不看他，卻輕輕道：「一個人愛海，特別是月夜裡的海，似乎並不需要什麼理由。」

「是的，一個人愛海，本不需要理由。」他沉吟一下：「不過，當一個人用耽溺於海洛因嗎啡的吸毒態度來對付大海時，這裡面卻有點較沉重而奇異的因素了。我很希望知道這點沉重和奇異，您願意滿足我這份好奇麼？」

她微微掠他一眼，冷靜的道：「先生，您爲什麼要求我這樣做？」聲音突然透了點嚴厲。

「請問，您有什麼理由要求我這樣做？」

他的語調低沉下來。「對不起，小姐，我不敢要求您這樣做。——我只希望、懇請，——」說到這裡，他提高聲音，滔滔不絕的流瀉起來：「小姐，這眞是一個奇蹟。有生以來，我從未看見一個站在海邊的人，具有您這樣一副神態：一種拿整個身體和靈魂交給另一種存在的神態。這神態似乎是海的天然一部分，和海景一樣，令人感動。我不知道是您看海，還是海看您。我把您當作一幅「海上現象」，一幀「白色現象」。發現這個「現象」，像一個赤道畫家，突然被送上西藏高原，前後左右，都是白色雪峯，他驚奇極了，也狂喜極了，幾乎站不住腳跟；因爲，平生第一次，他發現一個從未遭遇過的絕對美艷的世界。也就是這種能叫人站不住的驚奇，鞭策我衝到您面前，提出上面那點希望和懇求。——」

他的音籟似乎產生一點力量，它扭轉她的臉。她第一次正式面對他，帶著點詫異，睜著那雙象牙黑的深沉大眼睛，上下搜索他一次。接著，她又轉過頭，面對大海，並不望他，卻用一派並不影響她看海時的和諧的自然情態輕輕道：

「先生，我願意滿足您這點好奇。我歡喜海的理由很簡單。只因爲我內心有點古怪東西固執的要放射出來，只有和海在一起，我這點放射才能有適當寄託。」

他對她詳細望了一下，彷彿面對一幅文藝復興時期名畫，要把它印入自己靈魂深處，接著，帶著完成一件工程的態度，沉靜而自然的道：

「謝謝。現在我很滿足了。——再會！」

「再會。」她並不轉頭。

他悄悄走開，仍返回白色救生艇那一邊，站了約莫一點鐘，才回艙室。他下吊梯時，那白色少女還婷立於船首。

## 四

第五個夜。

海依舊很平靜。幾乎沒有風。海像一個躺在美麗情婦身邊的年青人的初夜，整個溶化於月光懷抱。只船首船尾處，不斷響起鋼鐵巨音，悠長而雋永，彷彿深山古寺鐘聲。郵船尾巴處，掛了幕活動迷景：似一片月長石和珍珠錯綜編織成的簾景。它們像碎了的萬花筒，所有光華彩色都傾倒出來，混成一片。一溜溜銀色波鱗扭閃著，無數雪色浪爪向虛空撲，一派繡銀水面碎爲無盡破片，描銀的月光在破片中抃舞，舞顯出一片片龍鬚花，一朵朵龍舌蘭；又彷彿有無數孔雀尾搖舞著，無窮琉璃瓔珞幌閃著。一輪大月亮被揑碎了，揑成千千萬萬瓊玉屑片。琥珀色的波浪，似一些白衣騎士，從船首分兩隊向船尾馳去，遠遠看來，宛若一隊隊駝峯。牠們從船四周向外擴開，使附近海面摺疊爲一片片美麗大弧。弧不斷昇落，如吉卜賽妖冶舞女的花蛇腰，嫵媚的一扭又一扭，似要扭到天盡頭。遠遠近近，海平面邊起許多幽麗的銀谷，瑰美的凸，艷緻的凹。海彷彿在展覽古代髮髻，多樣多姿，鳳凰髻、明月髻、蝴蝶髻、玉玦髻……，各式各樣的髻，構成無量數渦形。那些神秘的漩渦線，一串接一串，一聯駢一聯，串串聯聯的，組織了海的魔魅幻影。今夜是滿月前夕，月光特別亮，皚色洪流似地從天空瀑瀉下來，廣泛的裝飾黑夜和海，把它們打扮得無限堂皇富麗，彷彿非洲黑女身上掛滿金銀頭飾、頸飾、胸飾、和手飾。

如果領帶顏色、能代表一個人的心情，那麼，印蒂今夜的心情非常年輕。他繫了一條從未用過的嶄新紅領帶，配著那一套米白色法蘭絨西服，那一頭整齊的黑髮，以及那昂挺的身姿，他彷彿正準備擔任儐相之類的角色。未跨上船頂以前，違反他一向習慣，他在穿衣鏡前站了一會。

踏上船頂後，他本想在那隻熟悉的帆布椅上斜靠一會，月光太亮了，他坐不住。他站起來，轉過頭，立刻看見船首那片白。那個白衣女人似在月光裡婷立很久了。

他走過去，極自然而溫和的道：

「晚上好！」

「晚上好！」

她輕輕回答他，略向他偏了偏臉，並不轉身。

他從口袋內取出一盒煙捲，遞了支給她。

「抽煙嗎？」

「謝謝，不。」

印蒂劃了根火柴，燃著一支煙捲，悠閒的吸了一口，一圈圈藍色煙紋從月光裡繚繞起來。

「對不起，小姐，您不反對一個陌生人找您談談天吧！」頓了頓，半輕鬆半沉思的自言自語：「眞奇怪，在這樣的夜裡，一個人很容易感到自己是一座孤島，常想找別人談談。」

「我不反對。不過——」

「『不過』？」他望了望她。

「我希望在海邊的人，習慣多用眼睛，少用——聲音。」

他悠閒的噴了一口煙。「是的，海希望人沉默，因爲它永遠在獨語。不過——對不起，我也有個『不過』。」他微笑起來。「我希望不會太浪費您的時間。我只想在您旁邊抽完第三支煙。您不反對吧？」

她瞄了瞄他，並不回答，神色裡卻不缺少溫和。這點溫和鼓勵了他。他低低道：

「對不起，我今晚的作風，似乎有點像『越界築路』了。『不過』，我並不缺少一份理由。」

「『理由』？」

「嗯，『理由』！是您昨晚慷慨捐獻給我的。」

她沉靜的，一個字一個字的，慢慢道：「是我？」

「是的，是您。」他的聲音提高了一些。「從您昨天短短談話裡，（對不起，請原諒我冒昧），我就非常直覺的肯定：您絕不是那種口袋裡帶著桿秤和尺的女子，專門秤算一個男人應該微笑幾錢幾兩，皺眉幾分幾寸。在這個世界的許多馬路上，儘管有不少汽車路牌，寫明『每小時速率不得超過廿哩』。但有些人，畢生也不看一眼。我發現您正是這樣的人。所以，我想——」

他還沒有說完，她就微笑了。這是她第一次笑：

「先生，我希望您別再演戲了。我不反對您在我身邊抽三支煙。一個女人，不管口袋裡怎樣帶秤帶尺，總不會小氣得計算三支煙的時間的。」

他也笑起來，輕鬆的道：「謝謝。」

兩人沉默望海。

望了一會，他低低嘆息道：

「這樣的夜，一個人眞不知怎樣活才好。月光和海，簡直像一種原形質，重新把一切生命組織一遍。」

「您害怕月光和海嗎？」

「是的，有點怕。這樣的月光，這樣的海，這樣的夜，常常能叫人倒霉。」

「一個眞正懂得海的人，不作興一離開海，就立刻進瘋人院的，我想。」

「是的，不應該立刻就進瘋人院。」他輕輕重複她的話，突然轉過話頭，平靜的問道：

「小姐，您是不是從**P**埠上船的？」

她看了看他，聲調突然冷靜了，帶著點矜持：

「先生，對不起，我有一個要求：希望我們今晚的話題，不超出大海和月光之類。」

他不開口，開始點第二支煙。

隔了一會，他望著海：

「您不覺得海太大嗎？大得唬人？」

「是的，海很大。」

「那麼，一個人在它旁邊找尋自我，建築自我，是不是像在萬里沙漠上尋半根頭髮絲呢？」

「可是，一個女人身邊多了個男人，那是另外一回事了。」

他笑了，靜靜抽煙。

「您是不是很歡喜讀雪萊的詩？這是一個拿海當下場的人。」

「我不常讀詩。詩人的話總靠不住。」

「您以爲什麼最靠得住？」

「我們現在面前的光色最靠得住。」

「那麼，您以爲看一夜海，抵讀十本詩。」

「應該說，一千本。」

「一個人太迷戀海，也是一種危險。」

「爲什麼？」

「因爲她容易忘記陸地。人是一個陸地生物。人應該多知道陸地，多想想陸地。」

「陸地常常是很難看的。」

「陸地上也有不難看的。人應該學習從陸地上找海景、看海景。」

「那麼，您自信是有在陸上找海景的能耐了。」

「我還沒有。不過，我正在訓練自己。我也是個厭惡大陸的人，希望下海找島嶼。但是，我知道海不能永遠陪我。最後，我仍得回大陸，因此，我就開始打陸地找海景的主意。海是大的，它應該到處都在。」

「陸上也許有海景。但陸上的海景，究竟與海裡的有些不同。後者要自然得多，合理得多。前者，我想，常常是很勉強的。」

「人活著的最大趣味，或許是：把一些最勉強的化爲最不勉強？」

接著，他笑起來。「我們不談這個題目了。在這樣的時間空間談玄學，海會不高興的。」

她微微諷刺而閒適的道：「我並不以爲海會生氣。海本身就是一套玄學：一套用波浪和蔚藍編織的玄學。」

他表示同意。「海這一套玄學，確實比康德與黑格爾那一套高明得多。我很奇怪，康德爲什麼老躲在他那個坎尼格斯堡小城裡，從不出去看看海？」

沉默了一會，他點起第三支煙，微微帶著活潑的語調道：

「在這樣的月光下，散步常是一種帶音樂味的伴奏。只當微微走動時，月光似乎才能獨奏似地、更深沉以宇宙音樂滲透人的思想、情緒。」

「是的，在月光下面散步，人不但可以得到視覺享受，還可以獲得聽覺享受。」

「那麼，您能不能陪我在月光下散步幾分鐘？」笑著加了一句。「這是我第三支煙了。」

她輕輕笑起來，稍稍帶了點矜持。

他們沿船的右舷，謐悄悄在月光下小步，他不時悠閑的噴起藍色煙圈。

「在生命裡，散步是一種奇妙的美學，它是那樣不可思議。假如一個人能用一種散步情緒活一輩子，他該是世界上最幸福的人了。一個坐過牢的人告訴我，在獄中，他最大痛苦，就是不能自由散步，一個人的情緒，彷彿一隻蝴蝶標本，被釘死於牆上……。在南洋群島生活時，我最滿意的一件事，就是每天能在椰子樹下和海濱漫步。傍晚時分，夕陽把海面罩了層燦爛的紅，我在長長的軟軟的海灘上散步，好像不是走在沙土上，而是行在太陽裡，走在它的璀燦猩紅中。這種時候，一個人很容易想起生命中最後一朵玫瑰、最末一瓣薔薇、最後一次燃燒和沉醉……。在月光下散步，同樣也是不能忍受的美。您看：我們此刻不像走在銀色海水上？宛似一種海中生物？不，海的音籟？海的色素？我們前後左右，不斷伴奏那無限的白色、白色，……！」

她低聲道：「在月光下散步，一個人容易發生錯覺，以爲自己並不活在宇宙萬有引力中。」

他不開口，似乎沉思什麼。

他們散步一會，不經意的，又走回船首處。他停下來，用力把手中煙蒂擲入海內，笑著道：

「好了，第三支煙抽完了。我得向您說『再會』了。」

她俊笑起來，用那雙灼熱的大眼睛瞪了瞪他，突然半莊重半瀟灑的笑著道：

「先生，假如您有興緻的話，我不反對您在我身邊再抽三支煙。」

# 五

第六個夜。

大月亮又圓圓的從海上昇起來，滿極了、明極了，連它上面的山岳風景痕跡似也描畫於天空：那些酒海、靜海、晴海、豐饒海、黑德里峯、玉耕斯峯，影綽綽的，像白色雨花石的一些龍紋。這個月裡，今夜是它最完整的一次昇華，它優美的運行於「白道」，充盈了彈力和投射力，彷彿要把所有纁銀情感傾瀉下來。天際線處，那承繼落日的唯一光華體，一片金橙色卷層「夜光雲」，早溶入夜穹幽藍。整個天廬明淨而純粹。只有幾片孤立的乳白卷雲，稀疏熠耀，透明，無陰翳，絲絲縷縷處，纖細如毛髮。金色天狼星早隨黃昏消失，北極星高貴的閃爍，好像它是全部穹蒼的圓心，一切都兜住它轉旋。空間極深處，隱約有蚌形的巨大銀光長長發亮，那是一個永不沉落的星座：仙女座大星雲。這座星城平日本很明晰，今夜，在滿月華光下，也稍稍暗熹微了。滿月下，海似不斷昇騰、鼓勃，水母式的隆隆膨脹，順應月亮起潮力，也適應著地球扁平度的澎凸力。緩緩緩緩的滿潮正在進行，經歷海底的摩阻，海灣的限度，海岸的起伏。清風四飄，頭髮樣輕盈柔軟，始終與海岸保持垂直。波浪的海水運動，總在小距離內來回搖蕩，並不隨自己前進方向而前進。銀色波面上，一些文鰩魚和長喙魚忽然飛起，拍著水，閃耀銀色的脊，迅捷在海面畫一條條白色直線，最長的有二百米。一陣輕脆響聲琉璃樣閃灼於海上，宛若一顆又白又亮的流星，不是從藍色天空垂直劃下來，而是從銀色海平面、這一面劃到另一面，一壁劃、一壁響。這是一個溫馨的初夏夜，不易散熱的海水，夜間愈益暖和。海水混著月光爍燿，盡可能放光，似乎連它內層的鑛物與元素也要表現出來：那些金質、銅質、鎂、鐵、鈣、鈦、鈹、溴素與碘素。月光太赤裸了。空中有鷗鳥飛。天上有星群亮。海裡有夜明魚游。水上有船走。船尾有波浪唱。生命萬象都變成聖徒，虔誠的禮拜於月色中。大月亮好像似乎不是在天上亮，而是亮在人心房、亮在鳥心底、亮在魚心裡。海宛若從海底層亮起，變成一座通體透明的水晶建築。

這是滿滿月夜，寶石的夜，不死的夜。只有滿月下的海，才眞是海。也只有這樣的夜，海才裸裎它最精粹的海性：一種叫人發狂的無限放射。一種夢魘式的瀲艷震盪。漸漸的，整個海不是海，只是無量數金剛鑽編織的無限體，一片豪華絢爛的無極生命。一幅巨大玉蘭色刺繡從天盡頭鋪展到天盡頭。這種描玉繡銀的綺彩，絕不是一片片、一條條、一塊塊的平面，而是一簇簇、一球球、一座座的立體，迴旋且縈舞，伴唱著海的節奏和地球的旋律。無限旋舞中，一切光華的光華，又像萬流奔海，瀉向一個核心，靜寂的核心。機輪聲、浪濤聲、月光、大海、燈火、魚、鳥、人，一切一切，宇宙萬物，都環繞這一核心轉，只爲完成一個偉大作品：無邊無際神聖的靜。從這片默靜，又產生另一種核心的核心：最高度最不可測的美！這種美正像獵戶座大星雲，獅子座大星雲、鯨魚座大星雲，當地球與海還未存在前，早就在空間深處不停旋轉了。

這一夜的海景，似乎叫那個白衣女人特別感動。月光溶化了她，海更溶化了她。她像一株棕櫚樹，靜靜娉立，一動也不動。她那雙象牙黑大眼睛，熾熱得要流出來，像一片鎔銅液體。她長長的深色鬈髮，隨海風美麗的飄動，舞成一大捲一大捲黑浪。月光照耀著這片黑浪，也閃射在她臉上、肩上。她那件白色長袍子，在月色中晶閃閃的，好像一片白雲，不經意從天空墜下來，而她就是一種雲彩體，彷彿剛從大月亮裡飄下來。

今晚她的情緒異常飽和，似乎特別想尋出口。當印蒂來找她時，談不幾句，她就帶著點興致，微微堅持的問道：

「先生，您能不能回答您前晚向我提出的問題？」

「我前晚的那個問題？」印蒂沉吟一下：「這個，我得稍稍準備一下，……這是一個份量很重的問題。」

印蒂面對海水，沉思了一分鐘，接著，他像扮演莎翁筆下的獨白角色，相當激動而又極修詞的喃喃道：

「啊！我爲什麼歡喜看海？這實在是一個動人題目。海，它永遠像上帝，只許人在它面前跪下來，不許人思議。可是，我並不愛我所瞰見的海：海面。我只愛我瞧不見的海：海底。只有這個僅僅活在我想像裡的海的部分，才能迷我、醉我。每一次，站在大海面前，只要一睜開眼，一種無限深沉的海底感覺，就滲透我。我彷彿聽見海的召喚聲；催我快衝入她懷裡。海在喊：『看啊！看我身上有一種不可測的深！有一種恐怖的美！一種叫人絕望的美！你可以沉入這個深，這片美！』是的，深沉。無極無限的深沉。在我神秘想像中，最最深沉的海底——特別是死海底，沒有聲音、沒有顫動、沒有海流、沒有風浪、沒有光、沒有熱，——那是一片無限冷寂的世界。這個世界唯一的特點，是一種雷霆萬鈞的壓力。一個人如果跌入最深的海底，他會被壓成一片虛無，或者近於虛無的一點碎骨骼。可是，我願意變成這種近於虛無的存在，躺在那無始無終的永恒靜寂裡；睡在那些青泥、赤泥、抱球泥、放射蟲泥裡。圍繞我的，是海內生物的屍骨：鯨魚、鮰錘魚、藤壺、海鞘、烏賊。從這些屍骸中，我可以享受宇宙間最淵深最黑暗的死，欣賞最偉大最不朽的和平。」

聽完他的話，她怔怔瞪了他一眼，低低問道：

「那麼，海給您的唯一反應，就是海底那片無限恐怖無限艷美的深沉？」

「是的，深沉。一種誘惑人爲它死的無限深沉。」

「您說的是巴勒斯坦的死海。一般海洋底，有聲音、有顫動、有海流、有細菌發光，那是一個並不缺少光亮的世界。」

「是的，我是指死海底。這是一種矛盾的感覺，我凝視眼前的海，卻想像著死海底的形象、感覺，我寧把後者代替——或者象徵一切海底的最高魔力。因爲，它具有最高的誘惑。」

她不開口，默默望海。

他不開口，也默默望海。

月光亮亮於海水，海面一片皎白。船前進著。白色海船走在白色水上，像踽行於白色的透明光，船體也透明了。整個水有一種靜靜的亮，像一派東方禪境。這是一幅驚奇的晶亮世界，船就在透光的靜中走，在靜和白裡滑。天地變得這樣可親，容易接近，似乎一伸手，就可摸觸大地盡頭。一切都連串成圓的擁抱，或擁抱的圓，它們叫人的感情想幽幽靜一會。在靜裡，這時人覺得自己亮了、透明了，忽然洶湧著雪樣的白色感情。

現在，月亮快到子午線了。「高潮間隙」快來了。月亮起潮力漸漸增強了。海像一株植物，似慢慢長高起來、豐滿了。神祕而微妙的，海悄悄上昇，不斷形成一種膨脹。一片白色膨脹緩緩昇入空際，一種神秘色素的氣體在蒸騰、擴大。一股無休止的美麗，噴泉似地，要從膨脹中衝出來。一片無停休的白色光雨，要由海底倒騰上來，彷彿藍色天穹換了個白色天穹，後者卻錯安在人腳底。海的精髓魔力全藏在這片圓膨脹裡，一個有光有色的圓，一片有光有色的膨脹，它們強烈的給人一種圓感覺、圓印象，使人的情緒漸漸也圓起來，整個人隨四周膨脹也膨脹了。正由於這白媚媚的圓，人被誘惑得想奔瀉，想衝了。

沉默一會，他忽然問道：

「我有一個古怪問題問您，在這樣的夜裡，假如准許一個人放縱最荒誕的想像，做一件事，您希望做什麼？」

她面對海，慢幽幽的道：

「我希望能永久這樣站下去，最後化爲一座石像。」敏銳而帶刺的笑了笑：「您呢？」

他停頓一下，無視她微笑裡的刺，突然，用一種極蠻獷的眼色凝望她，極沉迷又極堅決的道：「現在，我千千萬萬個希望只凝成一個希望：希望死在你的臂膀裡！」

停了停，他繼續蠻獷的凝望她，極強項而固執的道：

「你像我剛才所形容的海底世界一樣，有一種誘惑人爲你死的深沉，又恐怖又艷麗的深沉──」

她猛然走近他，有點恐怖的望著他，用一種無比堅決的聲調命令他：

「不要再說下去！吻我！重重吻我！──」

古埃及女皇似的，她又莊嚴又華麗的，對他昂起臉，閉上眼睛。

像一陣大旋風，他瘋狂的擁住她，一個和海底一樣深沉的長吻，叫他昏暈過去。時辰停止了。

海仍在靜靜發光、放亮。從光亮中，它似乎散溢一縷縷香味。月光更透明了。大月亮已踏入子午線，好像正嵌入天穹圓心點，中天最中處，所有皎白色都傾潑出來。海面完全漂白了，波浪浸浴一片珐瑯色，海變成一個珐瑯質體。鯔魚與鱵魚從珐瑯色層飛躍起來，迅速的掠過海面，編織一條條銀色電閃。一些海鳥神幻的飛過天空。海風纏綿的飄著，上昇著。波浪內有銀色的旋轉渦螺、白色的魚鱗，和小提琴式的瑰麗弧線。海愈來愈亮了，也愈靜了。海沉醉於明靜。整個宇宙都溶在海亮中，變成海的一部分。白色郵船渾身放光，似融化於四周的白色。它的動作，變成童話裡的一個節目了。

不知多少時候了，他清醒過來。他發覺她正掙脫他的擁抱。他想留住她。她卻輕輕退開，用手擋住他，冷靜的道：「夠了！夠了！」

她的嚴肅神態懾伏了他，他順從的退了一步。

她用一種較親切的聲音，微微苦笑道：「謝謝您，今生我又算多了一點美麗句子、美麗回憶。」傲然轉向他。「先生，您應該滿足了。這是我今夜給您的第一個有價值的贈物，也是最後一個贈物。您應該很滿足很滿足了。現在，我們可以平靜的談談了。」

「對不起，小姐，我此刻還不能平靜，假如您容許，我必須從心底流出一切。」

「我容許你流。」

他做夢似地，深沉而熱情的道：

「這眞是一個奇蹟，像后髮座一個大星團，突然落在面前。……一個青年人，幾乎把所有青春都投擲到一個粗糙信仰上，一種只有帕米爾高原居民才相宜的信仰上。快三十年了，他從未接近過女人，從未到花園裡摘過一朵玫瑰，從未在牕下唱過一支小夜曲。他整個身心都浸透這一時代的火與風雨。有十年之久，他浮沉在洪流裡。有一天，他忽然厭倦了，離開了，打算逃往另一個世界，一個比較平靜的世界。就在這時候，在一艘海船上，一個月夜裡，他突然遇見一個女人，一個比大海月夜更魔魅的女人。像緬甸大森林藏在黑暗密葉深處的某子，第一次展覽於強烈陽光下，像新疆沙漠上，第一次開遍彩色繽紛的花，您可以想像這葉子的感覺，這些花朵的情緒。……就在這時候，在一個叫人不能忍受的錦繡月夜裡，他對這女人說：『現在，我千千萬萬個希望只凝成一個希望：希望死在你的臂膀裡。』這不像魚飲水、貓找陽光一樣簡單自然？您能對它發生驚訝麼？」頓了頓，他又重複一句：「您能對它發生驚訝麼？」

「是的，我一點也不驚訝。我也用事實證明了。」

她把話題岔開去，微笑道：

「您的話並不全可靠。我承認我有點『東西』，無論形相的、或抽象的。但是，我這種年齡，不會有什麼威脅人的『恐怖』和『深沉』的。」

「這不是由於年齡，而是由於你的驕傲和自信。」

她否認。

「有一種女人像印度毒蛇，像經上地獄，她們身上會有這種又恐怖又美麗的深沉。我相信我身上既不會有毒蛇，也不會有地獄，單憑驕傲和自信，不該給人這種印象。……我也不承認我是個驕傲自信的人。」

「您是的。」他肯定的說。

「任何一個驕傲女子，會像我剛才一下子交出那樣多東西麼？」

「那麼，您為什麼剛交出來，立刻又收回去？」他陡然嚴厲的問。

她沉吟了一下，輕輕嘆息道：

「我願用一點註解來滿足您。」停了停：「一個年輕女人，口袋裡裝著無窮幻想，出現於無極無限的海上，站在無限妖魅的月夜裡，一種瀑布式的歡樂情緒衝倒她，她自覺擁有過度豐富的愉快情緒，豐富得溢出她的杯子，她需要分一點給任何一條其他生命。這時候，一個並不討厭的男人出現了，她爲什麼不選擇一個最黃金的時辰，立刻把杯子遞給他呢？」

「謝謝您的杯子。可爲什麼只斟一杯？」

「在這種場合，一個最懂得喝的人，應該只要求一杯的。」

他不響了，對海面默望一會，終於笑著道：

「您是一個很會演戲的人。」

她微笑起來，堅持而又嫵媚的道：

「這不是演戲。我只是提醒您：必須在怎樣一種前提下，我們才能最精粹的享受這點友誼，這點像我們航程一樣短命的友誼。我希望您不必打聽我的過去、我的現在、我的將來、以及有關我的一切（我也不會打聽您）。白天更千萬別找我，我只願您把我看成一種單純的白色存在體，她除了在海上月夜，不再出現。她像海上燐光，偶然射在您身邊，也會偶然閃開去。您不必知道她的名字、她的動向，只顧抓住她的光色。是的，光色！……光和色！……生命就是一點光色。除了它，我們再不能抓住什麼——。」

她的話語聲像小提琴E弦，悠悠流瀉於月光中。他不開口，只沉浸在這片弦籟裡。

六

第七夜。

海上起風。風有點野、冷。月亮仍然昇起，昇得很遲，和昨夜差不多大，卻沒有那麼可愛，顏色微微紅，帶威脅味，不時被雲遮住。天空不透明，藍得黯，幾乎是紫黑色。有濃厚的層雲。沒有星彩。海不亮了，似發霾暗紅銅色，很怕人的樣子，抖得怪兇，遠處顯然有些「長濤」與「破浪」，「相對水平面」被敲碎了。一些靜靜潛流變成潑剌的「上騰流」。水暗淡下去。一切隨月色而晦暗。只有海中浮游生物，一些發光蟲及細菌，閃耀著。船頭船尾，在陰晦濤浪中，翻滾強烈的燐光。螢鰂與螢鰮也在海裡發光，帶著星氣。一切都不太對勁。天似乎要變，但徵兆還沒有飽和。這是一個不安的夜、騷動的夜。夜有著不安的美、騷動的魅。上帝知道是什麼原故，夜一下子變成精神病患者，憂鬱的思索、迷茫的瞭望著，嘆著氣。

天氣並未影響他們。他們仍出來看海、看夜、看月亮，但不再站著，卻斜坐在兩隻白色帆布椅上，盡可能採取舒適姿態。他們的話語全被風聲和浪濤包圍，只有它們的主人能聽得見。

「你和男人戀愛過嗎？——你遇見的男人很多嗎？」

「很多很多。有一個很長時間，我生活在一堆男人裡。我日常的必修課程，就是：和男人『戀愛』。——那是一個很可怕的時候。」

「男人不能討你歡喜嗎？」

「差不多是這樣。大部分男人叫我感到魚腥。我和男人『戀愛』，那是男人的看法。……當一對男女單獨關在房內喝茶時，他們以爲這就是『戀愛』，或製造『戀愛』了。我當然不這樣想。用較寫實主義的說法，我那些『戀愛』，只能算『拔酒瓶塞子』。」

「什麼『拔酒瓶塞子』？」

「假如戀愛像喝酒，那麼，當我從地窖裡取出一瓶酒，剛拔開塞子時，就覺得氣味難受，這是一瓶不中用的酒。我於是把它扔到一邊。這樣，我先後扔掉二三十瓶。照他們說法，這就應該封爲『戀愛專家』之類的稱號了。」

「你難道沒有發現一瓶能喝的酒？」

「連一滴也沒有發現過。假如這就是男人世界，這實在是一個可怕世界。」

「那麼，你就詛咒男人？」

「是的。」

「以後打算一直詛咒下去？」

「或許。」

「可是，你想像中的戀愛，究竟是些什麼形相呢？」

「戀愛不可能想像，也不該想像。想像戀愛就是糟蹋它。戀愛永遠只是代數上的X、Y，一個未知數。我從不想像，只是等，或者撞。」

「打算等什麼？撞什麼？」

「等一個暴浪，或者撞一個暴浪，接受它猛烈的一擊。一千八百八十三年，喀拉喀托火山島附近一個大暴浪，把一隻大輪船衝到三十呎高的內陸上。它自然也夠把我衝得天翻地覆。」

「這不衝死你？」

「就喜歡這樣死！」

「啊！你這種戀愛！」

「不許談我了。談談你吧！給我描畫你的戀愛風景。你遇到些什麼女人？她們行嗎？我希望你運氣比我好。」

「我昨天不告訴你，我從沒有接近過女人？」

「眞的嗎？」

「我會騙你？」

「在我的字典裡，『男人』的同義字，就是『騙子』。」

「爲什麼這樣編字典呢？」

「上帝造男人，就是爲了造一幫騙子。一幫騙子加一幫獃子，（女人全是獃子），這就產生了歷史、文化。……」

「你眞能罵人。」

「好，不罵你了。談你吧。你爲什麼不玩玩女人呢？或者，用你們的時髦口頭語：『搞女人』呢？」

「在我過去那種生活裡，幾乎少有碰到女人的機會，特別是能發生『事件』的女人。」

「眞的？」

「眞。」

「不是騙子腔調？」

「不是。」

「啊，一個從沒有搞過女人的大男人，這眞有點像介紹波斯古代神話了。—那麼，你『過去的那種生活』，有些什麼東西呢？」

「從我一有青春起，代替找女人，我卻找尋另一些虛無縹緲的玩意兒。」

「什麼玩意兒？」

「這玩意兒也可叫『生命』，也可叫『眞理』。」

「你找到生命的眞理麼？」

「曾經找到過，大約支持了我十年情感。最近卻被我扔掉了。」

「告訴我扔掉的理由。」

「說來話長，不必提了。」

「那麼，告訴我過去生活經歷。」

「最好也別提。我的過去是最平凡的一種。凡年輕人所唱的那套傻戲，那套又是眼淚又是血的戲，我都唱過，如此而已。—這個『過去』我已完全扔掉，像你扔掉那些酒瓶一樣。

「那麼，你『現在』發現什麼新酒嗎？」

「還沒有發現，只是預感。」

「預感些什麼？」

「預感我所追求的，或許是另外一些東西。」

「什麼東西？」

「我對街頭上響徹雲霄的什麼『光明』、『時代』、『前進』、『鬥爭』……一類名詞，已經厭倦了。我不再需要粗糲事物，我只需要一點和平、精緻、夢幻。這幾天，大海教育我，宇宙間儘有比革命與正義更動人的景物，更絕對的絕對，更完整的完整。只有在這種絕對完整中，我們才能呼吸永恆美麗的諧和。」

「你提到美，是不是指藝術？」

「也許是藝術。說不清。反正只要超現實就行。一切離現實越遠越好。現在，我只愛一點靈幻，一點輕鬆。這眞是一種靈蹟，一種北極光彩。想不到一場短短海程，竟叫我發現另一種存在。幾乎快三十年了，我的生命一直在黑暗中爬行，唯一震撼我的，只是那一道熊熊發亮的信仰火炬。可是，經過這幾年風暴，在急流裡翻騰一陣子，再站定時，那道火炬已熄滅了。最低限度，它已被黑暗掩蓋了。我又被投棄於無邊暗夜。我的四周，只有模糊得幾乎看不見的燈火。然而，三天前，當我從船頂回去，忍受那個失眠夜時，我卻第一次感到：生命除了我所習見的那些存在，似乎還有一種更高貴更深刻的存在。從那一夜起，那一高貴而深刻的存在，彷彿爲我展開一個新異世界，一片我從未經驗過的天地。啊，它充滿迷人景物，我怕遲早總要被拖進去。我也許不大反對被拖進去。」

海風越來越強了。月亮全被層雲擋住。天空黑了，海黑了，空中發光細菌更亮了，船頭飛沫裡的燐火也更亮了。波浪很難看。海面卻有沉鬱的美。海面鬧得很兇。海流的自由運動在強烈蔓延。海底沉澱物似乎全要翻上來：放散蟲的殼子、硅藻的殼子、抱球蟲的甲殼，全要上來，全要上來。船尾巨濤更咆哮了。海更陰鬱了，看樣子要發脾氣。在猛烈的風聲中，他們的話語更低沉了。他似乎低低說了些什麼。她不回答。許久以後，海風才飄出她的模糊聲音：

「……不要試圖向我講愛情，我現在厭倦聽它，將來也厭倦聽它。我恐怕不需要它。我所需要的，只是一點透明『遭遇』。像黑夜遭遇電閃：短、亮、乾淨！我們這次的海上遭遇，也能這樣透明，假如我們的情緒始終保持目前形式，順著一條穩固而自然的軌道。……別抱怨我給你太少，我所給你的，早超過我給所有其他男子的總和。在形式上、內容上，有生以來，我第一次給過男人這麼多東西，你應該很滿足了，很滿足很滿足了。……不要想明天、想明月、想明年，只想今夜這個海、這個月、這個夜、這個世界。只讓我們互相諦聽對方的低低音籟，就夠了、夠了，很夠很夠了。……啊，風大了，天全黑了，月亮全沒有了。看樣子，氣候要大變、要冷、要有風，……瞧，閃電！閃電來了！啊，多迷人的閃電！……」

## 七

第八夜。

這是風狂雨暴的夜。

暴風雨下的海不是海，只是大恐怖大絕望的化身。世界縮成一粒鉛丸，被投入無極無限原始太陽火燄，後者又驀地變爲汪洋無際的墨色固體，這固體又陡然被巨力撕成千萬漆黑碎片。這是不能想像的過程，一種超越恐怖和絕望的幻景。……暴風雨吼舞著，像一陣陣斐士那黑雨，又似無數條黑蜈蚣，噴勃而狼戾，轟震而哮喘。所有吼聲已分不清風聲、雷聲、雨聲、海聲。它們早凝成一片龐然碩體，巍峨而黔黑的巨體，立體建築式的偉體。黔黑大精怪似地，這巨體鳴奏大毀滅交響曲，樂聲環塞天地、磅礡宇宙。在暴風雨狂烈爆炸下，海浪豹衝狼奔，歇斯的里打滾，古代猿人樣山立，鱆魚般舞起長吸盤，憤怒的喊上天空。黑靆靆天層，變成新幾尼亞人的樹居圓頂屋，在大風暴中猛烈擺盪，搖搖欲墜，似隨時會從一棵高樹上突然砸碎下來，一片片沉落海底。夜臃腫曇醜，死屍似地躺著、雹凸著，接受風雷電的鞭屍毒刑。大風雨這時已不是大風雨，是一座復活了的熄火山，黑色溶岩飛濺迸射，飛射到哪裡，死亡就到哪裡。整個海要兜底翻過來，一切存在物都要衝出來：鯊魚、棘鬣魚、魷魚、大龍蝦、海膽、鞭藻、硅藻、螢水蚤、珊瑚、堡礁、環礁、裾礁、砂礁……。暴風雨不僅要搗毀一切，也給一切刺青。它給夜刺青、給海刺青、給宇宙刺青，刺青且紋身。在萬千條蟠龍紋身的宇宙胴體上，在青的夜裡、刺青的海上，海船掙扎著前進。機器馬達的衝力與惡浪的衝力瘋狂搏鬥，彷彿太古蠻人與野獸鬥。鋼鐵在船上嗥吼，吼著要衝破洶湧如山的黑浪。這不是船的掙扎，前進，是最高人性在掙扎、前進。這個獰惡洶湧的黑夜，人性的最高智慧和意志、要壓倒大自然的狂暴，唾棄後者的驕傲跋扈，踐踏後者的咆哮魈吼，大踏步冷靜前進。

印蒂兀立黑暗中，機艙附近蓬頂下，穿過四周蔽雨幕布的裂縫處，凝望海面一汪瘋狂。為了保持自己平衡，他雙手緊抱住身邊鋼鐵支柱，身子緊貼鋼鐵欄杆，施出力氣，與不時搖幌的船相掙扎。一些零碎雨片時不時飛進來，打濕他的臉。他拭也不拭，只顧睇視海面。他心情異常昂奮，整個思想像鷹隼，盤旋於暴風雨海面。他深湛的思索著暴風雨，也想著它以外。在一陣火熱的神秘中，他感到身邊神秘的孤獨與空虛。也正由於這二者，他的情緒才不斷分裂而錯綜，彷彿被當前海上氣氛扭扯成一片片。這種錯綜分裂延亘了一段時間，這以後，忽然一下子，它們似乎統一了。他聽到人聲，他感到有生命出現在吊梯口，暈黃燈光下。他轉過頭。

正是她！

一件棕金色雨衣，一頂棕金色雨帽，她苗條的描在黑暗裡，莊嚴的畫在暴風雨中，依舊是文藝復興期大師們的筆觸，古典音樂中的一個深沉音符。她堅定而高貴的邁著步子，像一尊金銅色神像，高高高的從奧林匹斯山最高峯頂走下來，一步步的，冷靜而強項，渾身燦爛。這個女人眞懂裝潢。她懂得在白色月夜，用一大片白，把自己裝潢成一座西藏雪峯。她更懂得在黑色暴風雨之夜、藉一大片金棕把自己裝潢成一道金色火炬。猶如古埃及金字塔黝黑墓窟底、突然燃燒一枝蟠龍巨燭，又如印度千年大森林覆蓋的黰黑深谷底，猛然閃射一條雨虹，無窮絢彩抖顫於無限黑，蠻艷極了，也壯麗極了。一片金光包裹她，在金色的華嚴中，閃爍她亮灼灼的大眼睛。她呼吸到他了。她意識到他了。她向他走來了。她遇到他了。她終於站在他身邊。一陣悸顫，他的心幾乎要從嘴裡跳出來。仗著機艙內的燈光，他抓住她全部形相。她渾身上下，一片淋濕，彷彿剛從海底撈上來。她滿不在乎，也不用手帕拭臉。她好像忘記這兒有風有雨有暴。他端相著，漸漸的，沉在她裡面。今夜，他算眞讀了一課高級美學，領略了一個美麗女人的眞迷力、眞光芒。今夜的她，臉上不著一絲鉛華，雙頰盡是雨水，鬢髮撩亂，衣服潮濕，遍體不整。可是，就憑這點紊亂，以及那超乎紊亂的僅有兩種表現體：眼睛及身材，她卻勾勒出一種蠻獷而素樸的美，這是他前幾夜從未發現的。她十分明白，在暴風雨背景下，一個女人只要有兩種樸素的表現工具：眼睛和身態，必要時或者只有一種：眼睛，就夠了，滿夠滿夠了。其他一切，都是多餘。這一夜，她全身靈魂的頂點，都輻輳於她那雙熾熱的大眼睛深處。它們似乎不僅是靈幻體，也是燃燒體；不僅是燃燒體，更是獨立存在體。它們像一種眞理，早脫離自己的創造主，獨自在天空表現不朽，在神秘幽暗中描繪永生。塵凡的線條與素材，既不能、也無所浸漬它們。現在，這雙象牙黑眸子，從深夜燃亮了，從暴風雨內閃亮，火燦燦的望看他，好像要燒亮他內心最後一個黑暗思想、黑暗情緒。他不禁抖顫起來。但他堅決抑制自己，始終保持聰敏的緘默，騰出身，他那塊比較蔭庇的窩，讓她站進去，自己卻稍挪前一些，用身子半庇護她，替她遮風擋雨。她模仿他，也用雙手緊抓住那根鋼鐵支柱，身軀緊貼鐵欄杆，維持自己均衡。就這樣，他們並立著，四隻眼睛像四桿標鎗，投擲到雨橫風狂的大海內，誰也不動，不開口。

暴風雨仍在爆吼、噴舞。一個黑得連死人也要哮喘的黑夜。一片片黲黷混濁燈光下，船兩側不時暴露一片片黑墨墨深坑，像一口口剛從地獄核心發掘出來的魔窟，蠍毒毒的、毛毨毨的。忽然，一朵朵漆巍巍巨牆猛矗於船四周，近一丈高，矗著矗著，轟然一聲，又崩坍下來，從船底掠過去。團團簇簇的水花，便嘌疾的衝上甲板，喧呶著、輠轉著。一輪輪兇浪，黑鬼樣向船身猛撞，後者有時有點像打鞦韆，猛跌到深深陷渦內，又驟然從深渦衝出來，冒得高高的。船底暴浪，不管風暴怎樣狂烈，依然保持邪惡而平衡的蕩漾，一種陰險卻均勻的縈迴。它們儘管想扭倒船，結果倒反支持了它。波浪並不飛舞的亮響，卻凝成一陣陣沉重的激蕩聲，像是老魔透不出來的陣陣鬱怒。這一股股騷囂聲纏裹住船，船發出古怪震動，彷彿隨時要碎、要崩裂。獠邪的浪濤纚列開去，一座座浪峯頂上，遍開無量數白花，整個海面花簇簇的、白冽冽的，恫艷而奇怪，像是另一座宇宙的荒誕產物。緊隨噭譟的預浪，大波濤黑山般衝過來，頂著雪白冠冕，一座接一座，囂滑而獰悍。一股股逆濤緊逐破浪，一簇簇波頂急搶過波谷，一扇扇波峯怒湧著波峯。大浪山鯨吞小浪山，大波峯撲殺小波峯，大波頂壓碎小波頂。一牆牆的，一排排的，一片片的，撕扭著、突擊著，迎播掀幹，悖逆輪舞，所有魆嘯聲全橫滙倒灌到大風暴吼聲中。海不再存在。它被扯碎了，扯成千千萬萬個黲黑球片，隨暴風雨瘋狂吼舞。……

他們凝立於黑暗，長久沉默，不發一聲，不吐一字。他們主管聲音的那一系神經，似已經死了。海上大風暴錘鑄了他們，把他們鑄成兩座鋼像，任何人音都會破壞當前場面，只有魆默才是心靈唯一交通工具。他們不時凝望那瘋癲的海，相互沉默交流著、溝通著。不知有多久了。帶著靈感意味，他偶回過頭，她恰好也轉過頭，四隻眼睛相遇，一陣說不出的甜，淹沒他們，一種說不出的酒，泛濫他們心頭。不自覺的，他輕輕把肩膀挨過去，她並不退縮，反而湊上來，他們緊緊靠在一起，雙方可以聽到對方心跳。他知道，這時候，假如抱吻她，她一定不抗拒。但他卻絲毫不想這樣做。一種極度崇高充溢他。她此刻即使是一個裸體維娜斯，他也不想摸她、碰她。他只要聽到她呼吸，感覺她在身畔，就夠了。身外，狂風和雨片繼續撲向他們的面頰，挾著一片片冷流。他們的臉及衣服淋濕得更厲害了，仍紋風不動。他們的身子是冰冷的，但在兩座冰冷中，卻貫穿一股熱流，電似地流通到暴風雨內。後者的豪吼聲把他們的情緒固結在一起，他們的靈魂已混凝成一片。他們的精靈彷彿隨飈線雷雨狂舞狂馳，狂吼狂嘯，奔逐於波浪的獸群中，翻滾在汹汹的海濤裡，從海面沉到海底，又由海底衝上海面。現在，他們千百萬種思想和意念都死了，只活著一個意念，就是：「衝到暴風雨裡！」這意念極富誘惑性，他們幾乎想實踐，只由於一種頑固習慣，他們才從這可怖誘惑中被拯救出來。

這一晚離別時，他站在風雨裡，深深凝視她，兩眼幾乎冒出火花，低沉而熱烈的道：「在我今生記憶裡，你永遠像今夜這個世界和宇宙，我不可能忘記！」

她抬起頭，大眼睛火熱熱的凝望他，帶著狂醉情態，卻冷靜的一個字一個字的慢慢道：「今夜這場海上暴風雨教給我們一件事：一個人的情感，終究該用怎樣一種形式放射才行！祝福你也有這樣放射的一天！再會！」

## 八

暴風雨過去了。明靜雲彩又描在天空。一片好天氣慶祝旅程將達終點。今天下午二時，海船抵達東方第一大都市S埠。

印蒂兀立甲板上，眺望朝陽光下的淡金色海水，一陣狂烈情緒猛燒他，他陷入深沉的灼熱。從昨夜起，他腦袋就變成個車輪，一直不停旋轉，通宵不能入寐。天快亮了，瞇了一點多鐘，又從一場甜夢中醒來。一醒，那隻車輪又不斷旋轉了，把他的情感絞成碎片，極棼亂的碎片。她的影像，一串串的，在他心室游，像針魚在海裡游，逼他玩味牠們的光色。有生以來，他從未碰過這樣遭遇。他可以拿一桿鎗，決然對付一個兇狠敵人。他可以藉殘酷智謀，對付一個陰險特務。他可以用坐牢、受苦、拚命工作，來對付那片沉重信仰，像過去一樣。但對付目前這個遭遇，他毫無辦法。在他生命演奏會上，它是一個絕對陌生的節目。他一生中，接觸少女機會本不多，可從未碰見過這樣的女人。即使讀一些偉大小說，被激起一片最高靈感時，他也從未靈感過這種女型：這樣年輕、這樣透明、這樣美、這樣熱、又這樣怪！到現在止，他還不知道她姓什麼、叫什麼、做過些什麼、打算些什麼，……。他服從她，白天從不去找她。其實，就是去找；也枉費心機。偌大一艘海船，他根本就不知她住在哪一間。這女人眞奇怪，像一朵夜蓓花，除了華夜，她不再開展，不再放香。一切全像做夢，一個荒誕不經的夢，然而又這樣完整，這樣淒艷。確實些說，這一切倒更像一場火災，叫人又害怕，又發迷。那些燦爛的火苗、火花、火扇、火柱，幾乎叫人忘記，它們是能燒壞人的。

「可是，這個夢、這場火，今天就結束了。……馬上就上岸了。一切都完了。」

一陣喪鐘直敲他心頭。一個黑色音符響在他心弦。一扇黑門卻在他靈魂深處緊緊關閉了。這些喪鐘、音符、黑門，只獻給他一段註解：從此他將失去她，永遠喪失她。她的魂艷、靈幻、水晶、高貴、她的一切又一切，將隨海水滾滾流去，永遠汩沒於「過去」波濤中。儘他到海底去抓，去撈，去捕捉，所能抓住的，永遠只是幾瓢記憶的海水。這水有鹹味、有亮光、有顏色、也有她流動的形像，她流動的眉、眼、髮、嘴唇、身枝；但這一切永恒是一片破碎幻體，再凝不成一個結晶定形，一個能呼吸能碰觸的固體實相。

他睇視金色海水。望著望著，她那雙象牙黑的眸子，似就在海水裡變成一個幻形、兩個幻形、三個幻形、四個五個六個幻形。……

漸漸的，海水把他思想洗乾淨些了，也洗得明靜些了。他腦子裡突然閃起一片靈感。他幾乎要跳起來。

「啊，我眞是個傻子，我爲什麼不去找她？前兩天，白天我應該去找她！去找她！女人口頭上總愛把男人推到十萬八千里外，天知道她們心裡打什麼主意。我當眞出現在她門口，她能拿我怎樣？最低限度，她上岸後的通訊處或住址，應該打聽出來。就這樣活生生分別，不像拿一柄刀把達文西的蒙娜麗莎割成碎片？不，我應該去找她！設法探清她今後行蹤。這個出顯在我生命裡的奇異音符，我不能就讓它這樣無聲消失了。」

主意既定，他像有了點把握，情緒立刻平靜下來。他當即回到船艙內，開始去找她。

他從船首跑到船尾，由船下層走到船上層，從船這邊找到船那邊。像一隻德國潘音特種獵犬，多血質的搜索著，盡可能的搜索著，盡可能發掘每一個空間、每一個角隅。經過大客廳、吸煙室、和餐廳時，他格外費心檢查每一張臉，特別是一些女人面孔，希望其中有一張是「她」。一些在甬道中散步的女人。他不斷跟蹤，企圖捕捉住「她」的背影。有兩次，在白漆欄杆邊，他發現兩個長長身材的白衣女人，他立刻緊張起來，像潛水海底的採珠人，他帶了點渴望，走了過去，才舉眼一望，立刻倒抽一口冷。錯了！他向好些僕歐打聽，一個年輕的白衣女人，高高的，非常美，歡喜夜裡出來，他們有沒有看見？他們都向他搖頭。但他並不沮喪，仍舊各處找，到處搜索。他心裡只有一個思想：「必須把她揭出來。從神秘的黑暗裡揭出來。」他從機艙貨艙直尋到船頂，由三等艙找到頭等艙，從甲板覓到甬道，從公共場所搜到私人船房，他搜索每一個婦人，每一位少女，凝望每一張女人面龐，幾乎不像用眼睛看，而是用牙齒咬，咬嚼她們臉上每一根纖維。他內心的離奇狀態，大約在臉上透了不少，好幾個被他傻瞪過的女人，都反瞪他，帶著點不耐煩、鄙夷、和詫異。他不管。他仍是海闊天空的找。直找了一個上午，始終未尋到，連她一條影子一根頭髮都碰不到。造化好像跟他開了個玩笑，白天把她深藏入海底，夜晚才從海底把她撈上來，裝扮好了，安置於月光中。

中午，印蒂又倦又餓，決定不找了。他走進餐廳，獨自用午餐。

他一面吃，一面想，漸漸有點後悔。他是做過秘密工作的人，前幾晚卻忘記暗暗釘她的梢。如果那樣，他早就知道她的藏身處了。可是，這個女人卻也別緻。自從他上船後，白天從未見過她。他經常也愛跑來跑去，歡喜聽聽音樂，看看熱鬧，或者上甲板吹吹海風，可就從未邂逅她。天知道她是怎樣一種神秘生物。

他嚼著一塊豬排，正懊悔自己失策，鄰座談話聲卻傳過來：

「今天下午兩點就到了，岸上有沒有人來接你？」

「大約有吧。我已經打電報去了。啊，兩點鐘就到了，眞快！」

印蒂不再聽下去，他眼睛亮了。半天來，他煩燥的心情，第一次獲得安慰。他高興的想：

「不要緊，兩點鐘船靠岸，她反正總得下船。我早點去守在吊梯那兒，看她往那裡躲？……」

這樣想著，他心裡鬆了口氣，自早晨以來，他唇邊第一次掛上笑絲。飯後回房，斜躺在床上，很快睡著了。昨夜逃遁了的睡眠，此刻又迷羊似地跑回來，軟化了他。

不知何時起，門外響起一陣嘈雜聲，印蒂驚醒了。他跳下床，打開門，不禁無限歡欣：

「啊！看見岸了！看見岸了！」船已進入H江，從經驗上，他知道，再有廿分鐘，就可以抵S埠了。

他不再躇躊，略整了整衣履，立刻向吊梯口走去。

船在H江中悠悠行。壯闊的金色海水早沒有了。船四面、是漸漸狹窄的蒼莽黃濁的波浪。江面微微險峻閃幌，有著老年牙床的崎嶇，波咬波，浪啣浪，泡沫駢結泡沫，粼紋孿生粼紋，一切像生了千年古鐵鏽；遠遠看去，又像一條巨大的古銅色繡帶。兩岸工廠煙囪，像一個個黑人挺立半空，噴吐沉鬱的墨色呼吸，一縷縷黑煙蟒蛇樣在空中繞舞。海上走了八九天，看慣茫茫無垠，一旦都市巨大建築湧顯於眼簾，耳四畔又響起人間騷囂聲，旅客很容易感到一種人間煙火的溫情。印蒂卻毫無此感。他的心仍在海浪裡飄，只有那顆白色靈魂，那棵白色形體，才眞正是他的岸、他的陸、他的人間。他此刻正爲自己心靈找碼頭。

印蒂憑著欄杆，才在吊梯口附近站了不久，他四周的人，就漸漸增加起來。船一靠躉船，放下鋼鐵吊梯，他旋即成爲人堆裡一個小堆垛。汽笛高高鳴奏，彷彿在向S埠大嚷：「啊，朋友，我又回來了。謝謝上帝，一切平安。」岸上、浮橋上、躉船上，似一場雨後滿地繁生菌蕈，到處冒出人頭。藍色帽子、棕色帽子、鴨舌帽、呢帽、水手帽、法蘭西帽、白手帕、紅手帕、繡花手帕、黃手杖、白手杖、黑手杖，……都在碼頭上揮舞起來，伴奏著一片噪雜人聲。各種語音如百鳥學舌，又如開了個國際方言展覽會，一陣陣人語從船下飄向船上，又由船上飄往船下，這一切又一切，印蒂既未看見，也未聽到，他炯炯雙眼，只注射吊梯處。他整個視線，如一個圓形，以吊梯爲圓心，向四周畫圈。第一個人邁下吊梯了，一個矮矮外國男人，胖得像酒桶。第二個人走下去了，一個外國女人，紅黿樣的光彩而老實。第三個人衝下去了，一個帶著衝鋒氣概的中國青年。第四個蹭下去了，一個有著彌陀式大肚子的中國人。第五個人蹓跨下去了，一個男人。第六個人踏下去了，一個男人。第七個人滑下去了，一個男人。第八個，第九個，第十個，……望著望著，印蒂手心沁出冷汗。都是男人！男人！男人！要不然就是老女人！胖女人！或者，臉孔塗抹得像猴屁股的青年女人。沒有她！沒有她！沒有她！……他不知站了多久，只覺得四周慢慢的空、空、空。下吊梯的旅客，先像百足蜈蚣，一節啣一節。慢慢的，都變成河裡鯉魚了，各蹦各的。又徐徐的，似一場秋雨後的西瓜店，生意愈來愈清淡。終於，像半夜三更梆子聲，一段時間，才有意無意敲一下兩下。

「完了！完了！……」一陣冷汗濕透他的內衣。

印蒂回到艙房，神色頓挫，舉止沮喪，無精打采，閉上眼睛，在床上躺了幾分鐘。剛才那一陣過度興奮，使他非常疲倦。

他爬起來，慢慢收拾行李，準備下船。

從桌上搬過棕色手提皮箱，他吃了一驚，一張白紙條在箱子下面露出來。他連忙拾起它，定睛細看，上面有一行娟秀字跡：

「一點電閃就夠了。爲什麼要傻找它呢？」

印蒂渾身抖顫，痴痴站著，幾乎變成一尊泥塑，動也不動，手裡只緊緊抓著那張紙條。

# 第二章

## 一

好幾天來，印修靜先生的感情，一直打了個死結。他深刻而偏畸的內在，因而也更偏畸而沉重了。這似乎已成爲一種習慣，只要是一種陰影，他就禁不住往裡鑽，陰暗越濃，他鑽得越起勁。半任性半憤慨的，讓自己感情扣許多結子，然後，再玩弄自己似地慢慢解開。感情結子每被陰影扣一次，又解一次，他自信這個世界的本象面目對他就更清晰一次。生命對他的主要功效，似乎也只不過是扮演打結子和解結子的材料。他這種習慣，通俗說來，其實是多此一舉，甚至近於庸人自擾。但這位沉入思維裡的生物學家，卻並不瞭然這點通俗。他被它外層那片神秘光彩所迷眩了。

這是他最近一個結子。有好幾天了，還沒有解開。他試著慢慢解。未解開前，一團重壓仍壓在他身上，心上。他坐在書齋裡，凝望幾座大玻璃櫥，裡面陳設了一些標本，他想從牠們獲得一些解結子的啓示。每一次，當他心中沉鬱不歡時，他就愛默默坐在那張黑檀木古老太師椅上，靜靜凝視這些花花色色的死物。那裡面，有一些他最愛的蝴蝶：翅上略帶黑紋的白蝶，翅翼飾黑色圈紋和橙色圓紋的黃色越年蝶，愛低飛山路間吸馬糞汁的黃色蝴蝶，能放出惡臭氣味的白色蒔蝶，帶著赭紅色雲紋和白色斑紋的五彩蛺蝶，……。在他陰暗而古舊的精神世界裡，這些彩色翅膀，即使呈一種完全靜止狀態，也能為他添一份美麗幻態，幫助他偶然回憶起那些死了很久的夢中花景。玻璃櫥另外角落，有大藷蠋蛾，灰色翅上，帶桃褐色花紋，有黃色拖足蜂，身形瘦長，有漆黑的嚼嗡，腹部細長如線，有愚騃可憐的天牛，垂著竹鞭似的長長觸角，有金綠色吉丁蟲，栗色獨角仙，金色的金龜子，黑色的犀頭，黑褐色的龍蝨，……。這些平凡小生命，他從平凡空間捕捉了，再放到他平凡生活裡，卻也能偶然帶給他一片不平凡的光閃，雖然異樣短促，留給他的味卻很耐嚼。面對這幾幅標本擺設，他似乎看到人類的一份縮影。它們中間，有愛吸取花蜜的，有愛把糞做成圓球，推到自己巢中的，有歡喜佈天羅地網的，有專靠死屍生活的，有愛火的，有愛黑暗深處的，有的以刺為武器，有的以顏色為武器，有的從早到晚勞碌不停，有的成年到頭游手好閒，有的兇狠如凱撒，有的陰險如猶大，有的善良如耶穌。這些多色多態的翅翼，補足了他對人類的疏遠。通過它們的色和態，他對自己同類的嘴臉，似乎看得更清楚了。另一方面，也使他感到翅膀以外的空虛。這些翅膀，由一片空虛所創造，從空虛中飛出來，最後，又飛回空虛，且靜止於空虛。

漸漸的，他的眼睛離開這些渺小死物，投歸宿似地，終於又盤又旋的回到窗畔花竹茶几上。這種古色几，本應安置一件盆景或瓶花的，現在，上面卻陳設一塊粗糙的小小裂岩石。他深深瞻視它。幾天來，他的感情死結，就是這件岩石打的。這是一塊殘闕的三角形花崗岩，一種堅硬的火成岩。它是石英、長石、和雲母的結晶體，閃射著前二者的白色，混合雲母的黑色斑紋。不知多少萬年前，地球腹部熾熱的岩漿，衝破地殼裂口，迸發形成它，此刻卻又冷又硬，變成矽氯鋁鉀鎂鐵的寄生體。單純乳白色隱沒了它誕生時的狂猘場景，黑色斑紋像印石上的雲霞紋縷那樣自然，帶裝飾性，只那破口的三角依稀表現出結晶的強度和硬度，彷彿要在時間中維持它最後尊嚴。

這片原始礦物，帶給他陰重菀鬱，使他聯想起古代沙漠裡的那些火光，那些金碧神廟，以及藏在黑暗深處的時間影像。自從這片礦物進入他的生活，代替一盆萬年青，被裝飾在窗畔竹几上後，他的思想就不斷以它爲輪軸，慢慢轉動且展開。他希望它給他一種命定式的叩擊：擊破他思維中許多曖昧成分及沾滯成分。

他沉思的瞫望它，一雙陰暗的眼睛，漸漸更黑了。他缺少鮮明色彩的臉輪廓，彷彿滿天雨前雲，他整個人就像秋冬霪雨時的那份氣候。孤獨不只是一種癖性，而是一種生物，它生長在他軀體中，此時幽幽爬出來，從他身內爬到那塊粗糙巖石上，從而把他和它聯成一氣，相互呼應。從它，他體驗到人類歷史的可離性，和不可離性。他嚼出存在於它裡面的那點冷和光。它的內層，確實有冷也有光。但光是藏在冷裡的，必須透過那片冷，然後才抓住一剎光閃。長久瞻視後，經過一番掙扎，他終於捕捉住它。藉它，他解開幾天來的感情死結。

他輕輕嘆了口氣，從抽屜裡，拿出一個黑色筆記本，舉起一枝咖啡色鋼筆，蘸著派克藍色墨水，慢慢寫著：想借白紙上這份藍迹，描出他內心的一些陰暗火跡。

埃及第一等聰敏人和勇者，把所有生命都耗費於「死」。他們搜刮搾盡全部人民的血，全部地上財寶，只為了雕造一個華貴的「死」。他們的畢生傑作是死，而這傑作的代表，只是躺在幾座大金字塔下面的木乃伊。他們做夢也沒有想到：他們的「永生」（木乃伊）會被搬到大英博物館小角落裡，成為一些現代人茶餘酒後的消遣材料。

埃及所給我們的，只是一部「死」的文化，它只告訴我們一件事：天下最可怕的，就是「無」。但是，埃及皇帝卻忘記了，人本從「無」裡面跑出來。「無」是人最初軀殼，也是人最後軀殼。大自然是「無」的最高符號。

埃及帝王對死的掙扎（木乃伊），和蘇格拉底安靜的舉起毒藥杯，正成一個極好對照，也說明希臘文化比埃及文化高明處。同時也證明，許多殺過千萬人的驍勇戰將，膽子其實並不如一個書生。勇敢有兩種，一種是征服有形的勇敢，一種是征服無形的勇敢。智慧也有二種，一種用來征服有形，一種用來征服無形。

人必須了解無形的，愛無形的，做「無形的」主人。

「無形的」確實可怕，因為它總有許多為我所不知道。知道的，我就不怕了。不知道它的究竟，有時實叫我怕。我最難受的一些情緒，不是發生在黑夜，就是產生在綠葉轉黃時。黑暗促成「無形」，季節轉換會使一些有形的漸漸變成無形。

衰老，一滴滴的，像夜露，無聲落下，沁入我身內，滲透我的表皮，重新組織我的血液，凝造我的看、我的聽、我的味、我的覺。我從沒有這麼空靈過。正因爲一個人什麼都快沒有了，他才能有眞正醒覺。

衰老給予我一種好處，我不再渴了。年輕時，我非常渴，我渴得厲害極了。中年，渴得好一點。現在，幾乎全不渴了。任何酒與飲料，對我再無意義，除了它們的顏色和芳香激起一點回憶。水對我，似乎也不再有官能上的意義，我接近它，只由於它的流動。許多杯子都被我藏到櫥內，連它們的圓回憶也被收摺起來。此刻，唯一常咬嚙我的，只是一點回憶。它們常從一片深黑裡湧上來，從霧靄的黃昏中走出來，它們常與深黑和昏黃聯在一起。我必須攔阻它們。

衰老來了，把靜帶給我。這衰老是尼羅河上的古埃及船隻，我坐在艙內，緩緩向一個存在駛去：它叫靜。我幽幽走向靜。世界只是這靜外層的一件衣裳，我隨時可以褪下它，扔到一邊。……多年風濤變化，雨獷浪狂，最後是一片——靜。……六十歲的靜不是四十歲的靜，也不是二十歲的靜。……在靜裡面，我思、我動、我感。……我外層一切是淡淡的、淡淡的，因爲這靜就是淡淡的。而今我始了解淡。這個淡徵兆一個新開始、新契機、新生命。……精神路上，前後有三支指路箭標。第一箭標刻一個字：淡。第二箭標刻著的是：深。第三箭標上又是一個淡，字同，但顏色筆觸勾抹卻與前一個淡不同。這「淡」是「深」的延長、擴大，然而，它是經過千巖萬壑後獵取的。第一箭標的淡常是不勞而穫，不費吹灰；第三箭標上的、卻是血汗結晶，費扛鼎之力。

## 二

印蒂走進來時，印修靜先生正在紙上「嗖嗖」寫。

「爸，您在寫什麼？」

「一點筆記。」生物學家微微諷刺的笑著。

「我可以看嗎？」兒子熱心的問。

印修靜先生不開口，停下筆，怔怔對筆記本望了一眼，默默把它交給印蒂，卻從口袋內取出煙斗，安詳的吸著。一面吸，一面不時抬起那雙陰暗的眼睛，不經意的，向坐在對面的兒子掠一眼。

印蒂看完筆記，把它放在桌上，天眞的笑道：

「爸，我總覺您的思想太灰暗了。」

父親從嘴裡取出煙斗，諷刺的笑道：

「人的灰暗是命定的。人本從灰中出來，最後還要回到灰中。」把煙斗又叼在嘴裡，吸了一會。「現代生物學家，有人主張：人類祖先是由岩石和灰塵進化的。」停了停，終於沉重的低聲道：「灰是人最基本的顏色和情調。」

「不過，在人的眞實生活裡，灰並不是一個可愛的顏色。」

「在任何生活裡，根本就沒有一種可愛的顏色。人爲了騙騙自己，使生活變得容易忍受些，才臨時抓一種顏色裝飾一下。」

「那麼，您爲什麼不抓別的顏色，偏偏要抓灰的呢？」

「任何一種顏色都是剎那的、易變的，只有一種顏色永生而堅固：黑色。但黑色太嚴重了。灰類似黑的堅定，卻比黑容易接受些。」

「在我看來，任何顏色都可以接受，灰色卻不能忍受，因爲它最缺少色素。」

「你的話並不完全眞實。拿你說，你曾熱愛過紅，這以後你害怕它了。這次到南洋走了一趟，你似乎愛上南洋陽光的金，和海水的藍。然而，這些顏色是易變的，對你不忠的，只有灰對你最忠，即使你不需要它時，它隨時也會在你身邊侍候。」

印蒂想了想，笑著道：「剛才看爸筆記，您說，埃及第一等聰明人，把所有生命都耗在死上面，我覺得，您也有點像埃及人，把所有生命都耗在生命以外。我們拿所有生命來捕捉歡樂，還不夠用，哪裡能這樣慷慨，還消費在與它對消的事上？」

「你這種看法，還是認爲生命是一種『有』，而你能從『有』裡面取得些什麼。我認爲生命根本是一個『無』，從『無』裡面，我什麼都抓不到，最多只能捉住一兩條黑色的或灰色的影像，它們偶然映顯在一些近黑色或近灰色的昏糊水流上。人能抓得住水的濕，卻抓不住水，人能抓得住水，卻抓不住流。流永遠拖人走，人卻不能使流凝定。人能使水流變成冰，卻不能使時間變成冰或固體。人在流裡面，所得的永遠是個『無』。」

「照您看來，一切存在物，都是無了。既然是無，爲什麼我們又看得見它們呢？」

「凡存在，都是無，不過，我們眼所見的，只是存在通到無的過程，這過程叫做碎。凡存在，都要碎。我們眼所見的，沒有一樣不會碎。金字塔要碎。萬里長城要碎。喜馬拉雅山也要碎。只因爲它們碎得很慢，我們就誤以爲不會碎了。人其實很可憐，他們並不敢要求形象眞永生，只要形象破滅得慢一些，爲肉眼所不易見，他們就願給予永生感覺了。仔細想想，越是碎得慢，碎於無形無色，那倒更殘酷。任何人都願意死在光亮裡。……假如金字塔有一天碎成齏粉，粉被風吹散，考古家趕到了，只抓回一把粉，盛在小布袋裡，再放入陳列館，對後人說：這就是金字塔：是一千二百萬人的血和五百萬噸石頭凝成的。人們望著這團粉，作何感想？……假如喜馬拉雅山碎完了，只剩下一塊小石碑：『此處爲古代喜馬拉雅山遺址』，旅行家作何感想呢？」

印蒂聽了，不再開口。他低下頭，怔視父親從煙斗內敲下的黑煙屑。他陷入沉思中。每一次與父親談話，他總被帶入一個陰暗的凝思角隅。這種角隅，他自己靈性裡也有，但他平常卻不重視。由於外界激盪和反射，有時即使被迫走進它，也顯得勉強，不深沉。但與父親在一起時，它卻顯得深沉起來，且發揮一座深淵的眞正神秘的蠱惑力，好像有無窮的蜈蚣蟲和螳螂蟲在裡面，而這些蠱力是他從未經驗過的。儘管他不時警戒：不讓這個生物學家智慧裡的毒汁滲入自己，但當人在一座陰沉深淵邊散步時，衣上髮上也就不得不染上陰暗光影。現在，他愈和老人談下去，漸漸的，他覺得情緒裡的那些椰子樹及陽光海水，越來越淡。這些椰子樹，半年來，好不容易，他才從南洋移植過來。那些陽光與海水，也經過不少努力，才從熱帶捕捉回來。

偶抬眼，印蒂一眼看見窗茶几上那塊小小的三角形裂岩石，禁不住好奇的問：

「爸，您茶几上那盆萬年青呢？」

「搬走了。」緩慢的答。

「怎麼，您用這塊石頭代替盆景？」

印修靜先生不答，只默默吸煙，有好一會，這才噴雲吐霧，極慢極慢的道：「這塊破石頭並不比一般盆景價錢小。」

印蒂睜著好奇的眼睛，瞪著青色煙霧裡的那張沉思面孔，聽它繼續說下去。

印修靜先生只補充了一句：「這塊石頭是從萬里外來的。」

「萬里外？」印蒂詫異的道：「您指它是從很遠的地方來。」

「嗯。」

「哪兒？」

「埃及。」

「埃及？」印蒂驚訝的望了他一眼，旋即又道：「那麼，這是一塊很名貴的石頭了。您——」

印修靜先生不開口，吸了一陣子煙，最後，才沉思的慢慢道：

「這石頭一點不名貴，只是一塊很平凡的石頭，並且是破裂的。」頓了一會，似乎在搜索回憶，那雙陰暗的眼睛帶了點諷刺苦味：「半年前，我的一個老同學，一個考古家，杜古泉先生，在埃及旅行，快回來時，寫信問我：歡喜埃及的什麼，他可以買了送我。我回答他：

埃及的全部文化和出品，我毫不感興趣，我歡喜埃及一個東西：金字塔下面的岩石破片。假如他經過那裡，能發現一塊，請他帶回來，我就很感謝了。——這就是這塊破石頭的全部歷史。」

印蒂聽了，先是有點激動，旋即沉靜下來，微笑道：「怪不得剛才看筆記，您好幾次提到埃及。……」停了停，微笑道：「爸，假如您不生氣，讓我給您打個比喻，好不好！」

「你打吧！」

印蒂笑著道：「爸，您是生物學家，您知道：魚類中的海蜇和海參，甲殼類的珊瑚蟲與烏賊鈎，都能燈一樣發光，發一種冷光。在一般人想像中，凡光都熱。但它們所發的光，卻毫無熱氣。人能感到它們的明亮，卻是冷冰冰的，甚至是冷酷的明亮。」笑得更天眞了。「我覺得，您正像這種放冷光的生物，您的明亮，能照明我的眼睛，但當眼睛正想看什麼時，一層冰冷及寒氣，卻逼得它們不得不閉上。」

印修靜先生微笑了，似乎不大反對這個比喻：

「你的話也有幾分道理，不過還得補充一段。從根源追究，魚的本然形態，既不是魚，也不是冷光，而是和地球上千萬生命的根源一樣：從太陽偶然掉下來的那團火。這片火漿又化成萬萬千千，有的繼續發光，並且有熱，有的只有光，沒有熱，有的甚至也沒有光，也沒有熱。一種生物有光，卻沒有熱，這是命定型態之一種，你應該好好體味這種型態的命定性。」

換了一斗煙，印修靜先生吸了一會，沉靜而滔滔的繼續說下去，他用煙斗指了指花竹茶几上那塊破岩石：

「你用『冷光生物』這個形容詞比喻我，我剛才思索這塊破岩石時，也正想到這幾個形容字，雖然我的想法和你不同。嚴格說來，我覺得我自己就是這麼一片陰暗破岩石，在冰冷裡有年齡、有破裂、有僵硬，尤其是，也曾有過火。不過，這一切都是表象。還有一種永恒……。火可以變岩石，也可以變成魚，魚也可以變石頭：魚化石。火、石、魚，這種相互聯繫，叫做永恒。

「好些年前，我曾告訴你，你所抓住的，始終是一種表象。較高的覺解卻在永恒中。你對我的懷疑與隔膜，正是表象與永恒之間的隔膜。

「火的顏色也常常不同。拿你說，你在牢獄裡抓住的火，與你在南洋所抓住的，就大不同。可是，這還不是你最後的顏色。有一天，火燒到以『無』爲色了，這才是最結論也最綜合的顏色。不了解這種顏色的，就誤以它爲冷光了。」

聽完父親的話，印蒂的思想不斷打閃。好像黑夜裡，橋這邊人看橋那邊朦朧亮光，但他卻無法筆直跑過橋，立刻把它們捉回來，只能欣賞而已。爲了表現自己目前情緒，他強行爲自己辯護道：

「我在牢獄裡的那片火，和在南洋捕捉的火，顏色雖不同，根源則一，都是熱的化身。」

「爲什麼同一根源，非要有相異的變化呢？」

「那是因爲：我的感觀進展了。就在十個月前，我還認爲血最美，生命最高境是改造，剷掉所有醜惡、黑暗，創造一個嶄新的金世界。但現在，我卻認爲，不流血的世界更美。醜惡和卑鄙不僅寄生在制度上，更寄生在人身上。人身內的黑暗與卑劣剷不掉，身外的更難袪除。要改造制度，先得改造人。詩是最好的刷子，能把人的心靈洗刷得乾乾淨淨。這個世界本不缺少美。假如每個人都能崇奉它，醜也就不會冒出來了。以醜洗醜，永洗不淨，以美代醜，才是唯一眞理。第一步，每個人自己就先得創造、擴大他的內在美。世界上，懂得殺人，並且專愛殺人的，是政治家和軍人，不是詩人。這個齷齪世界，只有詩人與藝術家是清白的。」

停了停，印蒂帶著煥發的語調，繼續道：

「生命對我只是一座畫廊，我沒有理由，使自己永遠停在一根廊柱邊。曾有一幀巨畫：它是一片衝天的狂燄烈火，我曾跳進去，讓它燒過；現在也該讓我欣賞另一件畫幅：海景，容許我睡在大海邊，吹吹溫和的海風。米開朗琪羅的崩山裂巖的『創世紀』大混沌，我凝望太久了，此刻，我該看看達文西的蒙娜麗莎的唇邊微笑了。默罕穆德的舉劍姿態，究竟是古代人的姿態，與現代人距離太遠了，現代人應該欣賞耶穌躺在白色牧羊群中的睡容。奔波了十年艱苦長路以後，最後，我覺得，世界上只剩下一件事好做：到園子裡摘一朵玫瑰花。」

「你這段話很有光色。過一天，你和我那位老朋友杜先生談談，你就會明白你這點光色的分量。你最後一句話，法國伏爾泰曾說過，他會用考古家的態度，替它考考古的。」

印蒂感到興趣，笑問道：「這位考古家什麼時候來？」

「下星期天，他到我這裡來吃午飯，飯後你可以和他談談。他是個很有趣的人，最近剛從埃及回來。他是我極少數可以談得來的朋友之一，只是他經常在各地旅行。」

隔了一會，印修靜先生又補充幾句，說去年印蒂能出獄，就是這位考古家幫忙的。他的一位堂兄是政界紅人。印修靜先生當時找他時，他正準備到埃及去。因此，印蒂見了面，應該對他重重表示謝意。

## 三

不知不覺，印蒂已養成一種習慣，嗜好人性畫面。在生活中，他常以尋找它的奇異處爲樂。發現一幅獨特畫面，不啻發現人生眞理一頁。基於此，當他從父親那裡，聽到杜古泉的名字時，立刻便印入腦庫，希望很快能賞鑑一番。星期日上午，他陪母親去教堂做完禮拜，回來不久，考古家杜古泉先生便蒞臨了，他感到很高興。

飯前飯後以及談話中，印蒂極留心觀察客人。來客年約五十，身材中等，比印修靜先生健壯。他面孔黑黔黔的，樸拙中有飽經風塵後的渾淪，舉止十分沉重，一得空便啣上那根粗大雪茄，讓一片煙霧風沙式的翳蔽他的面貌和思想。他兩眼默黑而陰重，帶著回憶式的考驗氣味，彷彿要把每個人都當做古物，考驗一番。有時，他語調中有彎度與停頓，似乎好不容易，他的聲音才從一片險隘壓軋下掙扎出來。他似表現出一個古代靈魂，一種古老的沉睡，混雜著古老的風沙。他性格裡充滿被荒漠所安排的事物，僅僅由於某種緣份，某種矛盾的神秘慾望，或者，某種或然因素，他才走出古代，與目前這個世界突然焊合了。

印蒂在客人旁邊看著，聽著，漸漸發生興趣。

午飯後，三人在印修靜先生書齋裡閑談，很容易的，話題轉到客人新近的埃及旅行。這個題目，客人似乎特別歡喜，正像一個珠寶商，歡喜別人談他收藏的翡翠鑽石。在他過去生涯中，像今天下午這種談話，似乎不太多。只有和老友印修靜先生相聚，他才感到一種「同類」的喜悅。許多事情上，他們都意見相近。現在，他一面抽雪茄，一面談他的經歷，聲調極慢，卻沉甸甸的，頗有分量，彷彿隨時準備要放在天秤上稱。在談話中，漸漸的，那點原由他充沛健康所掩蓋的「年齡」，在風沙中所磨鍊的「年齡」，不油而然從皮膚毛孔裡往外爬，深刻的顯出來。他一雙陰森森的眸子，慢慢的，完全變成回憶的象徵品了。

一陣微微蒼啞的聲音，在煙霧裡沉重的響著。

「這是一個死的色彩比生的色彩強烈的國家。」

微微歪著那張黧黑的臉，深深吸了幾口煙：

「死書、金字塔、木乃伊、蜣螂符、楔形文、但底拉黑薩女神大廟、古老的法老王碑、荒漠和沙原……，一切都蒸騰出死的感覺。我同意你在雜記上的意見：『埃及所給我們的，只是一部「死」的文化。』死書上，一首詩的最後幾句是：

大大敞死門，

爲了我，（我帶著金棒）

勝利的穿過黑暗！

這正是許多古代埃及大智者最高的生命目的。」

印蒂望著杜古泉先生，帶了點好奇，誠懇的問道：

「那麼，您對這種『死』的文化，有什麼感想呢？」

客人沉思了一下，深沉的道：

「正因爲這是一片死的色彩，才分外叫人感到誘惑。」他語調加重了點：「我所以歡喜埃及，也正因爲它代表一種偉大的『過去』。只有在『過去』，人才能產生熟舊感。也只有在熟舊感中，才有一種古老的甜意。一切事物，只有變成『過去』，不再看見了，才能產生一種古舊的美。這是一種最耐咀嚼的美。」

說到這裡，他心裡似有無數條泉流要飛出來。他用牙齒咬了咬那枝棕色大雪茄，然後取下來，滔滔汩汩的道：

「是的，回憶的事物，常常要比活站在面前的有魔力。當你站在埃及喀那克阿門神廟裡，想像古埃及人用白羊代表阿門，對牠瘋狂膜拜，想像他們藉一柄傘和一隻昆蟲代表南北，用紅冕代表北埃及，白冕代表南埃及，以一隻鵝和一個太陽代表國王（註），以許多圓柱和碑石做書和文件，記載許多故事。這些事，因爲目前看不見了，這才美。年輕人大多歡喜看得見的，他們肯定一種美，不只用眼看到，用手摸到，甚至還要用牙嚼到。對於他們，世界總像一座才竣工的建築，一個極新鮮燦爛的方完成品。但是，對於我們這樣的人，世界是太老太古了，生命也太老太古了。埃及法老王墓邊的一塊舊碑石，古阿敍利亞的一根殘柱，可以佔有我生命的大部分。只有從這些古老事物裡，才能感到一種堅硬、一種眞實、一種香味。古代人一切都比我們沉重，更深一層了解永久。他們用圓柱和石碑著書，表現出怎樣偉大的氣魄。一個人假如能欣賞這份古代沉重，以及圍繞『沉重』的四周神秘，他可以覺出，古代人遠比近代人接近不朽眞理。他們在任何習慣上，都常與不朽接近。他們的生活裡充滿岩石，他們的死也由許多岩石裝飾，只有他們才明白，岩石比人更堅固。」

印蒂聽完，思索了一下，笑著道：「我承認杜老伯的話很深刻。不過，像我這樣年輕人，總愛看得見的、摸得到的、活蹦活跳的！您所描畫的古老事物，對於年輕人，免不了有若干距離。您是不是承認，您這點嗜好，是由於年齡影響呢？」

客人搖搖頭，輕輕說了個「不」字，接著道：

「我不是不知道活蹦活跳，但我更知道，它們很快會變成陳跡。我對考古學發生興趣，是很偶然的。一個下午，在一個博物館裡，我看到一塊殘闕而發鏽的舊銅片，管理人告訴我：這是漢代一位美女的鏡子。我對它凝望許久，想像一千年前，曾投映於它上面的那幅美麗姿容，那烏黑的鬒髮，明亮的眼瞳，彎彎的畫眉，彎彎的紅唇……。走出博物館，回到家裡，打開一本才寄來的雜誌，看見兩幅插圖照片：兩片荒土，土上有一些破房子、舊窰洞，照片上附註是：這兩片荒土就是漢代的上海、紐約，金子鋪地的張掖（金張掖），銀子鋪地的武威（銀武威），那時城裡到處是雕樑畫棟，朱門華夏，笙歌弦舞，白馬金鞍，現在——一片荒沙，日裡夜裡在風中旋轉。這天夜裡，我決定將來讀考古學。從此，我感覺我們所做所說，無一不為裝飾後代歷史博物館。我們的活潑新鮮形態，只不過掩藏了一層古物。我們的活蹦活跳不會超過七八十年，但扮演古物這一角色，卻可以延長到三十萬年、五十萬年。今天，我們坐在這裡談笑，可以預想到五十萬年後的人，在辛苦翻檢我們的頭蓋骨或胸骨，正像我們現在努力搜找爪哇人尼安臺塔爾人，……。他們摸到我們此刻這張在說話的嘴巴時，（那時只剩了一排牙床了），天知道他們會發生什麼感想。」說到這裡，考古家唇邊浮起苦笑，他帶著神秘的感慨，用左手輕輕摸了摸自己的頭蓋骨和嘴巴，彷彿眞有那麼五十萬年從他手邊滑走了。

「照您這種想法，生命不太黯淡了麼？」印蒂微微反抗道。

「黯淡也有黯淡的光色，只要我們習慣它，也就是一種可愛的光色了。美國科羅拉多州大峽谷中，距地面一千八百公尺以下，考古學家發現『袋那鼠時代』以前的各種巨獸足跡。其中有鳥喙蛇尾大獸搖尾行走的狀態，有巨鼠被一隻牙銳爪利的勁敵窮追的狀態。一個考古家在地面一千八百尺下發現三萬萬年前，他會不會被這種燭影式的黯淡所迷誘，從而狂喜的走入幾乎不可想像的三萬萬年以前？」

說到這裡，許久沒有開口的印修靜先生，又給他補充了幾句：

「人類無法抓住渺茫將來，所能捕捉的現在也很短促，不過幾十年，但人類卻可捉住幾十萬萬年的異常豐富的過去。」

考古學家點點頭，贊同道：「眞理正是如此。人類的眞正財產只是『過去』。所有眞理中最眞的，是歷史。一個眞正愛生活的人，也應該愛過去。」

印修靜先生笑著道：「現在，科學家大部分的努力，其實都是爲『過去』服務：發掘宇宙星雲及生命的『過去』秘密。一個化學家發現分子、原子、或電子，其實也只是發現物質的一種眞實『過去』狀況。科學家實在極少創造，他們不過發掘生命的『歷史型態』而已。——這個生命早在他們幾百萬萬年前就存在了。」

「這樣說來，我們生命裡，似乎只有『過去』，沒有『將來』了？」印蒂問。

考古家道：「令尊大人的話，正好給我作註解：我們現在所有的，只是過去，不是將來。我們永遠看不見將來。包圍我們的，永遠是過去。宇宙本身的存在，就像我們故鄉小河岸邊的老柳樹一樣，是人類唯一的回憶資料。人類絕大部分研究工作，只是在回憶，以及發掘回憶。每個人必須把死屍當寶庫。美國費路德天然博物院把四千年前古埃及王屍首運了去，用X光透視，發現國王致死之病是骨節炎。——人類文化許多表現，不過是運屍和透視屍而已。宇宙本身就是一尊埃及木乃伊，人類正想法了解這具屍首，並用X光照射它，透視它。……」

「宇宙是一個活體，並不是屍首。」印蒂詰駁。

「但在我們看來，它是一個古物，也就和死屍差不多。——自然，它是一個極偉大的死屍！」

印蒂不再爭辯。他覺得考古家所有意見，都通過一層晦暗的塑料透鏡，一切都被染得晦暗而陰糊了。這些見解，都來自一個不可思議的核心，不能改變後者，也就無法扭轉它的產物。這個僕僕風塵的旅客，在氣質上，也有印修靜先生的陰暗色調。凡是被這種色調所滲透的人，不可能希望他們觀點發光發亮。在他們旁邊，倒是少辯多聽，反而能享受平日不易得的樂趣。

印蒂望著客人，虔敬的道：

「杜老伯，您今後是不是一直要在幾個古代國家作考古旅行？」

杜古泉先生沉思一會，慢慢道：

「對於我，生命本身就是一件古物。在全世界，我再看不到一朵新花。一切花都是古物。對花對生命的了解，以及欣賞，也不過是一種考古而已。那些古代名字：埃及、巴比倫、波斯、印度……，對我都顯出強烈的誘惑。這些字眼，彷彿有特別濃厚的音節和味道。現代都市生活，我極度厭倦，正像厭倦一些表面華麗其實卻笨拙沉重的王宮金銀食具。我寧願在阿敍利亞廢墟上走三百六十天，不願在都市柏油馬路上散步三十分鐘。我覺得尼羅河邊的陽光，比百老滙大廈門口的要溫暖得多，尼羅河船上的土人也比百老滙大廈裡的紳士氣味好聞點。我憎厭這個現代世界，像憎厭蟒蛇。這些工廠與銀行，以及什麼電影院、舞廳，簡直是宇宙管弦樂中最不協調的幾根弦。也許過一萬年，我會更歡喜它們點，可惜我活不了這麼長。

「自然，我這種生活，也算不得眞正考古。眞正考古生活是很苦的。在英國念書的時候，我曾經參加一個英國考古團，到巴比倫工作兩年。我覺得他們那種生活太苦了，功利主義也太重了。我的願望，只想作一種古代旅行，旅行中，偶然發現一點古代文物，我就很滿意了。」

「古泉，你最近打算到哪裡旅行？是不是還要出國？」印修靜先生問。

杜古泉先生搖搖頭：「不，我對於國外，有點厭倦了。我曾參加考古團，到過印度、巴比倫、波斯、埃及，今後我要看看自己家裡的『古代』了。我打算到新疆去。那裡有許多繁華的古代國家，現在只剩下一片荒沙，我歡喜看看這些荒沙。」

## 四

很長久的，印蒂玩味考古家的那幅形態，以及包圍它的思想與意識。它們唯一特點，只是一種消逝的美，和陰影的魅力。在朦朧而沉重的死物中，考古家用自己情感重新賦予它們血肉及生氣。這一切給印蒂開了扇門，望見門內另一些景色：對已逝者再肯定，這正是他個性中所忽略的。他在考慮，如何將這些被啓示的思想與在南洋的感覺相溶化，配合。

下一個星日早晨，印蒂正打開日記，想錄下種種思想，母親卻來找他進教堂做禮拜。

這次從南洋歸來，印蒂自覺有不少改變，變得容易遷就了。過去，他在許多事情上，處處執拗，自信百分之九十正確，俯順別人，不啻放棄自己生存空間，把眞理送上斷頭台。現在，他覺得事情並不像這樣嚴重，多接受別人幾條意見，自己也不會立刻活不了。眞理不是杭州張小泉剪刀，只此一家，別無分號。特別在母親面前，更應該多體貼她，少固執自己。這些年來，她用一份超於普通母親的感情愛護他，他對她卻從未踏實回報過。深夜細思，他覺得很對不起她。因此，這次回來，他決定做一兩件討她歡喜的事。第一件，就是陪她進教堂。

兒子個性的變化，印太太非常高興，她雖認爲是上帝的命定恩惠，但臉上依然常露愉快條紋。看見這些條紋，印蒂開始發覺：妥協的收獲實在不小。從而他更了悟，爲了所愛的人，我們所做的事，即使違背自己，但只要對方歡喜，自己本不歡喜的，也變得可愛了。看到母親素淨臉上添了一條條皺紋，以及走路時偶顯老態，他心裡酸溜溜的。它們似乎有意刺激他，叫他想起，她過去親手給他縫製的那些襯衣，替他燉的雞湯，做的楊梅醬、奶油酥餅，煨的白菓煮紅棗……，以及從搖籃到長成，她給他作的千百樣事。想著想著，他幾乎要匍匐在她面前，對她哀求，「啊，媽媽，您額上皺紋，能不能添得慢一點？你眼睛裡的光，能不能暗得慢一點？只要能慢一點，我願付出代價。」

從這裡面，漸漸的，他多明白了一分十字架，以及附屬於它的一些詞句。

對基督教，本無惡感。從小他就受過洗，常被帶進教堂。中學以後，個性漸漸成長，他雖然有點反叛，不愛常陪母親做禱告，但每年聖誕夜，他卻從未忘記參加那個美麗而莊嚴的集會。這八、九年來，由於新興社會科學的影響，他才正式疏遠它，有時甚至帶著敵意。不過，不管他在理智上怎樣反抗，感情上，他始終不能泯滅對它的秘密欣賞。最低限度，那個偉大的拿撒勒人，永遠是他靈魂裡的大師。他在他人格上的烙印，比德國另一個大鬍子猶太人要深得多。這個大師在十字架的血跡，僞善的教士們既汚不了，任何極端派也抹不了。目前，他更認爲：教堂修女們的歌聲，要比街頭革命家的吼聲美麗得多。

教堂離家並不遠。坐洋車，二十分鐘就到了。印蒂隨母親踏入這座森嚴堡壘時，心裡不由也森嚴起來。

一種虛廓的靜氣停凝於空間。到處投射岩石的蔭影。金銅色十字架在黑幕布上炫炫發光，把古代礫殺聲化成一片寧謐。這深沉的黑和燦煥的金，是這片空間所有靈感的輳集核心。只因爲圍拱這個核心，那座莊嚴的聖壇才顯得煌麗，且勾魂攝魄。雕彩的天花板、赭色的楹柱、五彩的玻璃圓拱，彷彿在用一些花團錦簇的未來物事塗飾「過去」那個幽靈。這一切色彩中，那個聖潔的拿撒勒人的型像，永遠具有巨大魔力。他那張幻象式的溫柔臉孔，永恒代表宇宙間最大的涵度，以及最雄壯的智慧脈搏。

印太太她們才進門不久，讚美歌聲便飄起了。每個人虔誠的站著、唱著，臉上歡現出一種充滿、一種光暈。好像無數白色杯子突然高舉起來，杯內滿溢感謝。一陣明晃晃的洪大音流，從大風琴裡流出來，這不是琴聲，是來自帕米爾高原雪峰的聖潔雪水，它們的泉源，一面在陽光中溶化，一面白皚皚的流瀉，又柔和、又明亮、又有碩大力量。這一片帶著日光的、白色雪水，衝洗了每一個生命。好像一些生活在黓黑大森林內的人，面前突然凸湧出一大片白色，又壯闊、又幽靜，予人一種無限新鮮的刺激。世界顯得特別明亮了。人心裡瀰溢白色的感情。人們靈化了。大風琴聲浤浤汩汩流，歌聲嬝嬝娉娉飄，千千萬萬白鴿子似從琴鍵上飛出來，從歌聲中飛出來。教堂裡充滿了萬萬千千的圍繞：白色的圍繞。人們膏沐於白色圍繞中，不斷歡快的讚美：讚美宇宙第一因的創造者，讚美龐大黑暗最後面的那片白色鴿翅。琴上手指不斷動，它們並不是彈鍵盤，而是揭露一個秘密：袒裸那潛藏萬象核心處的最終音符。白色鍵盤不停響，響著響著，聲音突然變成一羽羽雪白翅膀，自彈奏者手指間飛翔出來，飛滿教堂。堂內便洋溢一片昇華後的人間，一片結晶後的心靈。在歌唱中，一條超脫的飄帶聯繫不同的眼睛和心。他們必須唱，唱出他們的情感，他們的思想，尤其是：他們的銘謝。只有在歌聲裡，他們的被創靈魂才圓滿。他們像被主摸過的盲者，復明了。他們像被主摸過的死者，復活了。一種神秘的幸福淹沒他們。

讚美歌聲中，聖經自己似乎對每個人響了、唱了：

「你們要讚美耶和華。從天上讚美耶和華。在高處讚美他。他的衆使者都要讚美他。他的諸軍都要讚美他。日頭月亮，你們要讚美他。放光的星宿，你們都要讚美他。天上的天，和天上的水，你們都要讚美他。……

「所有在地上的，大魚和一切深洋，火與冰雹，雪和霧氣，成就他命令的狂風，大山和小山，結果的樹木，和一切香柏樹，野獸和一切牲畜，昆蟲和飛鳥，世上的君王和萬民，首領和一切審判官，少年人和處女，老年人和孩童，你們都應當讚美耶和華。……」

最後一個讚美音符停止了，開始講經。

那個披著長長黑道袍的牧師，站在壇上，捧一本厚厚羊皮聖經，開始代表另一個世界，向這個世界傳佈福音。那張因禁慾而蒼白的臉，泛著清教徒的淡白光彩。那雙人間的眼睛，燃燒幻想意味的虔誠。叫聽衆沉醉的，照例是那副異樣溫和的聲音。這個黑衣使者，盡可能把聲音調節得柔和，充盈催眠力。一段段經文從他嘴裡溢出，不再是一種清晰的凝定體，而是一種又模糊又溫熱的氣氛，叫人慢慢融解。假如說，有些字句投擲地上，能像一塊塊金屬發聲，那麼，這個黑衣人吐出的字句，卻像一些白色花朵，無聲的溫馨光色吸引了人。在諦聽中，台下八九十張面孔全被一些幽玄魅力所迷惑。它們過去一直爲人間煙霧所燻黑，現在彷彿才忽然白淨起來。那塊一直梗塞著他們心頭的大石頭，不知何時起，已被搬走。他們又恢復了原始的輕鬆自在。潛意識裡，他們雖然感到，只要一離開目前場合，那塊大石頭又會橫衝到他們身內，但只要目前能讓心靈鬆散一會，也就是無窮安慰了。聽牧師講經文時，有幾個女人眼角掛了淚珠。她們從未想到，這片痛苦千重的土地，也有梯子讓人飛昇幸福高處。她們更未想到，這個蛇蝎式的黑人間，也會有鴿子樣潔白的靈魂。只有在這片聖潔空間，生命似乎才可能變成希望，同時，也可能獵取黑暗邊界那一邊的美麗存在了。

講壇上響起誦經聲：

「早晨回城的時候，耶穌餓了，看見路旁有一棵無花果樹，就走到跟前，在樹上找不著什麼，不過有葉子。就對樹說，從今以後，你永不結果子。那無花果樹就立刻枯乾了。門徒看見了，便希奇說，無花果樹怎麼立刻枯乾了呢？耶穌回答說，我實在告訴你們：若有信心，不疑惑，不但能行無花果樹上所行的事，就是對這座山說，你挪開此地，也必成就。你們禱告，無論求什麼，只要信，就必得著……。」

牧師誦經聲和講解聲，印蒂都未聽見，他耳裡仍響著那片金陽光與白雪水混合成的讚美歌聲。這一晚的歌聲，替他半年來的南洋生活下了個註解。他以爲，這些唱歌人都錯了，那個被讚美的耶和華，或者不存在，或者不只一個。他應該有許多不同的名字，這些名字正是南洋的陽光、海水、椰子樹、月夜、四絃琴、少女的笑，……。耶和華要萬物讚美他，其實，就是要萬物自己捧自己。這個「捧」也就是一種眞理。和這個眞理相形之下，今天下午那個考古家就顯得可笑了，他把生命耗在死去的土壤上、沙原裡。三萬萬年前「袋那鼠時代」的各種巨獸足跡，憑什麼還要在我們心上再翻一次版？三萬萬年前的大地，不早承受夠牠們的印跡麼？人耳朵生來要聽聲音。人眼睛生來要捉顏色。人手掌生來要摸有血有肉的胴體。那些過去的岩石及墳墓，沒有歌聲、沒有顏色、沒有血肉，它們永不能把人類燃燒成一片光明。同樣，父親那些死標本也是可笑的。世界只在飛翔時才有光。也只有飛翔體才能構成飛翔。當飛翔體變成櫥中標本時，飛翔也就死去了。人活在死寂的被釘的翅膀群，等於叫一個活潑潑的飛翔世界化爲一個被釘死的標本。死靜的翅膀能給人平安，卻永不能創造浮世歡樂。宇宙必須飛翔！人類必須飛翔！生命必須從大飛翔中凝造狂醉與歡樂！那種專從生物變化的陰暗規律中提煉信仰的人，除讓自己生活遮滿陰影外，再不會有別的收穫。很自然的，今晚壇上這片講經聲，也是一種愚妄。這個初夏夜多溫柔、多美麗。教堂四周有厚密的法國梧桐的蔭影。花園裡的蝴蝶花和玫瑰花應該很燦爛了。一片芳郁瀰漫夜蔭。人們爲什麼不到法國梧桐樹下散步？呼吸花香？那本厚羊皮書究竟能給人一些什麼呢？

這樣想著，印蒂幾乎想悄悄走出去。轉過頭，他看見母親明亮的臉。她正在虔誠傾聽。她臉上是那樣感動而愉快，印蒂不由轉過臉，又向台上望去。好像僅僅由於被她臉上光輝所感動，他剛才的激動情緒才漸漸平靜下來。

# 五

印太太母子走出教堂時，印太太心裡很平安。每次做完長長禮拜後，這種平安感覺總像一片硫磺溫泉，暖孜孜的舒適的浸漬她，好似一個病患者受過醫生的適當手術。今天的平安，還不只這點點，它其實是許多天來愉快的累積。不像印修靜先生，她審察事物，從不離開通俗觀點，常人角度。她本性中原儲藏巨量的陽光，它們即使曾被一些雨雲所遮蔽，但只要雲一散，光仍明亮亮射出來，絕不因爲曾被黑雲蓋過，也染上雲的黑。她過去的生涯是明明暗暗曲曲折折一大段。這一大段裡，明多於暗，平直多於曲折。不用說，這些明暗曲折的唯一扭捩點是印蒂。印蒂的生活氛圍無意中成就她的心靈氛圍。這半年來，她常感激那個萬能主宰。因爲，過去好幾年的噩夢，業已終結，萬事萬物又開始放光發亮。這次印蒂從南洋歸來，不僅健康恢復，身子且較過去健壯，更叫她高興的是：他的性子也有些變了，比過去穩健持平多了。看著兒子有興有緻的，一趟趟和她進教堂，她實在掩不住喜悅。這一切，在她看來，就是生活裡最高一根枝條上的果實了，她不再希望摘別的。

這個古老東方，大多數城市女人演著室內角色。從出顯於世界的第一秒起，她們命定就是一種室內存在。年輕時，她們充當丈夫的配角，伺候後者臉上的條紋，也分擔他在室外風浪裡的上昇與沉落。年老時，她們爲子女的歡樂而歡樂，悲哀而悲哀。她們永遠是陰暗角隅一朵蒼白的花，沉默而節制的抵抗狂風，也沉默而節制的反應著偶然陽光。在她們四周，時時洋溢著一種黯淡光輝。印太太應該不是她們中間的一個，但她謙卑的天性，卻使她或多或少成爲她們的同類。基督教只叫她把這一型態表現得更深刻些。一般女子心中的那個陰暗體：「命運」，在她面前，只不過加穿了一件輝煌的「上帝」袍子。她不像她丈夫，不大歡喜多想自己，以及自己的哀愁，她的注意力大多輻輳於外界。那個至高的萬能主宰，寄託她不少的情感與希望。她並不特別努力，有意要規避較深的痛苦，更不奢望一片特強的光亮會驟然落在她身上，伴著幸福。只要痛苦的深度叫她還能忍得住，而時不時也會閃耀幾條輕鬆的光亮，她就很滿意了。幾千年來，一直就有一座強大而粗硬的神秘殼子，包圍東方女人生活，千千萬萬婦女，過去既沒有穿出殼子，也從未想砸碎它，她自然更不能。她並不是一個貪婪者。如果將就些，現實些，她自己生活裡原不缺少幸福成分，更不必說宗教的皈依，一直爲她的靈魂創造一種寧靜的情調了。

也正是這種幸福成分，這個上午，她感到滿足，覺得平安。一種突然的快樂彷彿從夜暗裡湧出，煩㷄四周，她彷彿有一段時期沒有經歷到它們了。她此刻似乎產生許多思想，許多許多情緒。一些微妙的思想與情緒，掙扎著要從她身上放射出來。

回到家裡，他們進了印蒂的寢室。才坐下不久，她就慈祥的注視兒子，用一種極誠懇的語調，慢幽幽的道：

「蒂，答應我，從今以後，好好信仰上帝，每天做禱告，禱告上帝賜福予你，永遠賜福給你。」

印蒂也誠懇的望著她，懇摯的道：「媽，信教的事，我希望您不太勉強我。我對十字架並無惡感。只因爲許多人把它的痛苦色彩太強調了，有時我才現得不耐。」沉思一下，慢慢道：「這一次的南洋海水和陽光，也把十字架的濃烈顏色沖淡了不少。」

「你應該多想想上帝。」

「可我卻從不了解它。我也不相信，這個世界上有多少人眞能了解它。」

「上帝不需要你了解。人也不該妄自尊大，要全部了解上帝。上帝只要你信仰。今天李牧師講經，有一段說：『……你們若有信心，不疑惑，不但能行無花果樹上所行的事，就是對這座山說，你挪開此地，也必成就。你們禱告，無論求什麼，只要信，就必得著。……』正是這個意思。上帝的偉大，不存在於了解，只存在於信仰。」

「人對不能了解的事物，怎麼能信仰呢？」

「正因爲無法了解，不可思議，我們這才崇拜，才信仰。世界上，有許多事，我們都不了解，而且永遠不會了解。即使如此，我們依舊還得和它們一道活下去，並且靠它們活下去。『活著』本身就是一種信仰，也就是對許多不了解的事物的信仰。沒有信仰的生活，是痛苦的。」

印蒂聽了，沉思一下，以較平靜的語調道：

「媽，我承認人應該有信仰。可是，一個落在大海裡的人，把所有信仰綑在一片木塊上，不危險麼？過去十年，我曾經這樣緪過。結果，一旦發現這片木塊只是一大串碎片的湊合，絕對經不起海風海浪時，我當時的痛苦，實在無法形容。您現在要我再這樣緪一次，把那片雕著『共產主義』的木塊，換了片雕著『萬能上帝』的，不是叫我再冒一次險麼？……我也不反對木塊。沉在海裡的人，總要抓一片木塊。但必須是我了解的才行。舊的那一塊，我是了解的。您現在爲我所預備的一塊，我可了解得不多。」

印太太嚴肅的道：

「上帝不是木塊，它是『方舟』。沉在海裡的人，只有抓住它，才能得救。上帝還不只是方舟，它還有更偉大的奇蹟：能叫海變成陸地。當一個人落在海底時，哪有許多時間去仔細了解，要緊的，是趕快抓住個什麼。」

印蒂笑著道：

「媽，您這些神秘思想，我越來越不懂了。不過，我答應您，有一天，我眞領略到上帝的偉大時，我一定虔誠信仰它。我並不是白痴，我自信也不會眞遺漏偉大的思想，或偉大的存在，假如上帝眞如您所形容的那樣偉大。現在，我雖不專心信仰，但也不會反對。對我根本不太了解的事物，我不配反對，我只自認無知而已。」微笑著加了兩句：「其實，我是欣賞基督教的倫理觀念的，因爲它對世人有益。」

印太太嘆了口氣，怔了一會，微微苦笑道：「蒂，你這次回來，我看你脾氣和平多了，也熱心做禮拜了，原以爲你從此會好好信教，想不到你還是—」

說到這裡，她不再說下去，卻沉思起來。停了一會，她才睜著一雙蒼茫的眼睛，迷惘而抑鬱的瞪著兒子，用一種幾乎與她平日完全不同的聲調道：

「這多年來，我一直等待你，希望你能像九年前離家時那封信上所說：『有一個平靜而圓全的歸來。』……不錯，你終於『歸來』了，卻從沒有『圓全』過。你『歸來』了，不久又走了。」她似凝望著一片神秘的空虛，喃喃道：「是的，我有一個兒子，他永遠在旅行中。他永遠愛喝客棧和野店裡的苦水，遠勝於他母親所做的甜杏仁茶。他愛聽異鄉人的聲音，遠勝於他父母的聲音。愛看陌生人的面孔，遠勝於他母親的面孔。他永遠在旅行、在找，我不知道他什麼時候才能找到，從此不再旅行？」

印蒂輕輕的溫柔的道：「等他找到那個眞正『圓全』的。」

「他怎麼知道，自己有沒有找到呢？」

「當他屹立於海浪樣多變化的萬象前，感到眞正平靜時，他就知道，他是找到了，正像您站在上帝面前一樣。假如說，您已發現了您的上帝，我卻還沒有發現我的。等我發現它，或類似它的絕對存在時，我就感到眞正『圓全』了。」

「有一天當你發現了，我已經看不見了。」印太太嘆了口氣，微微酸楚的道：「蒂，你還是個固執的傻孩子，你還是愛出門，多年來，外面的風浪似乎還沒有寒透你的心，你還不能眞懂家的好處。」停了停，她又感動又誠摯的道：「生活是一片又淒酸又溫馨的光。沒有經過海上風暴的，不懂得島嶼。沒有經過長途漂泊的，不懂得港灣。沒有走過黑路的，不了解燈籠。沒有遇過冰雪的，不了解爐火。沒有聽過哭泣的，不了解微笑。你年紀還輕，有許多事，你還不能徹底了解。你現在還在一種旅行的年齡。只有當你厭倦旅行時，你才能明白許多事。一個永遠迷戀於起點的人，絕對不會洞悉終點的可愛處。基督教的偉大，正在於它透徹教給我們有關終點的眞理。凡是一直圍著起點旋轉的人，永遠不能享受內心平靜。」

印蒂走到母親身邊，一隻手輕輕攬住她的肩膀，特別溫和的道：

「媽，您今晚怎麼特別感觸？您從來不是這樣的。您也從沒有說過這一類的話。」突然笑著道：「媽，您今晚完全變成哲學家了。您和爸一樣了。」

印太太也笑起來，她拿下兒子搭在肩上的手，抓在手裡，彷彿自言自語道：

「我自己也覺得奇怪，今晚竟說出一些平日從未說過的話。這些話，好像在我肚裡彆了許多年，今晚非吐出來不可。」微微嘲訕道：「蒂，你或許會笑我，這是一個女人，不該像男人一樣，用那麼多思想的。可是，女人也有女人的思想。你知道，這許多年來，我的生活雖說很幸福，可有時也有點孤寂，靈魂的孤寂。這個——」她定定看著兒子：「你這個寶貝兒子要負點責任。有時候，我幾乎想：這九年來，你似乎把家當作旅店，要來，就來了；要去，就去了。你可曾想到過做娘的情緒反應麼？你爸是科學家，也是哲學家，他不計較這些，我也不想計較，可有時卻感到孤寂，像我這樣生活的女人不應該有的孤寂。」她垂下頭，眼眶裡有點潮濕，但仍克制著，卻努力平靜的道：「我於是不斷禱告、更勤的讀聖經、念一些神學書。……」微微笑了：「也許我受了你爸的傳染。」

印蒂伸出右手，緊緊壓在她那隻抓住自己左手的右手上，聲音雜著沉痛：「媽，在『眞理的媽媽』面前，可能我不算壞兒子。但在您面前，我卻不算好兒子。我沒有對您和爸盡我應盡的責任。我使您為我操過許多心，而我從未眞正補報過您。我非常、非常對不起您。」

他眼睫毛也潮濕了。他幾乎有點顫著聲音。「可是，在兩個『媽媽』之間，我不能同時都孝順她們兩個。內心不停，有那麼個強烈聲音在召喚我，像耶穌在約旦河畔聽到召喚一樣，喚我消耗更大的生命，去侍奉那個我看不見的神秘的媽媽。爲了這個，我只有請求您——」

「『原諒』？」她卻苦笑了。「我從未想過這兩個字，我只希望你幸福，如果你覺得那種侍奉是一種幸福，我絕不會忌妒，也永不會忌妒。你知道，我是按著經上訓誡生活的。」

印蒂再忍不住了，他把母親緊緊摟在懷裡，好像她是一個聖體。

「啊！媽媽！好媽媽！我眞對不起您！對不起您！您是這樣偉大！您是這樣愛我，而我是這樣自私、不孝，……」淚水充滿他的眼眶，她也流了淚。

印蒂終於破涕爲笑，微笑的摟著母親。「啊！好媽媽！您眞是我的媽媽！我可當眞得利用您這種聖母風度，再享受幾年自私心了。」

「什麼『自私心？』」她依舊把頭貼住他的肩膀。

印蒂掏出手帕，拭拭媽媽的眼睛，也擦擦自己的，恢復了正常狀態。他鬆開雙手，站在她面前，低低道：

「媽，我正想和您商量一件事。」

「什麼事？」

印蒂岔了個彎子道：「媽，您不反對吧！」

印太太笑道：「傻孩子！我還不知道你說的什麼事，怎麼能說反對不反對？……」停了停，沉吟道：「只要於兒子有益的事，做媽的當然不會反對。」

印蒂笑著道：「這件事自然於我有益。」頓了頓，半吞半吐的，微微神秘的道：「這是我的一點理想……。我想找個風景區住住。」

印太太笑道：「蒂，你是不是要去做詩人，隱士？」

「不，我只想和大自然多接近接近。……媽，您不反對吧？」

「你的事情，一向獨來獨往，別人插不得口。我就是反對，有什麼用？」

「您要反對，我的理想就無法實現了。」

「爲什麼？」

「我很窮。」

母親笑起來，半寵愛半譴責的道：「你這個壞孩子！你從哪裡聽到，這兩年鄉下收成很好，你爸很聚了幾個錢，你就想法子算計他？」

印蒂分辯道：「不，我自己也有生財之道。我可以給幾個報紙和雜誌寫文章，再編譯點書，或許找一個掛名差使。不過，假如要活得更詩意點，當然得敲你們竹槓了。」說完了，印蒂笑了。

「打算住哪兒？」

「杭州。」

印太太笑道：「那可花不了錢，你姨媽那裡有現成房子。你在她那裡住、吃，刮她兩年三載，也不算什麼。這幾年，她們那個蠶絲公司生意極好，她的那些股本都賺飽了。」

「不，我要單獨住在西湖邊。」印蒂淡淡的說。

印太太道：「我忘記告訴你了，你姨媽前幾天還給我信，知道你從南洋回來了，要你到她那裡住住。說十幾年沒有看見你了，惦念你得很。也巴望我這個老姐妹去陪陪她。……前些年，你老說去，可總沒有去。」

「這回可去定了。她們不請我，我也要去的。」

印太太笑道：「還有鄉下的親族，你叔祖母，快十年沒有見你了，想你得很。今年她過七十歲，要你去玩玩。小時候，她頂喜歡你的。每回我們下鄉，總住在她家裡。你記得嗎，有一年跑兵反，我們在她家住過大半年？」

印蒂不經意的道：「哦，叔祖母，……這個，讓我考慮考慮，……」

談到這裡，印太太望望錶，微微吃驚道：「啊！十一點半了，該吃午飯了。這件事，明天和你爸爸商量吧！他一向總依你的。」她站起來，拿了木柄黑色豬毛刷子，走到床邊，把藍格子褥單刷刷乾淨，再弄平整。接著，又把雪白枕頭拉拉平。她溫和的道：「蒂，吃過午飯，你應該休息一會。我現在到廚房裡，和趙媽給你們預備午飯。從今晚起，早點睡。不要深更半夜，苦讀英文書，或者寫什麼文章。難得回來，就該好好將養。你現在想想，明天吃什麼菜，想好了，等等告訴我，我明天早上吩咐趙媽去買，我親自給你做。」

## 六

上帝這一形象，不是從昨天和母親談話起，開始投映印蒂心中的。也不是從這一晌進教堂做禮拜起，開始呈顯的。它似乎來得很久了。像一粒種子，不知多少年前，它早暗暗埋在他泥土裡，他始終不知道。由於他年齡和情緒的阻礙，它從未冒出泥土，只是秘密瘞藏。直到此刻，一些阻礙漸漸消失了，它才偶然冒出來，抽幾枝青芽。母親昨天的話，只不過叫他更看清這點芽、這點青。他大爲驚異：他從未有意要將芽種埋在自己身上，而它竟這樣神秘的和他聯在一起。他千思萬想總猜不透：是什麼因素，把他們聯起來。然而，這樣一種神秘，又這樣自然，他不敢一手抹煞。他甚至有一種預感，不管他掄著怎樣犀利的理性斧頭去砍去劈，它們輕易絕不會被砍死。可能的，越砍、越會爲它們助威。就在昨天反駁母親時，有意無意的，他似乎已爲對方論點建築更鞏固的基礎了。這點預感，他過去從未感覺，現在卻隱隱感到了。他很害怕。好像戰爭正激烈時，統帥大本營門口，突然發現「第五縱隊」。

他知道，上帝這道關卡，不是道簡單關卡：他目前還不能了解它，也不會通過它。但是，有一天，一旦他必須通過，那可能是一個悲劇：比他過去所有悲劇更悲劇的悲劇。在這個世界上，有那麼多天才都停留於這一關，他們既不是白痴，也不是瘋子；假如這座關眞是異常醜陋惡俗，絕不會那樣生動的吸引他們，以及別的千千萬萬人。自然，對於他，這一座大關，還現得極緲茫遼遠，（他泥土裡那點青芽離開花結果似乎還有十萬八千里），他沒有理由要向它走。也許，終有一天，他總得向它走去。也許，他現在不知不覺，已暗暗的正向它走，他卻不能體認。

「啊！不管怎樣，這是一個有太陽的上午。這樣好天氣想上帝，是一種愚蠢。」印蒂喃喃自語，他不禁笑了。

是的，這正是一個有著玻璃式透明陽光的上午。午飯後，他在院落裡閒步，一行踱，一行沉思。天氣太好了。陽光把他們一家人都從屋子裡趕出來。印修靜夫婦都沐浴於陽光中。印先生坐在籐圈椅裡靜靜抽煙，看一本描寫昆蟲的洋裝書。印太太爲印蒂縫一件襯衣。他們沉在自己工作裡，陽光叫他們沉默了。

印蒂才一停止思索，在金色光輝裡，他又聽見那片「工工」伐木聲。它彷彿響自曠絕無人處，繞千百匝在他四周輐轉，代表一闋偉大的音素，一種奇異的雄力。於是，他又看見他：他粗壯的形體，閃映在陽光中，接著，是他那圓圓禿禿的紅色頭頂，他那雙有著鋼鐵色澤的小眼睛，他那副黧黑的樹雕臉，臉上那些車裂式的荷葉皺。他倒像寒流裡一隻的膃肭獸，突然出現在陸地，微微笨拙的、旋動於澤瀉的金色光明中。那隻大斧頭，不斷上下揮舞，他赤裸裸上臂的兩頭肌和三頭肌，凸畫出稜形線條，彷彿一條條鋼筋。隨著「工工工工」斧劈聲，他渾身骨骼似也在響。這老人兀立日光中，猛劈一根倒木。他劈了一會。除了單調的「工工」聲，他四周再沒有別的音籟。印蒂望著老人不斷揮舞雪亮利斧，不禁有點沉醉。那一大蓬兜腮鬍子，白花花抖閃著，與欻動著的銀亮大斧相映襯，表現出怎樣的蠻獷和生糙！這並不是伐木圖，而是一幅深刻的搏鬥圖，從這幀圖裡，人可以想像爪哇原人與刀齒虎犀牛相鬥的粗壯線條。也正是這種線條，叫印蒂激動，且感到自己剛才沉思的空虛。

印蒂悄然走過去，親切的喚道：

「么虎！你在砍木頭？……」

老人掠了一眼，見是印蒂，忙停下長斧子，用手臂擦擦汗，氣咻咻的道：

「呃，少爺！……後花園葡萄架折了根柱子，我砍點木料，去修修。不修，今年秋天吃不成葡萄哪！」

說罷，老人呵呵大笑起來。他吐了口唾沫，突然又舉起亮閃閃巨斧，「工工工工」的劈起來。他袖子直捲上肩膀，寬闊的紅銅色胸腔半敞。那根棕黑倒木上，刻畫著歪歪斜斜的斧鑿與砍印，一片片樹皮和木花飛散開來，像一團團捲螺。他一面劈，一面不時用腳踢著樹皮及木花，把它們順在一邊。他斧劈時，不願意說話，整個人似已隨斧頭鑽入木頭內。他誠實的工作著，有一種對誠實的迷醉。在歪擰的蒼白眉毛下，他那雙小眼銳利的閃耀著，定定瞅那段倒木，充滿愉快。那隻大斧頭，從舉起到落下，以及偶然半途停頓，不斷在空中畫出一些強有力的銀色線條。

印蒂凝望這幀強烈畫幅，漸漸的，他剛才思想裡的矛盾統一了。這個老園丁的形象，就是這統一的軸心。在他眼內，老人只是陽光的一種綿延，完全被一團神秘所安排。他並不是固體，而是一種偉大的繚繚繞繞的存在，一些火簇簇的東西，要從它們裡面衝出來。在初夏陽光中，赤裸著這樣粗獷簡單的線條姿態，彷彿專爲誘惑旁觀者。印蒂相信，老人腦子裡，既沒有上帝問題，也沒有天堂地獄的糾紛，除了一片自發的單純慾望，他心頭什麼也沒有。就利用這樣一把單純斧頭，他把單純慾望投射到倒木上，也投射到世界、陽光裡。這個塊然獨處的斲輪老手，斧劈得越兇，印蒂也越羡慕得厲害，羡慕得幾乎要妒嫉了。包圍這一老耄形態的思想和意識，是這樣單純，單純得近於偉大了。印蒂好像聽見老人的諷刺笑聲：「年輕朋友，在陽光裡，你顯得太複雜了，你應該單純點。」是的，老人所指示的，正是他常缺的。十年來，他千辛萬苦，找尋這種單純的統一，有時，他雖得到一些，顯然還不是「最後的」。這個老人，毫不費力，就在他狹窄的花園角隅裡，卻刈穫這種「最後的」統一。這張有著楯徽式紋縷的臉上，所有世界矛盾都單一了。這雙小小蟹眼裡，有最高的和諧樂曲。他不知道自己再掙扎多少年，才能達到這一步。

印蒂站在老人身邊，胡亂想著，不知想了多久。他好像來了陣靈感，對老人微笑著道：

「么虎，憩憩吧！我來幫你劈！」

老人似乎吃了一驚，怔怔把斧頭停在半空，銳利的對印蒂望了幾眼。猛可的，他呵呵大笑起來，不斷搖頭，抖動著白花花鬍子道：

「不，不，不，……這就劈好了！……忙一忙，趕著秋天吃葡萄哪！……哈哈哈哈！」笑著笑著，他突然拚命跺足，大聲喝罵起來：「畜牲！去！去！去！……嗯！好天氣，快找你姘頭去！……去！去！去！……快給我滾！滾！滾！」那隻狗狂吠一聲，發急的衝走了。

## 七

棕櫚樹靜立叢茂陰影裡，如幾座古代紀念石柱，沉重而古茂，柱上伸出一些寬寬的黑暗手掌。櫸樹和白楊樹四周，黯黝黝一大叢，彷彿是一些墨色的符籙與咒文。園中一簇簇樹梢，是一頂頂黑色傘，一扇扇展開，黑葉子縩綷發聲，黑枝椏在星光燈光中浮擺。鳩在林叢深處低咕，使夜暗分外溫柔。茉莒的繁茂枝條披散開來，搖著夜。野白薇在黑黯裡寧謐展放，放香。紫色玉蟬花也黑黑卷舒碩大花朵，把顏色與形姿獻給星光，以及附近牕口流出的亮光。洋綉球閃灼一球球白色暈光，是花園內唯一最明顯的花色。一隻貓繞棕櫚盤桓，發出低低吟聲。一隻黃色大蛾子飛入園屋牕口，另幾隻黑色大蛾子又從燈光中飛出來，撲入花簇。牆上長春籐微微顫震，蔭影溶入黑夜，肥大的葉子，一片挨一片的，像電影中一對對主角相偎依的臉部剪影，那麼溫馨、神秘。一些花香自黝暗中溢出來，掠過林蔭與樹影。無風時的黑暗樹葉叢，像一些海中島嶼，浮浮塊塊，彎彎曲曲，出現在飛機觀測圖上似的。這些蓬大而彎曲的樹叢，又像一些巨大的黑色蝙蝠翅，飛著飛著，突然凝止於夜空。

漸漸的，園中黑暗，由視覺化轉爲聽覺化。貓的懶聲與鳩的睡聲，把夜改成一些斷續的玄秘音響了。

夜晚來了，印蒂只需要一件東西：詩的情調。每一夜，他心靈總輕輕對他喚：「我需要一點東西，……」他躺在後花園內，身下是一個白色帆布睡椅。他帶著享受意味，默默觀望園裡花樹，深深呼吸四周各種香味，不時又抬頭凝視那片星海。這種由星光與花樹組成的初夏夜，是一座永遠拿不完的自然倉庫。只有在這種夜裡，幸福的慾望才特別鼓起白帆，要求溫柔的風來滿足。他傾聽它的秘密低呼聲，即使不能滿足，就這樣傾聽，也無限歡忻。幸福，即使只是一種未被滿足的單純呼聲，亦已包含幸福意味了。他躺在夜的溫軟裡，緩緩的，覺得自己開始異樣柔媚起來。他溫馨的想：「假如把今夜這一剎那的我捧出去，它一定會給人幸福的。……至少，這些剎那間，世界似乎並不大，一伸手，就可以摸到天際線了。在這樣可愛的空間，無論痛苦及幸福，都在人臂彎以內，但我有自由可以選拾幸福，因爲我對痛苦的顏色太熟習了。……」他喃喃低語。一隻大蛾子從他面前飛過去了。一葉花瓣從丁香花叢飄落下來。天空星光更暈眼了。他閉上眼，讓自己沉入另一個緯度，一個幽玄而空靈的緯度。

於是，那點白色出顯了，慢慢昇起來了。那件白色長袍像一扇錦旗，在他心靈天空輪舞，舞出一片美麗，一團神秘。這點神秘，像一種液汁，沁透他的血液，他無法撕掉。其實，他也從未眞心想撕。它們一直和他滲在一起。這個白色神秘，今後會一直跟定他，只要他願意，他隨時會展開它們的畫幅，觀賞一番。有生以來，這是他在特種情緒下邂逅的第一個女人，可偏偏是這樣一個致命的典型。她在海上的偶然出現，似有意爲了磨難他、懲罰他。美本是一種醉，現在卻成一種刑，回憶中的美更是一個枷。他想不到，自己才脫下一付鐐銬，可能又套上另一重枷。難道生命永遠是個囚徒，不管怎樣，必須有一重約束品，才能壓榨出它更多的彈射力及張力？就另一面言，這個女人的出顯，也強化他另一種聯想，屬於靈幻性質的。這次海上回來，他覺得自己似乎換了一套服裝；從前，他愛穿一些又厚又重的老羊皮裝束，現在卻換上絲綢的輕便裝了。他性格裡的沉重也羽化了，輕得要飄。他內在的凝斂性沒有了，代替的，是一種溫柔的擴張、精緻的懶散。好像多年來，他只不斷給，很少取，但此刻必須取一些了。他漸漸了然：他所能取的東西，從前以爲異常遼遠的，其實並不遠，幾乎就在他身邊。爲了喝，他無須再搭那麼長的橋，跑到遠方去，只要俯下嘴唇就行。水到處都是。站在河邊的人，搭橋到對岸取水，太傻了。「我爲什麼不飲唇邊的呢？」他此時只想飲一種水：美！這種思想，他在南洋海邊椰子樹下已形成，這個白色女人形姿更強化了它。

「這實在是一個不可思議的女人！」他重複喃喃。

他對她的記憶，像藏在埃及金字塔裡的蝙蝠，只要他想像的燭火燃亮一枝半枝，它們立刻全被驚醒，美麗的飛來飛去。他深深迷愛這座心之深處的金字塔，以及內層所藏的神異飛禽。這座塔偶然被那幾頁海夜建築起來，他原以爲也會偶然忘記，想不到竟這樣牢固的矗立他心底，無論怎樣，總搖撼不動。

每一個黃昏和黑夜，只要他心靈一閒，幻想的翅膀常常迅速兜她飛。黃昏時分，他獨坐長長廊廡，斜倚那隻陳舊大圈椅，夕陽紅彩甜媚的把他染得紅紅的，那隻圈椅與廡廊也染得紅紅的。在帶香味的淡淡紅光中，他溫柔的想起她，她的深沉的象牙黑大眼睛，她的雕像式的胴體，她的灼熱而幽邃的個性。初夏夜是暖和的，院子裡飄散玫瑰香，屋內隱隱溢著香味，他小坐窗前，從香味裡呼吸到她。他似乎又看見她的美麗夢樣氤氳。她依舊穿一襲白色長袍，高貴而典雅的描畫於黑暗，神秘而矜持的向他慢慢走來。他才伸出一隻手，她卻神秘的消失了。

在生命中，他從未見過這樣一片感情風景。它內層的花樹草木這樣瑰艷，這樣迷人，他整個深陷進去了。那幾個海夜不是夜，是用夢繪製在夢裡面的夢。它們的不死形像，永生於他的記憶。像古阿敘利亞人禮拜太陽的華麗神廟，它們是爲唄讚感情的太陽築在海上的。在這座夢的神廟裡，禮拜者也就是被禮拜者。他沒頂於這些海夜，像魚沉入淵底，他要慢慢的咀嚼海、咀嚼夜，以及那個白色女人的一切氣味和線條。

那第一個、也是最後一個鮮紅的吻，直到此刻，還把熱味香味留在他唇上。他感到她那一陣陣抖顫的灼熱壓力。她那兩片又溫柔又火熾的嘴唇，紅爐樣燒透他堅硬的心。這個神奇的吻，流星樣偶然落到他臉上，又神秘飛開，卻激起他不朽的感激、永恆的回味。

「啊！你永遠是一團迷！一個亮！你迷了我，也亮了我！可我卻再不能跳入這個迷，抓住這片亮！……現在，你在哪裡呢？你爲什麼像一朵白色優曇華，只在海上開一次，在我生命裡開一次？……季候越暖和的地帶，蝴蝶翅膀也愈美麗，花紋也越燦爛，你像一隻熱帶大蝴蝶，偶然飛在亞熱帶海上。因爲你靈魂裡有個熱季候，你個性的翅膀也特別華麗、璀璨，但是，我現在到哪裡再抓住這片翅膀呢？……」

他喃喃自語，神思朦朧。偶張開眼，發現後花園無一人，只花靜靜開、香靜靜流、星靜靜亮，一個又溫馨又馥郁的夜。嗅著愈來愈濃的香味，他突然發覺：身邊缺少另一點氣味。夜是都麗的，世界是都麗的，他需要聽一點繡花絲綢褶襉的縩綷聲，細微而精緻的聲音。

想起過去那片流水，他覺得自己像掃羅驢子一樣蠢。除了在少女氣味中找美，生命哪裡還有美？除了在少女潔白胸腔中找靜，世界哪裡還有靜？除了少女頭髮，哪裡還有迷景？除了少女的含羞眼睛，哪裡還有光？除了少女的低語，哪裡還有和平？除了在愛中找愛，哪裡還有愛？他要探究生命，找尋生命，生命所有內涵不都在這裡嗎？生命所有彩色、不都在這裡嗎？生命中一切花樹，不都在這裡嗎？

一個女人，一根少女髮絲，或一朵少女銀笑聲，這就夠他平安度過一千零一夜了。一支少女髮上的白花，或一段少女腳步聲，就足夠爲他編織一千零一個圓圓夢了。

他十年青春，十個最好的春天，竟像掃羅驢子樣度過去了。他如錦似繡的生命許多頁，竟讓一些空洞名詞霸佔了。他睡了十年黑覺，一朝醒了，才發現自己最黃金的部份，被投棄於一隻垃圾箱。

「幸福常常是遲的。……謝謝天，我總算不遲！不遲！……當醒覺開始時，幸福也就開始了。……」

一星期後，印蒂和母親到杭州去。

註：上述數種均爲埃及古代象形文字。

# 第三章

## 一

瞿太太鄭蘊荃，直奔五十邊緣了，身材中等，相貌端正。和她姐姐印太太一比較，她處處現得豁朗、洒脫，後者如果像一尊觀音，她就像阿彌陀了。在她視覺裡，這個世界似乎永遠沒天際線，人儘可像個車輪，放棄「煞車」，永遠往前衝。與一般東方女人常常纏在一起的飾物：眼淚、命運、來生、劫數，都與她無緣無結，一年三百六十五日，倒有三百七十日笑口常開。她臉上難得刮風下雨、看不見陽光。即使偶有低氣壓，那對她只是調劑或裝飾，好像富人吃慣肥鵝大鴨，席上偶然也出現兩色野菜。她受教育的時間，也比姐姐長，讀完一個教會大學，卻沒有教會習氣。她一聽見上帝就打噴嚏。出學校門，她嫁給瞿紹齋先生。瞿家是望族，清朝中葉起，好幾代就做京官。民國以後，瞿紹齋還在北京政界很得意。也許是一種遠見，知道北洋政府沒前途，不久，就轉入南方銀行界，全家搬到N大城，一帆風順，很創了些事業。年事漸高，他眷戀西子美色，想藉一片清靜空間頤養天年，終於遷居杭州。前年春天，他「走」了，留下一大堆股票，以及一筆可觀產業。因此，瞿太太在杭州，過的是富裕的寓公生活。朝夕侍奉她的，是她唯一的兒子：瞿槐秋。後者在大學經濟系畢業後，就主持本地一爿私立銀行的研究室。這其實是掛名。反正李經理是他父親老友，而他對銀行又不感興趣，更怕每天畫卯。過去他唸經濟系是奉父命。他的天性，照他母親口吻說：「他和姓錢的，前世是冤家。」

可這也不能怪槐秋，誰叫他家境這樣寬裕呢？海魚是兇的，金魚是懶的，也不能全怪金魚，只怪那口美麗透明的玻璃缸。

別的不論，單拿住宅說，就夠舒泰了。

雖說老宅，卻是中西合璧。進門是一座巨大院子，有白色藤蘿架，翠色修竹，紅色美人蕉，有石榴樹、洋槐樹、梅樹、桃樹、大荷花盆。花廳門口，設置兩盆盤曲的獅子蔦蘿座。廳內，四壁掛著鄭板橋的蘭竹，陸筱影的墨竹，惲南田的花卉，黃愼的蔬菜瓜果。正中懸伊墨卿的隸書對聯，上面橫披是錢玷的篆書。有幾件條幅與立軸，是金冬心的漆書，玉夢樓的行草、何紹基的大草，再襯托文文山及祝枝山的長卷，甚至元朝鮮于樞的一幅小小斗坊，儼然扮演一座博物館的古典一角了。此外，還有些盆景、小擺設，眞正是琳瑯滿目。

別的且不說，一個金石字畫鑑藏家偶入此廳，他不被這些名貴書畫唬壞才怪。平常人家，擁有三四件，就不易了，這裡卻多達十幾件。據說另外還典藏了二三十件，爲了到時候好換了掛。即此一端，就可見瞿家底子殷厚了。

花廳兩側，是兩間寬大軒房，左間後面還有一個大套屋，隔成兩間。右邊後側，則是幾個小間，作下房、儲藏室、衛生間、廚房。穿過廳後甬道，直達後花園。園子極大，林木蓊鬱，花草繁茂。當年瞿紹齋買這座宅子時，主要是看中這座大花園。他在園後部空地上，加蓋了一幢假三層小洋房，兩層正房，共有六間西式精緻屋宇。晚年他就息影於此。他去訪問上帝後，樓上歸女兒住，樓下作兒子寓所。此刻，瞿縈雖不在家，樓上仍空著。這是一個性格古怪的少女，天知道，她隨時會像一陣風，從遠方飄回來。鄭蘊荃女士則定居花廳右側房舍，左側那間作客房，現在，印蒂與母親，就在這兒臨時下榻。兩個下房是娘姨楊嫂及廚師高昇寢室。

總的說來，人少屋多，房舍優美，也寬敞，加之家道富裕，無形中，這就直接或間接的，培養了瞿槐秋懶散的生活情調。

印太太母子光臨這一天，是近半年來、瞿太太最樂的一日。一見面，她就叫印蒂走近了、站正了，讓她細細端相。端詳一會，她笑著道：

「啊！印蒂，十幾年不見，你長得這樣高大了。在大街上，我眞不敢認你。」停了停，嘆了口氣：「好魁梧的大個子！連小鬍子都留上了。打扮得這樣體體面面，眞正是個Gentleman了！……印蒂，你還記得，小時候，你愛吃奶油小酥餅，常常在我家廚房桌子下爬來爬去的？」

印蒂笑道：「姨媽，您現在把小酥餅扔到地上，我也會爬著搶吃的。」

說得大家都笑起來。

「印蒂，你眞是個沒良心的孩子。頭些年，幾次三番，寫信迎你大駕，請你來，你都甩牌子，不肯來看看姨媽。聽說有一陣子，你就住在S埠，你都不來。是不是你姨媽頭上長角了，會刺你？還是你姨媽大門口有老虎，要咬你？」

「不是我不來，姨媽一家都是銀行界人物，我怕你們疑心我找上門，專為低利貸款之類。為了免得叫你們夜裡睡不著覺，我想還是不來的好。」

瞿太太笑道：

「你們瞧瞧我這位姨侄！眞會說話。你姨媽家就是開一百爿銀行，也不能虧待你呀！你向我們來一套什麼馬克斯牛克斯的，那還了得。」頓了頓，收斂笑容，稍稍嚴肅的。「說眞話，印蒂，聽說有個時候，你很鬧了一陣子共產，差點出了事，是不是？」轉臉對印太太：「姐姐，虧你是做母親的，你也不攔攔他，儘他年輕輕的，在外面野馬似地亂闖！還好，萬一有個三長兩短，你就這麼一個寶貝！」

印太太笑道：「兒子一長大，再不肯吊在媽媽褲帶上了。他的腳那麼長，我哪攔得住？」

「咳，我的姐姐，你終是個老實教徒，一天到晚，只曉得對十字架嘰哩咕嚕叩頭作揖。」話題忽然離開印蒂：「我就不贊成你這一宗。一天到晚讀神學，把臉都讀老了，讀白了，有什麼用？」帶了點自讚：「像我，吃一點，喝一點，沒事，養養鳥、種種花、看看魚、遊遊湖、聽聽戲，多好！人活一陣子，不快快活活的，卻一天到晚對木頭十字架嘰哩咕嚕，不發神經？」

印太太笑道：

「我要有你這樣福氣，哪裡還信教？瞧你們家槐秋，多乖巧、多老實，從小到大，就不離開娘。」

「唔，別提槐秋了！我一看見他就飽了。我這位德行兒子的好處，等等我給你們描描。說老實話，不是我當面奉承，我幾個親戚家的孩子，千挑萬選，就數印蒂。他從小我就歡喜他：體面，能幹、有活氣、有出息。」望望印蒂：「瞧瞧我這位姨侄，這樣儀表堂堂，小姐們不黏上他才怪。」

印太太笑道：「你別誇獎他了。他在外面混了這麼多年，連個老婆也沒混到手。還得請姨媽幫忙呢！」

「行！行！我一定幫忙！包在我身上！印蒂，告訴我：你要肥的？瘦的？長的？短的？圓的？方的？我給你——」

印蒂笑道：「這又不是買南京板鴨。姨媽，您眞是！」

瞿太太笑道：「不是我給你們男人幫腔，討老婆就是買板鴨，不挑皮挑肉挑骨頭的，才是傻子。你娶的是老婆，不是客人，這有什麼客氣？……」

印蒂轉過話題道：

「十多年不見姨媽，姨媽還是這樣精神、健壯、愛說笑話，一點也不像上年紀的人。」

瞿太太笑道：

「好了，你別恭維我了，乾脆說我『粗野少文，桀驁不馴』，得了！我是個直爽慣了的人。在大學裡，我也啃過幾年洋裝書、線裝書，什麼唐堯虞舜、伊利莎伯，我都咬過。我不歡喜什麼『大家閨秀』囉，『秀外慧中』囉，那一套！那都是些繩子，把女人綑死完事。我也愛花、愛鳥、愛魚、愛畫，可這和挑水斫柴並不兩樣，並沒有什麼特別風雅，我認爲。」

回憶了一下，笑著道：「從前有一回，看一本俄國書。書上描寫那些舊俄貴婦人，說她們在大宴會上，關於人體的談話，只限於頭髮以下脖子以上的半徑內（並不包括肩膀），萬一有個男人，一說起脖子以下的字眼，她們立刻『啊呀』一聲，暈倒在丈夫或母親臂膀裡。—我看完這一段，笑得半天喘不過氣。」

瞿太太說完了，不斷大笑，說得大家都笑起來。

印蒂笑道：

「姨媽，您放心，現在上海霞飛路那些俄國女人，再不會暈倒了。」

印太太道：

「蘊荃，你剛才說給印蒂介紹女朋友，我想起了：槐秋親事怎樣了？你怎不給他加加油？」

瞿太太道：

「別提我這位寶貝兒子了，他將來是和尚命，一輩子不討老婆的。」聲音特別響：「印蒂等等你和你這位表弟談談，你就知道他是哪路人了。他眞正是一個標準的『人生』朋友，一開口，總愛唉聲嘆氣：『唉，人生，人生！……』要不，就是『細想起人生啊，眞正沒有意思。』其實，他每頓飯比誰吃得都多，胃口比誰都強。」

坐在一邊，始終沉默的瞿槐秋，終於忍不住說話了：

「媽！你眞是！姨媽來了這半天，你也不問他們餓不餓？渴不渴？累不累？要不要吃點？喝點？憩一會？你就儘這樣和她們開起座談會，——」

瞿太太拍著雙手笑道：

「我倒眞是樂忘記了。十多年不見印蒂，這回猛見了，心裡頭高興得什麼似地，倒忘記他們是遠路來的，還沒吃東西呢！」

印太太笑道：

「蘊荃，你別忙。我們剛在車上吃了點心的，肚裡一點也不餓。」

瞿太太道：

「我叫廚房先給你們沖碗藕粉，做碗蓮子羹，預備點茶食，點點飢！」她低低吩咐旁邊女僕楊嫂幾句，又停下來，笑著對印蒂道：「你是歡喜吃奶油小酥餅的，那個，明後天給你做。」

這時，瞿槐秋正開始給客人編排日程：

「……就這麼排定了：今晚，請你們到王潤興吃晚飯，給你們接風（這是杭州一爿頂老的館子，據說康熙皇帝在這裡吃過飯的）。明天中午，在家裡吃了飯，我們去遊湖，夜餐在樓外樓。」

瞿太太插入道：

「明天遊湖，不必租船了，就借唐經理那一艘。他的船比湖裡的好。順便也約約他。明天是星期，請他來吃午飯，陪陪印蒂。」

「哪個唐經理？」印太太問。

「是個化學廠經理。又是個名提琴家。」

印蒂插問道：「是不是唐鏡青？」

瞿槐秋道：「正是。你認識他麼？」

印蒂道：「我並不認識他。不過，在上海和南京住過的人，都聽過他的提琴。怎麼，他又辦了個化學廠？」

瞿槐秋道：

「他是個天才。學的是化學，業餘玩玩提琴，居然也成名了。」

瞿太太道：

「我想起了，明天中午，再約約景小姐，她和唐經理是熟人，這個暑假，就要在大學音樂系畢業了。她學的是鋼琴，現在正跟他學提琴。」停了停，帶了點表現主義的作風：「印蒂，你這還是頭一回來哪！等等，吃了點心，我帶你去看看我的園子，看看我種的那些花、那些草，我養的那些魚、那些鳥，還有我的那些藏書。我不愛煙、不愛酒、也不愛打牌，就愛這點點。我是個粗人，這叫粗中有細。一個人感情要粗，心思要細。東坡說得好：『寧可食無肉（讀如鹿），不可居無竹』……。」

四十分鐘後，當印蒂裝滿一肚子藕粉、蓮子、和茶食時，他被帶到另一片天地裡。青色大葉托一朵紅花的鳳尾蓮，夜裡開紅花的獅子蔦蘿草蜷盤出獅子座，綠色的素馨蘭，美人蕉一片火紅像榴火，粉紅色的洋海棠，大紅的、粉紅的、紫色的洋苔莉花，盆裡綠色的小小扁葉子觀音柳，玲瓏的文竹，茂密的石菖蒲、石藿，以及各式各樣仙人科植物：仙人球，仙人鞭、仙人劍、仙人山等等。籠子裡的百靈鳥，叫出美妙的花腔，一聲聲的，像尖銳口笛似的，劃人心肺；黑色的四喜鳥，樣子笨笨的，鳴聲卻清脆美麗，彷彿在和百靈鬥豔；黃色芙蓉鳥，囀聲甜婉極了；彩色相思鳥，花紋斑駁瑰豔；西北產的畫眉鳥是黃的，身材嬌小，杭州本地的畫眉，卻身材粗大，發褐色，有彩紋，黃的啼聲比褐的好聽；另外還有黃頭、八哥、竹葉青。幾口大玻璃缸內，游著龍睛金魚，有金色的、白色的、紅色的，還有黑色的，從金鯽種到扯旗翻花眼、玉印頭、藍蛋鳳、烏龍，倒有七八種。花的色，鳥的囀，魚的游，花花鳥鳥魚魚的，印蒂和母親看得有點目迷五色，耳眩繁音，整個人似變成毛羽，輕輕在夢幻的微風中飄，飄，……。

## 二

船在水中行。塔在水中映。樹在水中浮。山在水中彎。這是一個淡淡陽光的下午。湖像一大片藍色裙子，在船上人眼裡飄起來，是一個舞女探身下跪撐滿舞裙如傘的靜姿。藍色謐靜中，一片金色閃耀，水內似有千千萬萬圍繞：金色的圍繞。暖洋洋日光裡，彷彿透旃檀香，香氣滲混著金色的圍繞，藍色的圍繞。湖上華光煒煒。一座紅廟在湖中央塡色塡彩：鈷藍圓面一顆紅色圓心。一大叢綠樹簪插水上，映映襯襯的，畫一幅水上煙樹。穿越紅廟綠樹叢，再過去，峰巒翠影溶浸水內，纚纚的。這一片片溶影向四周蔓，誘惑船向它駛去。北邊一座半山上，有觸目的瘦塔，矗入空穹，似乎必須有這麼一條垂直體，長長高高的，才愈顯出水的鏡平和廣闊。岸上有行人。湖心有樂聲。水濱有釣者。細細竹竿伸出柳蔭。那麼一大蓬圓圓綠，配這麼長長而悄悄的一竿伸出，柳下有人，也像無人，彷彿天然而然，漁竿子就那樣從柳蔭裡伸出來。魚秧子成群在水波游。白色魚在陽光裡跳，繪製水上金色的一剎、藍色的一剎、白色的一剎。岸上行人，不急不忙的走，似走在一幅幅古畫內。人從畫外走入畫內，又從這一幅走往那一幅。一個個行人，都是一棵棵植物，走動的植物。湖上一片靜，像一片大雲，普蓋一切，祇有「忽忽忽」槳聲，鳥翼般不斷輕輕拍碎它，揉合東方情調的音樂聲。

這個初夏午後，簡直像暮春一樣，天空、大地與湖上全洋溢一派溫柔的情調，讓人們會覺自己是一場「小夜曲」音樂會的觀衆。

印蒂兀坐船梢，表弟旁邊，一面划船，一面靜靜望船艙那兩個人：唐鏡青與景藍小姐。瞿太太和印太太不斷談笑。一坐上船，前者彷彿現得特別樂觀，思想也多了，不斷要發表。她的意見似比湖裡的魚還多。她認爲，春天應該多種玫瑰花，滿屋子都是香的。她認爲，寢室裡應該聽見畫眉鳥聲，早晨好早點離開夢境。她以爲，沒有樹木的房子，像沒有泉水草樹的山，受不了。活著就是快活一場，一天到晚爲兒女操心，不合算，她想。人總有一睡再不醒來的時候，趁一雙眼能睜，多看看，趁一雙耳能聽，多聽聽，趁一隻嘴能動，多吃吃、喝喝，她打算。蠶絲裡總有一兩個繅不開的繭子，世上的事，不該都想穿，穿了，再沒事可做，只好睜著一雙眼等「完蛋」，她這樣看法。瞿太太眞是鳥語花香裡的人物，一輩子老坐順水船，碰個把礁，也只笑笑算事。印太太事事卻不能像她，十句話總有句把「言歸正傳」，或繞到「上帝」一類的神秘存在。人的一切幸福不靠人自己，而靠人以外，這是她思想核心的核心。這核心滲透她一切談話內容。印蒂一壁划，一壁聽，像聽另一片山水裡人對話，覺得十分有趣。但聽著聽著，他的注意力終於仍回歸那一對男女。他對他（她）們的形貌及情緒感到好奇。

他對唐鏡青那雙眼睛特別注意。這雙眼很亮，但裡面似乎潛藏了點暗靄。彷彿一溜明朗的天空，卻出現一兩絲陰雨痕迹，普通人看不出，卻瞞不了氣象學家。這個中年人身材五短，結實魁壯，胸部寬闊，五官端正，穿一身筆挺的英國亞麻布西服，充分代表教會大學出身的那種通俗類型：嶄亮的頭髮，嶄光的西服，嶄硬的領帶，嶄挺的氣度，第一面極討人好。他旁邊的景藍小姐，著一襲紅地藍花旗袍，波浪式的黑色鬈髮上，繫了條藍色緞帶。她身材修長，比唐略高一點。她秀麗臉孔上，閃著少女的純潔光輝，它顯然是一張白色畫紙，還未染上任何社會顏色，或飽熟意味的線條。她那雙稍稍凹陷的火熱大眼睛，帶強烈匈牙利味道的、濃黑黝深、一派混雜蒙古血液的中歐瑪札爾人的風度，不斷發光發燦，但閃閃灼灼中，有時卻帶了點沉沉的發怔，說明偶然也有一兩朵意外雲片從她天空掠過，它們雖少停留，但她似乎不能了解，因此不免有點發傻了。可是，也正是這點傻和怔，在明眼人視覺中，才有意無意的，透射出她性格裡的深淵氣息，它是被一派少女的高貴恬靜氣氛巧妙的遮蓋著的。從她和唐的談話裡，印蒂敏銳的直覺：他們的關係不只是師生。在人面前，不管他們態度怎樣含蓄，不經意的，從一兩個字眼的表現上，一兩個「嗯」聲的輕重上，一半個眼神的冷熱上，一半個微笑的方圓上，卻洩漏他們內心那份沉重聯繫。這種聯繫的眞正份量，由於那些傳統的形式旋律，不但隱蔽了別人的眼睛，幾乎連他們自己視線也被籠罩住。一個局外人像印蒂，被一片好奇所驅，藉著深入的透視和偶然的靈感，有時倒能抓住一些秘辛。

印蒂與瞿槐秋默默划船，很少說什麼。印蒂的注意力全集中於艙內三女一男，再想不起和同伴交談。瞿槐秋和她母親正相反，一上船，倒顯得迷惘起來。他瞧著水面沉思，那片木槳只是他手中的一副機械。

不知何時，談話中，瞿太太突然提議：請唐鏡青奏一曲提琴。大家鼓掌贊成，連瞿槐秋也停下槳，微笑拍手。

景小姐打開黑色琴匣，取出琴，唐微笑著接過來，在琴夾板上墊了塊藍色綢手絹，夾在頦下，舉起弓，正要割下去，卻又停住，輕輕問：

「奏什麼呢？」

許久沒有開口的印蒂，愉快的猛力划了一下木槳，高聲道：

「給我們愉快的吧！」帶著沉迷聲調，重複一句：「只要是愉快的，都行。」

「好！我給你們愉快的！」琴主慷慨的說。

琴聲響了，一組組活潑潑音符舞出來，輕快極了，明朗極了。它們是一大群第一次飛翔的麻雀，由於一陣大歡樂的衝動，搧起第一次成長的翅膀，突然從樹頂飛衝出來。那片無限新鮮而好奇的飛、衝、跳、躑、歡忻！琴聲又像一隻隻精靈的燕子，繽紛繚繞，從琴弦上飛出來，美麗的斜掠湖面，飛入藍空。翱翔蹁躚，描不盡的輕疾。畫不盡的歡暢。是那樣喜悅而活躍的旋律。那樣明麗而敏捷的節奏。……最後一聲猛割，琴聲乍停，大家鼓掌叫好。

「太好了！太好了！再來一個！再來一個！」印蒂激動的叫著，無意中，他興奮的舞了舞槳，水花濺到瞿槐秋身上。

「這是Costa的一支愉快小曲子。」景小姐向大家解釋，又半帶懇求的道：「唐先生，請您再奏一次吧！」

唐微笑著，又把琴夾在頦下。

唐奏完第二次，又接受全體請求，奏了第三闋。三次奏完，大家仍讚賞不置。

印蒂停下槳，怔了一會，沉迷的瞄著唐鏡青，沉迷的道：

「唐先生，您的琴聲像一股歡快的狂啖，歡快而神異的，從地底噴出來，愉快的燒著我，——我希望您能繼續這樣燒我。我願意您的琴好好燒我。」

他放下槳，笑著道：「槐秋，對不起，對不起，偏勞你一個人划了。我得躺一下。」對景小姐表示歉意：「對不起，景小姐，請原諒我粗魯，我得躺一躺。在這樣的水上，聽這樣的音樂，不躺下是不可能的。」剛好唐這艘船的兩頭比一般船長得多，容許他躺。

印太太微微責備道：「蒂，放莊重點吧！唐先生和景小姐還是初次見面，你就這樣。」

瞿太太笑著攔住道：「得，姐姐，你別介意！唐先生景小姐都是熟人，讓印蒂躺吧！我就喜歡他這點孩子氣。這才夠人味兒。遊湖時還綑手綑腳的，不彆死人？」她笑著背了兩句古詩：「『無懷氏之民歟』？『葛天氏之民歟』？……」

唐鏡青也很高興，抱住琴，微笑道：

「印先生，能結識您，我覺得很榮幸。今天，我願意滿足您的任何要求，讓您聽最愉快的。是的，我這就給您最愉快的。」

琴聲又飛翔水面，東方味很重，有撩人的旖旎音色，旋律美極了，似有花鼓聲。它寫照一個千花開放的燦爛季節：有陽光、藍天、和風，一切夢樣迷魅，如幻如化。聽著聽著，大家的情緒都花傘樣撐開來。

奏完，大家又鼓掌。印蒂躺著問：

「這是不是克銳斯勒的『中國花鼓』？」

唐鏡青點點頭，帶著點激賞。「這是克銳斯勒與東方靈魂的結合。」

印蒂不禁沉思了。他曾經在一個奇怪空間，聽過這支曲子，一時卻記不清什麼場合了。

瞿太太笑道：「唐先生，今天你的琴比哪一次都美，請繼續奏吧！」

唐於是複奏「中國花鼓」，接著，又拉了兩支舞曲：帕德列斯基的「米奴哀舞曲」，與溫尼亞斯基的「蜘蛛舞曲」，每一闋，他複奏兩次。

印蒂躺著傾聽，偶然感到一點詫異，就是：在唐的愉快旋律裡，弦子上，偶然也迸射幾閃沉鬱的音響。他睜開眼，看看湖水，又望望唐。

奏完了，唐把琴收到匣內，大家請他繼續奏，他用手帕拭拭手及額上的汗，笑著道：

「對不起，聽琴，也只能這樣了。再聽下去，你們就膩了。一朵花，要是一個季節接一個季節的、重複不斷開下去，你們不會歡喜它的。」

他溫柔的睇視景小姐一眼。

景似乎替他解釋：

「這幾個月來，唐先生從沒有奏過這麼多輕鬆小曲子。」若有所憶。「唐先生一向歡喜較沉重的曲子。」若有所思：「這樣大量的輕鬆愉快，唐先生或許不太習慣吧，我想。」她向唐投了嫵媚的一瞥。

唐笑道：「也沒有什麼不習慣。不過，近來，我覺得自己不太善於奏這些愉快曲子，彷佛拉不好似地，這最好像愛爾門或愛爾門型的提琴家，才能奏得天衣無縫。」

「可是，從前，您是歡喜奏這些曲子的。」她瞅著他，微帶了點嬌嗔。

「是的，前幾年，我是——」唐說著說著，不響了。

印太太道：「愛爾門，我想起了：他的幾支聖母頌，是很好聽的。」

唐鏡青道：

「不管什麼曲子，他奏來總是聖品。他的tone是那樣透明、乾淨，一些愉快的曲子，由他表演，就更晶瑩圓潤了。」停了停，微微沉思的道：「真有點奇怪，聽了愛爾門的琴，你才經驗：藝術也可能和大自然一樣自然，甚至比大自然還自然。聽他的琴，你只有一個感覺，它們是一個無迹可尋的自然整體，絕對的整體，你找不到任何碎片，也沒有任何雕工鑿痕。」聲音轉低，若有所感的重複著：「是的，它們是那樣完整。那樣的絕對完整。」

他的話停住了。幾隻燕子從湖面飛過來，繞船翩躚，旋即又掠過水面，唧唧喃喃叫著。

## 三

二十分鐘後，船攏平湖秋月，泊下來。大家上岸，揀一扇柳樹蔭下，傍湖的座子，泡了茶。瞿太太從船上取下兩隻描紅花的杭式竹籃子，裡面盛了櫻桃、桂圓、花旗桔子、巧克力、糖菓、杭州蜜餞、蘇式糕點、西瓜子、葵花子。她一一取出來，堆滿一桌子。大家一面喝茶，一面吃食，一面談天，極是自在。

瞿太太吃完幾顆桂圓，瞧著姨姪。

「印蒂，你這是初次遊西湖，印象怎樣？」

「美極了，出乎我意料的美，彷彿一個掘金者，本想掘一簍金子，結果卻獲得十簍。不過——」他停了停。「我有點意見。」

「什麼意見？」

「湖側面那幾座山，可惜小巧柔媚點了，假如是幾座雄壯挺拔的高峯，湖就更動人了。」

「您是說，這樣襯托，湖的氣魄就現得更大了，是不是？」唐鏡青問。

「我想是這樣。」

瞿太太笑道：「西子的特色，就在這點柔媚無骨，女人氣。假如它後面是高山峻峯，有人說，那是瑞士山水，那麼西湖山水就不再是杏花煙雨江南了。……唐先生，你以爲怎樣？」

唐微笑道：「我沒有什麼特別意見。就我個人說，只要有這麼一湖清水，讓我泛泛舟，看看月亮，我就很滿足了。」

一直沉默的瞿槐秋，突然插入道：

「整個西湖，我最愛的是一個莊子：水竹居。」

瞿太太嗤笑道：「怪孩子。一片風景，沒有山，沒有水，單那麼一個莊子，有什麼意思？」

槐秋微微沉思道：「對於我，單單那麼一個莊子，也就夠了。」

「你爲什麼獨愛這座莊子呢？」唐鏡青問。

「爲了裡面那些陳設。……」他沉思的、極慢極慢的道：「未進莊以前，我似乎早有預感：總有一天，要碰到這麼一個境界。踏入內門，我簡直不相信我的眼睛，竟是那樣一座古茂幽深得不能想像的世界。那些描著畫錢的紅綠玻璃窗，那些雕刻的棕黑色紅木椅子，白大理石染青色山水的椅背，綉紅的錦墊，雕木的茶几，古畫裡仙人松下奕棋的長長棋桌，高高圓圓的鼓形石凳，壁上的花紋，每一種色素與線條，全像鎮靜劑，熨平我每一根神經的褶皺、曲張。……再進去，那片全部用巨大方磚砌成的大院落，四角花壇的四棵古柏、羅漢松，祠堂內紅色帷帳深垂，灰幔下那些琉璃燭檠，高高大鏡子，簡樸的几、杌，一切深沉而盈古意，一整個古代似乎在這裡甦醒了。這正是一座東方、一闋古代。它有那樣的深邃魔力、引誘人向裡走，不斷往內發掘。一個人邁入這片空間，最大的思想風暴也會靜下來。假如太陽滾轉到這裡，它也會冷卻、靜止。如果是深夜，一個人孤獨的彳亍於這些古式傢具及陳設中，他將因四周的淵深而顫慄。……自然，它代表一個永遠不可能回來的偉大時代。這是偉大東方最後一點殘渣、陳跡。……」

槐秋說完了，臉色仍很沉靜，一點也不激動。他喝了一口龍井茶，文靜的燃起一枝三炮台煙捲。

唐鏡青點點頭，低低道：「是的，這是一個神奇的莊子。它充分表現了東方，叫人徹底安靜，徹底沉思。每次走進去，我總覺得不該學提琴，該學中國古琴，它那點簡單而低沉的音響，實在深遠，耐人尋味。」停了停：「是的，提琴是一種教人感覺的樂器，古琴卻教人思想。」

「這種古代的深邃、簡單、低沉，在近代生活，一天天淡了、少了、薄了，……。」瞿槐秋嘆息。

瞿太太聽了一會，似乎有點不耐煩，笑著道：

「你們這一套神秘哲學，我不懂。不過，水竹居倒眞是個幽靜所在，不說別的，單那大排玻璃軒牕，十五晚上，擺個一桌酒，看看月亮，眞是人間福氣。」

印太太道：「這個水竹居，等等，我們是不是要去逛逛？……」

「當然要去逛逛。」

印太太笑道：「也讓我們開開眼界。」停了停，轉了個話題。「剛才我看了半天，湖裡的船，竟沒有一條用竹篙子的，都是槳。槳打下去，太重一點，水裡就泛泥，可見西湖不深。」

瞿太太道：「西湖裡的泥，是有來歷的。相傳古時西湖水很深，裡面藏著蛟龍水怪，風一起，浪很大，舟子死的不少。觀音菩薩悲憫衆生，便把香爐裡的香灰倒到湖中，從此風平浪靜，蛟龍水怪無影無蹤。三潭印月那三個塔，就是香爐腳變的，西湖裡的泥都是香灰，看起來很淺，其實卻十分深。一個人陷下去，別想再起來。……所以大家都說西湖是佛地。」說到這裡，瞿太太笑著加了個註：「這是我打一些佛教迷那裡聽來的。我年輕時也啃過幾本洋書，對這一套阿彌陀，當然不會信。雖說我現在一把年紀，我還是相信地球是繞太陽轉的。除了地球太陽這一套，我再不相信什麼三十三天十八層阿鼻。」

印太太道：「來杭州進香的可眞不少。我有幾個信佛的朋友，每年三四月，都從一兩千里路趕來朝拜靈隱天竺呢！」

「下個月十九頂熱鬧了，說是觀音菩薩生日。一年裡頭，觀音菩薩市面眞多，出生、出家、得道、圓寂，這四天都算她的生日。據說，六月十九是她得道的一天。十八夜裡，西湖邊人山人海，一夜到天亮，路上全是上天竺靈隱燒香的人。滿湖是船。香客們把許多紅色蓮花燈（燈下面有木板）放到水裡，滿湖飄一片紅光，好看極了。」

瞿槐秋微微諷刺的道：

「杭州人的迷信，眞不可思議。舊曆年卅晚上，哪怕刮大風下大雨，半夜裡，成群結隊的人，還是冒大風雨到城隍山燒香，說是城隍生日。廟裡擠滿人，煙火薰得幾乎睜不開眼。有些老太婆，平日捨不得化一文錢。逢朝供日，上百的鈔票、銀元，全扔進香櫃裡，來孝敬菩薩、神仙。我眞不懂，他們怎麼會有這麼大興緻？」

印太太道：「我對於這些泥塑木雕的偶像，一點不相信。宗教，還是數基督教。」

瞿太太笑道：「你是個老教徒，上帝早給你收拾好天堂啦！我是什麼教也信。對我有好處時，我都信，對我沒好處時，一個也不信。」

印蒂笑道：

「姨媽倒變成拿破崙的同道了。拿破崙說，他到英國，信基督教，入羅馬，信天主教，上埃及，信回教，將來到印度，就信佛教。」

瞿太太笑道：「我再給他加兩句：『他到中國山東，就信孔教；到青海，就信喇嘛教，登龍虎山，準信道教了。』」

「拿破崙，不管他信什麼教，也進不了天堂。……法國人現在把他當寶貝供著，他現在也許在地獄裡被煉火燒呢！」印太太說。

唐鏡青笑道：「我也是個基教徒。我信它，因爲我崇拜Jesus。我認爲他是人類中最偉大的智者，他不只能給我力量，也能給我智慧。沒有一點智慧，一個人是不是容易活下去的。」

景小姐笑著道：「那麼，唐先生，您現在覺得很容易活囉！」

唐鏡青道：「大體是這樣。」微微躊躇。「不過，有時候，……」他微笑著岔開去：「景小姐，你也算半個基教徒，這一類問題，你或許比我清楚。」他是暗示：她出身教會大學。

「單靠智慧，一個人恐怕不一定能得到幸福，我想。……」說到這裡，景笑笑，不再開口了。她開始沉思。瞿太太道：「這裡就只槐秋不是教徒了。」

瞿槐秋帶點悵惘道：「我的苦惱，任何上帝也幫不了忙，還是讓魔鬼陪陪我吧！」

印太太正想開口，印蒂卻搶著笑道：

「好了，我們不談什麼『上帝』『下帝』了。這都是媽逗出來的。媽到哪兒，總左肩扛一個十字架，右肩扛一個上帝，向人傳道。」

「蒂，你這又胡說了，我……」

印蒂道：「好，我們不談教了，我們談談湖吧！泛舟西湖，不欣賞湖光山色，卻開宗教座談會，多傻！瞧，這片湖水多美，美得誘惑人想跳下去。」微微沉思。「世界上有些事情，正像這一片清水：引誘你想跳下去。」

唐鏡青微微笑道：

「還是不跳下去好。……不要說跳了，就是輕輕投下一塊石子，我也不歡喜；因爲，這樣會損壞湖的那片美麗水平面。……有時候，我有點反對划船和釣魚，也不歡喜水裡有魚、水上有風，就因爲它們會損壞這一溜完整的鏡平面。……也許，這是我的一點壞脾氣，我太迷戀於一種完整。」

景小姐輕輕道（聲音似乎只讓唐一個人聽）：

「你知道，有時候，一個人爲了某一種完整，必須放棄另一種完整麼？」

唐帶點閃避道：

「這個，我不大清楚。我只願說我的個人經驗。……冬天，一夜大雪後，清早出門，發見門外一片大雪，雪上一汪潔白，沒有一絲痕跡和污點。我常常躊躇許久，終於放棄出門打算。我不忍用我的足印破壞這一片潔白。我也不願這片完整因我的足跡而破碎。……這也是爲什麼，我坐在一池靜水邊，有時厭惡任何一絲風，或一塊小小投石。」

唐說到這裡，大家都發表意見。他們一面吃水菓、糖食，一面談，特別顯得興高采烈。這時候，唯一沉默的是印蒂。

正當唐提到風和投石時，一陣閃光，印蒂突然想起：若干年前，他是在蘭心戲院一個音樂會上，聽到那支「中國花鼓」的。他先前斷續想了許久，總想不起。（那一次，他因「地下任務」上霞飛路，發現遠遠有人釘梢。萬無奈何中，他只好折轉，溜入蘭心戲院，迅速買了張昂貴的票子，迅速踏進去。他剛坐落，台上就開始小提琴獨奏，是克鋭斯勒的「作品」。因此，這闋曲子給他印象特深。……）這樣想著、想著，那一段陰黯的秘密生活，像一些黑暗畫片，在他記憶中浮顯幾葉。他凝望湖水，望著望著，水裡似響起那些敲門暗號：「托托——托——托托——托。」多可笑，那些聲音！他想。這些記號，現在或許還在他一些熟人手指下響，他們仍生活在黓黑陷阱四周，但他卻閑坐湖上看魚躍了。在那些黑黝黝洞窟內，那些人鼷鼠樣閃來閃去，他卻在光天化日下喝茶，嚼巧克力了。那一幕與這一幕，多近！它們間究竟隔了些什麼？——是不是隔著些他的某種情緒？像山山水水橫阻中間，使這一幕的人，漸漸不再理解那一幕。由於一點古怪念頭，他也未嘗不可再穿越這片山山水水，回頭看看。但他大約永不會有這些古怪念頭了。遊山遊水的人，從來只愛往前，絕不會學張果老倒騎驢，更不會走回頭路。不管怎麼說，他此刻很平安，愉快，他所要的，不正是這點？不祇這片綠水，這些青山，他四周的人，同樣也能叫他愉快。他（她）們有一個「共相」：正正常常、平平靜靜，無論談、笑、沉默，全如此。比照之下，從前那幫人，像一些火球，剛從火藥庫飛出來，自頭髮到腳跟，充滿爆炸的硫磺味。「人為什麼一定要活得這樣爆炸呢？平平靜靜不很好？」瞧，那邊石欄杆下，一條鯉魚蹦起來了，跳得這樣高。啊，它掛在一根釣絲上了。一陣笑聲響了；那個釣者眼睛鼻子嘴都擠作一團了。這樣的笑聲，兩年前，從未在他生活裡出現過。有時候，人也不該這樣笑笑嗎？西湖下午多瑰緻！湖上的下午多該笑笑，唱唱。他擎起一杯獅峯龍井茶，它顏色綠極、清極。他悠悠啜了一口，好香好神秘的茶味。這樣的茶，這樣的笑聲，這樣的湖水，這樣的船，——那些「托托——托——」呢？那些「意德沃羅基」「奧伏赫變」呢？那些……

「印蒂，你在想什麼，那麼出神！」瞿太太突然問。

「我瞧那條鯉魚吃水上小蠓蟲呢，怪有趣的。」印蒂笑著說，又加了兩句：「這裡茶眞好，水眞清，茶味眞別緻，……」

他又一次舉起那杯明前龍井，玩味它們的色、香、味。

# 四

從湖上歸來，有好幾天，唐鏡青的琴聲，一直響在印蒂心裡。它們是這樣奇妙，他心頭久埋著的一些音節，連他自己也從未聽過，此刻竟被它們反撥響了。這個音樂家，不只手指間的弦子迷人，他那些思想弦子，同樣也震顫得動人。這以後，在湖上，在瞿太太家中，印蒂又聽到他的琴、他的話。印蒂越接近他，越感到點朦朧，後者身上似還有一個未向他開放的世界。唐眼睛裡那點暗靄，他最豪放時那點躊躇，以及在愉快曲子中偶然迸射的沉鬱音節，都吸引他。他始而覺得不頂和諧，終於好奇，想探究一番。這個化學家兼提琴家，若干方面，全討他歡喜。唐顯然沒有一般藝術家的虛幻和情感溺，也沒有許多科學家的枯淺與尖突。有意無意間，他似乎正追踪文藝復興時代大師們的痕跡：趣味廣泛，思維與衝動平衡，在極度複雜音節中、追求統一旋律。可是，也正因爲這份「文藝復興」的明快味，他那點曖昧恍惚愈眩惑了印蒂。精神上，印蒂是一個病入膏肓的裸體躭溺者，不把別人靈魂四周衣服剝光，他總不舒服。只要一興頭，任何一扇牕子，他都要設法打開。這個世界該是一個沒有窗簾的世界。任何建築只應有原始窗式，而無現代窗架窗欄；有窗形，卻不應有附麗的任何遮蔽性的裝飾。屋這份建築如此，人這份建築也該如此。

這是一些常盤旋於印蒂腦際的迴狀線：這個化學廠經理有事業、有成就、有名、有錢、有船、有汽車、更有美麗女朋友，他明亮眸子爲什麼還閃那一角暗靄？他最愉快的曲子爲什麼還響憂苦的聲音？印蒂想不透。

印蒂與唐鏡青相識許久之後，有一天，唐單獨請他吃飯，他去了，有意比約定時間早一個鐘頭。僕役打開門，他才進去，就聽見一片提琴聲從樓窗口瀉下來。他怔住了。接著，他悄悄登樓，兀立琴室外面，專心傾聽。他從未聽過這樣的聲音。他似乎發現一點秘密。

一陣陣琴聲，紡織似地、從窗內穿梭出顯，不絕如縷。它們像由北極黑暗冰層下面流出來，從一個極寒夜湧出來，夾著破裂的冷冽，特有的晦暗色調。這絕不是人間聲音，也不是大自然的音響，而是深深被歪扭過的人間與自然的音籟。彷彿一道極黑的漆色深溝中，突然閃起一條奇異的金屬片光，發出一種令人覺得寂寞的熱，一種叫人感到冷的溫柔。背景是墨色的，充滿褐黃味的音色，刻劃十二月夜的幽美，雜著一些蒼老的嘆息，尖銳音襯著粗沉音，歡樂中有詛咒，憂鬱中有愉快而蒼白的抖顫。這些古怪聲音，從一個闊而淵沉的雰圍中瀉出來，是一些黃色水仙花，忽然開在死屍四周，是一些美，突然描在永恆關閉了眼的四圈，是嚴寒中的惡性瘧熱的顫慄，是零度以下生命對赤道的渴望，像北極熊對火夏的古怪渴望。一切簡單極了，卻又蘊蓄這樣複雜醇厚的內藏。是無數年代的古舊寂寞，以及以嘆靜爲形式的憂愁。這是死榻上古代死者對人世的最後一個聲音：讓我死在奇暖與美麗裡吧！

不知何時起，琴聲停了。印蒂睜開眼，發見唐鏡青出現在門口。他不開口，抓住對方的手，兩人默默緊握了一會。

「請再給我奏一遍吧！」走進室內，印蒂懇求的說。

唐鏡青微微苦笑道：「行了，奏到這樣，也可以了。」

「這是什麼曲子？」

「柴訶夫斯基的『寂寞之夜』。」

印蒂楞了楞，又發怔了一會，才輕輕道：「這是一個身世很悲哀的音樂家。」停了停，微微沉思道：「我讀過他的一點傳記。」

唐鏡青放低聲音，語調變得沉重起來：「是的，這是一個終身陰暗的人。在一個樂譜序言上，他曾說過一句描寫自己的話：『……他們的刑罰是陰鬱天空最殘酷的風。』」頓了頓，語調更沉重了：「常常常常的，這句話浮現在我腦子裡。」

印蒂忍不住驚嘆道：

「這眞是一支奇異的曲子。我很少聽過這樣神祕而寂寞的聲音。我不能相信，它們是從人間飛出來，它們應該是從一個黑暗而深邃的洞窟裡飛出來。」

「俄羅斯人的曲子，總是這樣的。在冰凍地帶的人，不大響出熱帶的音色。」沉思而凝重。「我很喜歡這個俄國音樂家，他的曲子充滿舊俄羅斯的顏色，也溢滿他生活的顏色，一種暗暗淡淡的，憂憂鬱鬱的，……」

印蒂對主人望了一眼，微微好奇道：

「這些話眞不像從你嘴裡講出來的。」

主人也微微好奇道：

「怎麼，『不像從我嘴裡講出來』？」

印蒂沉思道：

「一個生活美滿事業成功的人，怎麼會對『地底下的俄羅斯』發生興趣呢？」停了一下，他微微笑道：「對不起，唐先生，我要對你投一個『驚嘆號』了。好幾次聽你奏琴，在一些愉快的曲子裡，卻聽出一點悲哀的聲音，你是故意這樣奏的，還是無意中奏的？剛才聽到你的『寂寞之夜』，我對你的琴有了點較深的理解；我覺得你奏憂鬱曲子，比奏愉快的強。」

唐略略帶些掩飾道：

「沒有什麼，也許，憂鬱的曲子，對我較容易奏吧。不過，這是近一兩年的變化。從前，我並不是這樣的。」凝思了一會，他慢慢道：「或許，我們對生命的感覺，微微有點不同。現在，你正是提琴上這根E絃，我卻是G絃。（註一）或者，你正爲自己安排E級的命運，而我的命運，卻總繚繞著G絃響，不管我怎樣安排。你剛從南洋回來，你身上還帶著南洋的明朗氣候，而我卻可能是一份俄羅斯氣候，以及它那些夜，……」

唐嘴唇上浮起一絲苦笑。印蒂卻越聽越不明白。爲了遮蓋自己的迷惑，他岔開話題道：

「你天天練琴麼？」

「天天練。」微微嚴肅。「一個名提琴家說過：『一天不練琴，我自己會從弦上聽出來。兩天不練琴，我的銳利批評家們會聽出來。三天不練琴，我的犀銳觀衆們便會聽出來。』這是很可怕的，人耳朵就那麼靈！」說到這裡，唐看看腕上的錶，微笑道：「我們海闊天空太久了。應該到飯廳去了。——是吃晚飯的時候了。」

入飯廳不久，許多天來，唐鏡青抹在印蒂心中的神祕暗霾，一掃而空。

一個廿八九歲的矮小婦人，從廚房內走出來，幫女僕收拾餐桌，安排碗筷和菜肴。她穿一件淡灰色旗袍，相貌平庸，忠厚，膚色粗黑，頭髮燙得蓬蓬的，很是俗氣。舉止動作，她似乎想盡可能顯得輕快靈俐，但在一個大都會人看來，仍不免笨手笨腳。從這個女人態度看，她所受的教育似乎很少。她的頭髮與衣飾雖然新派，人卻是個舊派。她誠然老實木訥，卻又嫌老實到令人枯燥發悶的程度。

印蒂看完這個女人，正在躊躇，決不定她在這個宅第的位置，唐鏡青替他介紹：

「這是賤內——繆玉蘭。」停了一停。「這是印蒂先生。」

介紹完畢，唐不再對她說別的，只和印蒂閒談。他太太似乎也不太善交際辭令，只向印蒂老實的微笑了笑，寒喧幾句，旋即忙著擺酒上菜了。

吃飯時，唐並不招她同坐。印蒂問起時，他推說她忙著在廚房裡照應女僕做菜。看樣子，唐並不願意與客人多談他太太，後者察言觀色，也就警惕自己了。

主客兩人才喝完一杯酒。一個六七歲的女孩子跑進來。唐臉上顯得愉快些，一把抓住她，逗她道：

「娟娟，這是印叔叔。……喊他印叔叔。」

「印叔叔！」孩子乖巧的叫了一聲，就坐到唐膝上，吃著他夾給她的白斬雞。

唐笑著道：「這是我的女兒，她剛從學校裡回來。頑皮得很。」

孩子立刻抗議，天眞的撒嬌道：「爸！我不頑皮！我乖得很。您看，在客人面前，我只吃爸揀給我的。我沒有用手抓呵！」

說得兩個大人都笑了。

「好，不頑皮！不頑皮……來，再吃一隻油爆蝦！……」唐撫愛的笑著說。

孩子吃完了，忽然來了點靈感，她好奇的問：

「爸，您今天請印叔叔吃飯，怎不請景姑姑？……景姑姑說送我一個小洋囡囡的。」

孩子還沒說完，唐鏡青立刻又挾給她一瓣天津松花蛋，接著，拍拍她道：「好了，好了，到媽媽那裡去吧，過一天，景姑姑會把洋囡囡帶給你的。」

……………………

晚飯後，主客兩人又回樓上琴室。唐鏡青喝了些花雕酒，面孔紅紅的，獨自踱到窗口，凝視湖面，彷彿被水上一些神秘事物吸住了。望了許久，他才帶著感動的語調，慢慢的，半獨白半對印蒂道：

「現在……湖面算是平靜了……在燦爛的星光下……它像一具平靜的搖床……不再搖動……我們可以看見它幽暗的神態……呼吸它幽暗的情調……一些風從遠處慢慢飄起來……」

印蒂也走到窗前，凭窗凝眸湖水。從湖面一些浮動著的朦朧幻象中，一艘艘遊船的類似欸乃聲隱隱散出來。人們於黑暗的幻光中談笑。一些紅朵在遠方曇黑空中亮閃，結成一座座燦爛的樓窗，一條光燦燦的岸，裝飾黝黯湖水，像黑人額上一箍金剛鑽頭飾。這是一個幽鬱的仲夏夜，湖水很靜，很沈。

唐望了一會，離開窗口，在室內慢慢來回踱。踱了一陣子，停下步子，帶著一種好奇和沉鬱，彷彿宣示一種黑暗的眞理，沉重的，一個字一個字道：

「一個字、一揮手、一句話、一個小動作、一點偶然，常常扭捩並決定人的一生。……三四年前，我的一個朋友突然患神經錯亂，瀕於瘋狂。醫生們束手無策，都主張送他進瘋人院，他的家屬不肯。我和他感情很好，看他病得這樣，心裡非常難過，但也想不出什麼辦法。一個下午，在圖書館裡，我偶然翻看一本美國醫學雜誌，隨便亂看一篇研究梅毒的論文，忽然看到兩句話：『梅毒最嚴重的程度，可能遭致瘋狂。』……我立刻跑到那位朋友家裡，主張替他打九一四或六〇六。他的家屬不肯，認爲我是侮辱他，他平生持身極嚴，從未宿娼狎妓。醫生也以爲那篇論文只是書生之見，靠不住。我堅決提議：先給他檢驗血液。作『瓦塞曼檢驗』（註二）的結果：果然是梅毒。這原是可能的：只要他父親祖父那幾代裡，有一個患梅毒，都會遺傳下來，潛伏於子孫血液。於是便替他連續注射九一四。這樣，他的病終於好了。這位朋友此後把我看成救命恩人，就差沒有立牌位供我。」

說完這故事，唐鏡青又深思起來。他取出兩枝煙捲，給客人一支，燃著了，慢慢吸著，吸了一會，又慢慢來回走著，一行走，一行用微微好奇的聲調、慢慢道：「……就是那樣的，我只不過偶然走進那個圖書館，偶然在架子上翻雜誌，很偶然的，看到那本醫學雜誌，一打開來，就是那篇論文，我只不過很偶然的看了幾句，卻偏偏看到那兩句。……」他扔掉煙蒂頭，站下來，帶著點恍惚神情，沉思的喃喃重複道：「就是這樣的，一個字、一揮手、一句話、一個小動作、一點偶然，常常扭捩並決定人的一生……。」

印蒂從牕口轉過臉，微微帶了點反抗，低聲道：

「你這是宿命論，相信定數了。」

「這不是宿命論。……我的意思是說：一根紅線，很偶然的出現在人生活裡，這以後，它竟會把人圈起來。極神秘的，它會由極弱轉成極強，終於叫人無法反抗。一種脆薄微小的存在，你從來藐視它，一天你開始注意時，突然發覺它已像巨蟒樣死纏住你了。……一個人只要一次打躬作揖，此後似乎就永遠一直打躬作揖下去了。」

印蒂凝思了一會，似略有所悟。他敏感的，悠悠問道：

「請恕我冒昧，你這是不是指你的婚姻？」

唐怔了怔，輕輕道：「可以指這個，也可以指其他。……將來有一天，或許你會明白：我可能是一個毫無辦法的人。」

印蒂同情的盯視主人陰沉的臉，半晌，未開口。終於，他慢慢搖搖頭道：

「儘管事情是這樣，但我總認爲：一個一九三〇年時代的人，還要把十九世紀末創造裘德（註三）的哈代當做知音，是奇怪的。——你忘記，那個時候，我們這個國度，一些偉大政治家還相信：只要中國禁止大黃出口，歐美兩洲高鼻子們統統要患便秘，死得光光了。」他的口氣稍微激昂起來——按他內心感覺，此時他是不該激昂的。「說來說去，我依然相信，人應該努力做命運的主人，而不是它的奴隸。」

「有些事情的糾葛，不是三五十年能了結的。五十萬年前，人類夜裡遇到兇惡夢魘會抖顫，今天也一樣。」客人那些激昂的聲音，唐裝作沒有聽見，卻回答他頭一段話。

「你是一個化學家，你知道：一個化學方程式，只要錯一個符號，有時就會造成大危險。假如你的生活方程式錯了還不只一個符號，你爲什麼不改正呢？」

唐鏡青又走到窗前，俯瞰湖水，許久許久，才慢慢搖頭道：

「這不是改正的事。……人改正一個化學方程式符號很容易，只要用筆輕輕一塗抹就行。

但生活卻不這麼簡單。」

「我認爲很簡單：口渴時找水，遊湖時找船。」

「這還是簡單的一種。……有些事要複雜的多。……比如說，你歡喜花，你知道雨後的花特別香，但你哪能隨時找到雨？……再有一層，假如眞有下雨的可能了，你忽然又想殺死這種可能。已經下雨了，你忽然又害怕起來，想阻止它。——這一切不像口渴找水那樣簡單的。」

「我不懂你的意思。一個人渴望雨使花香，有雨了，忽然又想殺死它——我不懂。」

「總有一天，你會懂的。但我倒不希望你生活裡會出現這樣的一天。因爲，你將爲這一天付出可怕的代價。」

唐鏡青楞了一楞，嘆了口氣，慢慢的沉重的道：「讓我說得更簡單點吧。人會活到這樣一天，他長久熱烈渴望的事，一旦降臨了，他會抖顫起來，說不出的害怕它。」他離開窗口，從琴匣內取出提琴，用手指輕輕撥弄弦子，撥弄了一會，並不鳴奏，卻側耳傾聽湖面。接著，慢慢慢慢的，他舉起眼睛望著印蒂，極玄思的道：「眞奇怪，這是一個幽美的仲夏夜，我卻從夜靜裡似乎聽到什麼奇異的聲音，……」

他舉起琴，放在頦下。

一陣華麗而幽暗的琴聲響在牕口。

印蒂聽出了：依然是那支「寂寞之夜」。

# 五

唐鏡青視覺面那角神秘陰霾、他歡快曲子偶然迸射的憂鬱，假如是爲欺瞞一般人，是作爲生活弦樂的裝飾音偶然出現的，那麼，瞿槐秋卻從不想這麼眩人耳目，把自己的主題旋律幻化成裝飾音符。他很直接的表現自己，主題旋律應該就是主題旋律。這種氣質的形成，也許是由於年齡。按他這種年紀，人很少築防堤，攔阻那條內在的陰鬱的河。

假如說，有些人像鑛物中的雲母與石髓，是結晶性的，那麼，瞿槐秋卻屬燧石一類，是一種非結晶的混合物。他精神的鑛質，永無一座單一而堅固的鑛床陳托。同樣，如果有人像鐳、鈾原素，是放射性的，那麼，他卻不是一個放射性的人。他個性中有濃度，卻沒有強度，有咖啡紅茶的質地，卻沒有金屬質地。他瘦長的身材，蒼白的臉孔，定定的眼神，永梳不整的長頭髮，懶散的腳步，無一不畫出他那副暗室色調。他彷彿沼澤地帶的兩棲爬蟲，只由於某種逼迫力量，才被強拖到堅硬而乾燥的大陸上。雖然他過著富裕生活，任職銀行，有的是華麗場面和現代享受，但他卻更適宜穿一件黑色長袍，執一柄古洞簫，枯坐古老墓園一塊碑石上，嗚嗚吹奏的。少年的顏色，老年的聲音，穿錦繡衣服，作煤層礦工的嘆息，是他這類有點頭腦的富家子弟的特點。他是典型的一九〇五年時代的俄國青年，一個充滿不安的人，卻又是一個無害於人的人。

印蒂和他接觸不久，就發現這位比他年輕的表弟、戴了一副連他自己也不敢戴的散光老花眼鏡。後者顯然是一株溫室花，從小未經風雨，永遠隔了層透明暖玻璃看窗外雨、聽窗外風。書本上那點東方傷感，加上入社會後偶遇幾朵小浪花，就夠在他心坎吹成一個黑暗大氣球，把他塞得滿滿的了。安逸生活早消磨他的稜角，嬌嫩筋骨隨便碰到一點什麼、都會呼疼喊痛，再遭逢一個混亂時代，一顆精緻的心，一個雖富裕卻毫無生氣（也可說漸漸中落）的家庭，這一切使他接受了魏晉人的末世情緒。可是，他也只能接受他們的情緒陰面，卻抓不住他們的陽面。他已習慣於一種催眠性的傷感。月圓月缺，花開花落，王謝燕子，瑯琊柳樹，一切凋落浮景，都給他一份悲哀的催眠。這種催眠雖說病態，卻能予他安慰。斬斷病態，也就是斬斷安慰，他絕不願意。才從南洋陽光海水中出來的印蒂，與這位表弟接近後，自然也感到另一番滋味。好像他喝了許多瓶威士忌後，又轉喝陳年花雕，一種淡淡的酸味，卻叫他呼吸到地窖底埋藏的那些歲月，酸酸的陳陳的歲月，可又帶點醇味。

印蒂好幾次聽見瞿槐秋提到水竹居。一個薄薄陽光的下午，他們同去遊覽。早幾天，那次泛舟時，印太太本提議去玩，臨時因爲天色太晚，船過那兒，卻未上岸。

印蒂終於踏進這座古老宅第了。一種以陽光爲背景的奇異淵沉，突然吞捲他。那好像一片玫瑰花裝飾的死，是透過一片彩色的深沉。那些綠地紅玻璃窗，紅色方形中描白色古錢幣圖案，從最古的貝錢、刀錢、到長長的「永嘉二年」，和圓圓的「富貴」、「衛」，它們在陽光中煥閃幻彩，如一塊塊三稜鏡。那些紅木桌子鑲白大理石風景畫，石上五色斑駁，烘染出山水與雲紋：紅、褐、黃、緋、棕、白、紫。那些紅木靠椅，嵌白大理石山水景，那鋪著綉緞的長榻，丁字形的茶几，几上的綠色盆景，貴妃榻上鋪設的大紅錦墊，金色日光反映著藍白玻窗，又投落於白大理石山水桌面上。這個著名宅第，以它的精緻軒堂給客人一份雅麗印象。通過初步雅麗，然後呈顯一派古樸。那條幽靜甬道，那醇厚的堂奧，那些古色古香的古董擺設，銅器、磁器、玉器、漢鏡、唐陶、宋紙，那些瀟洒出塵的明清字畫，那些雕著蟠龍舞鳳的紫黑色籐木桌椅、描淡藍花深藍花的白色磁鼓，藍白二色交叉十字形的玻璃窗櫺，淡黃的楠木屏條，屏上的綠色荷花、芭蕉、古錢、詩句……，這一切是那樣沉重、陰涼，即使在陽光影綽綽搖射中，依然也有一種陰暗的幽沉情調。它籠罩著曲曲廻廊，朱紅欄杆，特別是那個闊大嘆寂的院落，它全部由大方磚砌成，不用人間泥土。在一片鏡平的方磚上，高高矗立幾棵松樹，頻添無限古意。這一片停瀦於半空的翠綠和蔭影，把整個院落烘托得古古的、窵窵的、深深的。一切彷彿是一首古典幽隱詩的雰圍，任何一隻蒼蠅或蜜蜂偶然掠過，從它們微小鳴聲裡，全會叫人感到空氣的沉、遲、懶、以及時間的綿延，宛若這兒的時間也如蠅如蜂的鳴聲，拖了條長長尾巴，半隱半現的，許人摸觸，人卻永摸不到。

瞿槐秋領著印蒂，各處觀賞一番，終於停在甬道上。他一面凝視旁邊乳白色玻窗上鑲雕的小花小樹，一面沉思的慢慢道：

「一走進這些屋子，就像走入一個人的晚年，又像走到世界盡頭。說不出為什麼，這些雕鏤著飛龍翔鳳的籐木陳設，是這樣吸引我；它們是這樣深深深的沉，我全部思想似沉入這些雕刻品，變成一羽鳳翅，一條龍爪。……佇立廳堂正中的四扇綠紗窗邊，眺望外廳，可以隱約看見扶疏的碧色庭園樹木，一切都是影綽綽的、矇矇朧朧的。……這些沉甸甸的紅木桌面，你叩擊時，可以發出沉重的聲音。……這條甬道，那支迴廊，這些廣東地黃石，那些繪白色蘭花的藍色圓玻璃窗，這些楠木屏條，那兩座金鐘龍鳳鼓，……這一切迴曲、幽永、意味邃奧，好像這裡的夢也是一種份量沉重的雕刻品，深夜裡，能發出鐘鼓式的宏聲。……」

印蒂點點頭，贊同的道：「是的，這一切都極有份量，正說明傳統東方是極愛份量的。」

「你看，這個圓圓的描著乳白蘭花的藍色玻璃窗，設計得多獨特。站在窗邊：整個世界都是藍的。」瞿槐秋走向一扇窗前說，臉上充滿了迷惑。

印蒂也踱往窗前，放眼觀去，只見整個庭院與樹木全呈蔚藍色，色調沁人。他禁不住讚美道：「這一片藍確實迷人，好像告訴我們，古代東方藏著那麼多的神話和夢境，我們一直被拋棄在神話與夢境外面。透過一片圓圓的幻想的玻璃，世界也變成幻想的了，一切存在化爲數學上的符號。」

離開圓窗，他們漫步庭院。瞿槐秋低低道：

「這些灰色大方磚比什麼顏色都好，容易叫人聯想起簡單的古代。搭配一片鏡平的灰色磚砌，這幾株松樹，分外蒼茂樸實，它們並不是畫境，而是雕刻圖像。這些松樹全是一些流動的雕刻。」停了停，有點怔怔的。「這庭院好像蘊藏了一千年的靜。」

印蒂輕輕道：「松樹經常會產生一種寧靜。……即使在暴風中，當它飛舞時，似乎也給人靜感。」來回踱了幾步，沉思的道：「深夜，在這大庭院裡孤獨靜坐，一個人將早老三十年。」

「不是早老三十年，是早死三十年。」

瞿槐秋踅到一棵大樹旁邊，用手溫柔的撫摸蒼溜樹身，溫柔的道：

「這是一棵洋玉蘭，春末開白花，一些松鼠常跳上來，偷偷吃掉花。」

鏘發聲。」

他們踏上石階，邁進祠堂，槐秋道：「你看，比起廳堂來，這裡多簡樸，這正是一種『東方的死』。……這裡沒有雕鏤，一切都是平面的。三種材料構成一切：楠木、紅木、和黑雲母石。連空氣都被傳染得厚重發硬了。這兒的空氣，似乎也是一種金石，敲擊一下，能鏗鏘發聲。」

印蒂行到迴廊上，敲了敲金鐘，一片洪亮聲音登時瀰漫開來。他微笑道：

「這樣的鐘聲，假如響在深夜，整個宇宙都在響應了。」收斂笑容，嚴肅的道：「這雋永的鐘聲，使人的靈魂也變得深沉了。」

他們在迴廊上踱了一會，瞿槐秋把表兄帶到廳堂裡層一間側室，窗明几淨，窗外有綠色葡萄架。他們坐在圓圓仙人杌上，那隻長長的鏡平發光的矮仙人桌，發散一泓涼氣，極宜奕棋，但他們卻吩咐茶博士砌了兩杯龍井，兩人在軒窗下靜靜飲茗。

瞿槐秋喝了一口，謐靜的微笑道：

「你看，就是這些窗子，這些大理石、楠木、桌子、椅子、茶榻、茶几，使我發迷。它們靜靜引誘我，叫我坐下來，叫我靠著窗欄，叫我想靜靜的看、靜靜的想，……」

對窗外葡萄架綠蔭投了一瞥，他沉思的道：

「一間空房子，一個我，一切智慧都出來了，從『我』裡面湧出來。人通過『我』，明白了世界。因此，嚴格說來，這一切陳設，其實都可以不要。……有時候，像這樣的建築，一間屋子越空，『我』就會湧得愈豐富、愈深沉。」

印蒂微微規勸道：

「像你這樣年紀，我以爲你的色調太淡了。」

「我把這當做一種莊嚴。」

「是如此嗎？」

「正是如此。你雖然比我年長，閱歷多，但你卻是一片在拚命塗蠟的跳舞地板，爲了叫生命的舞步盡可能輕快滑溜。我卻是黑暗樹林中一塊又潮又硬的石板，它的命運只是樹的蔭影。」

「你倒眞是樹樣的有蔭有影，只是蔭影太超過原來枝葉的面積。」停頓一下：「這種過度寬闊的蔭影，深夜裡，你不怕？」

瞿槐秋搖搖頭：「不會怕。」極肯定的：「靈魂疆界一劃定，以後，一個人再不會怕了……自然，用基教式的口吻，我承認：靈在我裡面發昏、發暈。」

「你不覺得，你有些思想和情緒過於做作，像小孩子有意在吹肥皀泡？」印蒂笑著問。

「我承認。」他點點頭：「我母親說得對：我正是契訶夫劇本中的人物，一開口總是：『我不幸』，或者：『我爲我的生活悲哀』，其實我比誰吃得都好，都多。就是這麼一回事。」

喝了口茶，想了一下，諷刺的笑道：「我這種人，也正像俄國小說中那一連串長名字一樣，極叫人頭痛。（聽說，南美洲有一個國家，有一個人的名字，前後長達五十多個字母。）同樣，我也叫自己頭痛。」

「我以爲你應該喝喝酒、跳跳舞、找找女人。最好結婚。身邊多一個人，你就不會這樣苦悶了。」

「一個人已夠苦悶了，再添一個人，會雙倍悶。我不能忍受自己，更不能忍受別人。這也是我疏遠女人的原因。」

「你不相信女人能給你幸福？」

搖搖頭：「我是叔本華的知己：『女人』唯一的定義就是：『給男人添麻煩』。……自然，女人也有一個好處，能給你養一堆兒女。」

印蒂聽了，頗爲反對：「你這種論調，我不能贊同。」沉思了一會，激動而沉迷的道：「在生命裡面，假如還有什麼動人的顏色，那就是女人的顏色。少女髮上一滴香，可以洗去你一千個夜晚的煩惱。……」

「你太誇張了。女人什麼都有，就是沒有思想。而在我看來，天下最可怕的，莫過於沒有思想的生活了，比沒有眼睛的臉還可怕。」喝完一杯茶：「聽覺比視覺更能刺激女人的美。你聽人談女人，比你和一個女人在一起生活好。因此，我最『慾望』時，只要聽別人談談女人，也就很滿足了。」

「你這種思想奇怪極了。我覺得，你的幻想像月亮上的哥白尼區一樣，太玄了。」

瞿槐秋微微苦笑道：「不管你怎麼說，在生活裡，悲哀是一個常數，快樂卻是一個變數。……悲哀的眞理是世界上最眞的眞理。」

印蒂連連搖頭，笑道：「你這一套花房暖室裡的悲哀眞理，我永不能同意。」

瞿槐秋微笑了笑，有好一晌，才慢慢道：「『不同意』是『同意』這齣歌劇的序曲，你目前正在演奏序曲的年齡，正式的歌劇還沒有上演呢！」

接著，他岔開話題道：

「你決定住在杭州，不回去麼？」

「嗯。我決定了。我母親這幾天大約就要走了。——」

印蒂不再說下去，他靜觀窗外碧色柔軟葡萄藤，它們在風中款擺，舞動處，四面白色粉壁也映畫出一條條飛舞的龍蛇，一剎間，滿院子陽光全破碎了。

# 六

「明天不下雨，我要回去了。玩了這麼久，也該回去了。千里搭長棚，沒有不散的席。」

「忙什麼，姐姐，你就玩個把兩個月。三年五年的，難得你來一趟，也該讓咱們姐妹團聚團聚。……是不是怕姐夫在家裡拍桌子、跳腳？」

「你姐夫倒不會拍桌子。他那個好朋友考古家，才從埃及回來，這個暑天，他算有消遣談話伴兒了，不會介意我的。只是我自己有些私事，要料理料理。」

「姨媽私事也有限，姨丈自會替您料理的。媽既這麼說，姨媽就多住些時吧！您要嫌做禮拜不方便，明天我給您介紹這裡頂大的聖公會，您每星期都可以去做禮拜。」

「槐秋，你不知道，上年紀的人，在老窩裡猴慣了，偶然一次短短旅行，倒也無妨。出門長了，卻說不出的不自在，心裡總像有點造反，鬧哄哄的。我好像聽慣了家裡那個老式德國自鳴鐘的滴噠聲，坐慣了我那隻陳舊的大搖椅，喝慣了我那隻藍花景德磁茶杯，餵慣了我那隻大黃貓，看慣了我房裡的那些聖畫，……」

「我的寶貝姊姊，你這不成了個清宮老古畫，一擱在哪兒，就別想再搬動了。」

「我不只是個古畫，我簡直是一棵古樹，安在哪兒，就在哪兒生根，動也別想動。嗯，上年紀的老樹了。」

「儘你說得天花亂墜，我也不放你走，眼看著，不久就熱鬧了，西湖夜市（觀音菩薩生日），中元盂蘭盆會，地藏王誕日，海寧看潮，……。你索性看了這些，再回去。印蒂！幫我們勸勸你媽。」

「那還了得！這不成了膏藥，到了哪兒，就貼在哪兒！……我不看這些了。讓印蒂陪你們玩吧！他橫豎在這裡住定了。」

「說眞話，印蒂，你當眞要住在杭州？」

「我連舖蓋箱子都帶來了，還騙您？」

「那麼，我把靠後園的兩間廂房收拾了，你就住在我這裡。」

「不，謝謝姨媽。我要在西湖邊單獨找間房子，想離水近一點，越近越好。」

「我們這裡離湖也不遠，出門不到一會，就看見湖水了。」

「我看，蒂，你就住在姨媽這裡，飲食起居也方便點。這兩年，你姨媽那些公司股票，發財發腫了，你就睡在她家吃三年，也吃不倒她。」

「不，媽，我這點心願，求你們成全成全。無論如何，這個夏天秋天，我得在湖邊單獨住些時候。這次我特爲到杭州，就希望求一點孤獨，暫時隔絕社會。要不，我自己家裡住得好好的，又何必出來？每個人，總有那麼一個時候，渴望一種絕對孤獨。」

「印蒂，怎麼，你要看破紅塵，削髮入山修道了？年紀輕輕的，就是這一套，我不歡喜！你要不食人間煙火，學那些華山道士，專吃松菓黃精什麼的，我保險你不出一個月，就要被人抬進醫院。」

「姨媽又開玩笑了。我是說在湖邊找個單獨房子。」

「蘊荃，我看你就依他吧！我這位少爺的牛性子，我最清楚不過。他刮了風，就算雨的，你不依他也不行。好歹請姨媽設設法，給他在湖邊找一間房子。」

「我才不給他找房子。姨姪兒到杭州，姨媽家這麼多空房子，他不住，反要姨媽給他找房子，外人聽了，這成什麼話！人家眞把我看成老猶太夏洛克哪！」

「蒂表哥一定要獨居，我看我們也不該太勉強。一個清靜慣了的人，有他自己的獨特生活方式，我們應該尊重他。蒂表哥要找房子，媽可以求求公司裡戴經理。他在裡西湖有兩間茅屋，房子不大，倒很雅緻，並且有個獨院，有花有樹。他原爲暑天自己休息的。新近他在外西湖另造了漂亮別墅，這兩間古舊茅屋，他也不會用了。不妨租給蒂表哥住住。」

「戴經理的房子，我去說一聲，他連租錢也不肯要的。……只是印蒂一個人獨住，茶水飯食沒辦法。」

「茶水飯食，問題倒簡單，那一帶總有人家、有飯館。」

「吃一頓飯，跑進跑出的，多不方便。……還有你的工作呢？你也有點工作計劃。住得那麼偏僻，怎麼行？」

「我的計劃很簡單，一間單獨的房子，一些花和樹，一個無線電收音機，一架留聲機，一架子書，一堆空閒的日子，有時租一隻白色布蓬船，這一切就能為我產生最高快樂了。……我不願做任何團體和個人的奴隸，家裡可以供給我一筆錢，我自己可以給幾個報紙雜誌寫文章，編譯點小書，另外，再託人設法弄個掛名差事，這樣，我就可以活得像個王子了。」

「你真想得週到。地上的福，都給你一人享盡了。你不怕享折了福？你要找個掛名差事，跪著求求我。我給你向李董事長說一句，在他銀行裡給你個專員名義，只拿錢，不辦公。」

「謝謝姨媽，這正合我心意。一個專員之類，芝麻大一點事，也沒有幾個錢好拿，再叫我黑早白日坐『班房』，那不太無天理了麼？」

「姐姐，瞧瞧你這位寶貝令郎的口氣，世上凡能算的，都給他算盡了。」

「你要這麼寵他麼，我有什麼法子？我看你疼我們家印蒂，勝過你們的槐秋，乾脆你就把他留在你家裡吧！」

「你捨得？」

「………」

「我們槐秋要能像印蒂，倒好了。印蒂行事，雖古古怪怪，不與人同，但男人家有才氣的，要獨特古怪才好。越是獨往獨來，越能創大業。我們的槐秋，既不像他老子精明強幹，也不像我洒脫豁達，也不像他妹妹聰敏膽大，他一個人也不像。倒像一瓶陳酒，剛從百年地窖底取上來，一股子陳味兒老味兒，哪像興旺人家的子弟？」

「我為什麼要像別人？我只要像我自己就行了。」

「說起縈丫頭，我忘記問你了。她現在還在北平麼？」

「別提縈丫頭了，提起她，我就冒煙。她哥哥太不能了。她可太能了。一個不及，一個太過。她簡直是條野馬，天上地下，到處亂竄！上山打虎，下海斬蛟，全簍子！我都給她氣扁了！」

「她在北平幹什麼？」

「說是在什麼藝術學校教書。誰知她鬧些什麼名堂。三日兩頭，往家裡要錢。平時難得半個字，一要錢，快信、掛號、航空、甚至連電報全飛來了。信寫得跟菓子醬一樣甜。我這位寶貝女兒要是男人，連三十三天也要給她鬧翻了。」

「你也不要她回來？」

「回來？她肯聽你？誰曉得她在哪兒？她說現在在北平，誰知道她在不在？我只當沒有這個女兒算了？虧得我是個新派、自由主義者。五四時候，我也扛過大旗，跑在前頭，高嚷過婦女解放。對於兒女的個人自由，只好依從他們。要不然，她就給你背易卜生的『娜拉』，半挖苦半教訓你。」

「縈丫頭太聰敏太活潑了。」

「哎，鬼丫頭倒是聰敏的。你們全知道，從小學起，到中學畢業，門門考第一名，月月考第一名，年年考第一名，這樣，她就瘋了。中學畢業，再不肯唸大學了。我也只好由她。將來受罪，活該！……，印蒂，我倒想問你，你對景小姐印象怎樣？」

「還不錯。」

「我給你介紹，好不好？」

「這怎麼行！她是唐先生的朋友。」

「胡說。唐鏡青早有太太有女兒了。唐先生是最規矩的正人君子。不過，提起唐經理，倒也眞叫人覺得委屈。才貌雙全，人也好，卻是個舊式婚姻，他太太連初中也沒讀過。結婚七八年，連個孩子也沒有，據說她曾患某種病，婚後才一年，就去動大手術，這以後，便不能懷孕了。」

「她不是有個小女兒麼？」

「那不是親女兒，從醫生那兒，知道妻子不再能妊娠後，唐經理向別人領了個女孩子。他以爲，要領，就早領。」

「怎麼，唐先生的女兒是養女？」

「可不是！……天下不如意事常八九。」

「要件件如意了，還要什麼天堂！上帝又何必要人之子降世，上十字架！……哎，蘊荃，明天不下雨，我要回去了。」

「你放心；明天絕晴不了。上帝昨晚給我顯過靈示：這個雨有得下哩！你看，天上雲多厚。……」

「那盆荷葉上，盡是水點子，一顆顆的，像珍珠，眞好看。……」

「雨落在荷葉上，頂好看的，也極好聽的。……雨打荷葉，……我想起從前念過的一首宋詩了，……唆，記性眞壞，從前，每逢雨天，窗下觀雨，不只愛畫畫，也愛『縫』兩句，現在，連古人現成的都記不眞了，……年紀，年紀，年紀，……」

「這盆荷花，要放在南洋海邊，就好了。南洋海邊的雨，是很好看的。」

「聽雨打荷聲，應該到水竹居去，在那個幽古深靜的房子裡，……」

「眞的，蘊荃，明天不下雨，我要回去了。……嗯，我聽慣了家裡那個老式德國自鳴鐘的滴噠聲，坐慣了我那隻陳舊的大搖椅，喝慣了我那隻藍花景德磁茶杯，……呃，我眞該回去了。……我眞該回去了。……」

註一　E弦是提琴最美麗最高亢的一根音弦，G弦則是最低沉的一根音弦。

註二　「瓦塞曼檢驗」是瓦塞曼發明的一種檢驗血液之法，較「康氏檢驗」爲精確，唯普通中國醫院多用「康氏檢驗」。

註三　「裘德」是哈代長篇小說「微賤的裘德」中的主角，身世悲慘。

# 第四章

## 一

藍色的湖，藍色中一片鏡明。水搖漾，藍色粼動。鏡明中斜畫一條條閃波，迤迤折折的。一大圈雨後的天。天色洗淨了，一溜藍，似不染雜色，如一塊無比巨大透明玉，無瑕無翳。天落倒影湖中，天藍湖藍一片。藍天瀉金色日光，湖內有金，金色圈渦隨風皺起。金色藍色盡頭處，長長柳絲投長長倒影。影在水中動，不時幻變於橢圓形與圓形之間。長長的堤，是一條虹，似才從天邊降到湖裡，剛塗抹大地顏色，披上彎彎曲曲的柳。這些柳靜極了，也愉快極了，像古希臘火炬競走時的無數長髮少女，突然靜止了、樹化了，把一蓬蓬一球球的鬈髮，長長長長的抛到水邊，並以這一抛擲裝飾她們最後的姿態，表現最後的情緒。岸上一片綠，水裡一片藍。柳在堤上，柳在水中，柳在藍裡，柳在金裡。長長的一堤綠直插藍裡。湖四周有樹，也有山。山嫵媚婷立，半隱半顯，綽約於一片淡藍嵐靄內。嵐經雨濯過，帶點青。翠色的山，罩一輪輪青藍色的嵐，青青藍藍翠翠的。這些山毫無山味，像一些毫無骨翅的靜止魚，充滿水意、湖意。它們不是山，只是水的一部分，是湖水的一種延長。山的綠、青、藍，湖的藍，天的藍，柳的綠，日光的金，幾種純淨色彩點綴幾種單純形象；彎彎的山，直直的塔，長長的堤，弧形的橋，橢圓形的岸，曲曲的船。船在幾種色彩內曲曲飄動，直直的槳劃入這些色彩中，一舉、一劃、一落，描繪一些幾何線條，濺出一些銀色水珠，水珠圓圓圓圓，撲起，又圓圓圓圓，墮下，閃些銀光，透明而空靈。

天上雲不動，落藍色投影；湖中水不動，閃爍金波。波非常輕，線條弱極了，有豹紋的艷，卻沒有它的力。整個湖面顯天空味。船在湖上，像一彎白色雲，飄於藍雲深層。一切山水橋樹，都像一陣雨，剛從天上灑下，各各凝立且幻化成固體與液體。藍色中一片火烱耀的金，是水中一些火，嘆寂裡的熱燄，慢慢燒，要把湖漸漸燃爍成一片火，但終於被一大片藍沖淡、冷卻了，只剩下一圈圈微弱的霞光。一艘艘船，從藍色邊緣處划出來，被和風推送，經過一片片金，越過天空倒映的光，向另外一片藍色邊緣划去。水上只有槳聲，極輕，岸上人聲飛到湖心，也變成一片靜。穹空有鴿笛鳴。笛聲似一些金屬片，美麗的敲擊湖面，水底響著瑰麗的迴聲。鴿笛聲令天穹更藍更靜了，也使湖水更藍更靜了。白色的鴿翎、白色蓮花，在天藍水影中上下翔舞。白鴿子終於飛到堤上柳叢裡。堤上鴿笛聲漸漸重了，又慢慢輕了。牠向遠遠藍際飛去，靈幻的白翅化成一個白色光點，悄悄消失於一片蔚藍。天仍在靜。湖仍在藍。船仍在走。船上人仍在看天看山看水看樹。這是一個以藍湖爲核心的世界。人只要一投入這世界，他的感官便消溶在雲水山樹的幾種單純顏色線條裡。

印蒂划著槳，悠悠在湖心蕩，渾身浸浴於雨後陽光。他撥得很慢，讓船像一片薔薇花葉子，在藍色裡緩緩飄。面迎青色的山，他不斷划過去，似要讓船徐徐飄入那片山青。山投落在他眼裡，是一片靈幻羽毛，在撩拂他，勾引起他的夢和幻想。他沉迷的瞇著眼，望望山，看看水，望望樹，看看雲，像帶著初戀情緒。望著望著，他偶然停槳，躺臥船上，覺得自己是被這一片奇妙的色和形溶解了。有生以來，這是他從未經歷的近似初夜式的享受。他不再感到湖以外世界。像一些天鵝毛，這片湖光完全纏住他，他無法把一根根毛絨從肉體上摘去，同樣，他也無法把這一羽羽山光水色由肉體上抹去。它們已溶入他的血液。他全身裸著，只穿一條藍色羊毛游泳短褲。他自覺是接觸整個天地，毫無保留的眞正「接觸」了。那靜靜的雲，彷彿在他血管裡悄悄流，它們從他眼睛進去，經週身血液，又慢慢從呼吸裡吐出來。接著，又繼續重複這一循環運動。一片片水、天、雲、山、樹、堤、船、光，……在他視覺內運動著，漸漸都滲入他身內。他的感覺從未這麼明朗過、純潔過。他的雙眸變成一枝畫筆，蘸著最單一的色彩及形線，兜他心靈塗抹一張單純的畫。他的銀白小船在水上靜靜兜轉，銀色槳滴流下一些圓圓水滴，一滴、兩滴、三滴、四滴，……精緻的滴落聲撩在水內。不知從哪兒，偶然飄來一陣銀亮的清脆笑聲。是岸上的？別船上的？他自己的？……還是本沒有笑聲，這只是他的錯覺？抑是他在做夢？於是他睜大眼。他似乎不像做夢。但他的感覺又這樣近於夢感。他不再分析了。夢也好，夢以外也好，反正他心頭現在甜極、柔極。他必須享受這點甜、柔。這是一個甜的世界，柔的世界。不，這是一個藍色世界。——藍描畫了一切。

藍色天，藍色湖，他整個人變成藍。他所有思想與知覺都沒有了，腦子裡只剩一堆藍，記憶裡也只剩下一點藍。藍就是他的夢，他的笑，他的希望及歡樂。他躺在藍裡，呼吸在藍裡。藍是一些舞蹈，婆娑四周。藍也是一些古畫，靜展身前身後。這汪藍似乎不是世界的，更不是人間的，人間從未出現過，它是生命以外的存在，是一種搖漾、一點形、一份氤氳、一種比夢更夢的夢。它此刻裹住他、托起他，輕輕幫助他昇華又昇華，像一朵白色蓮花，從一座雲層昇到另一座雲層。他在藍裡夢了、笑了、覺甜了。人生應該就是這麼一陣子藍。藍一陣子，一切也就這麼藍藍的過去了。偉大的藍。動人的藍！應該歡迎一切藍的！天上藍是圓的，海藍也是圓的，上面一片靜靜藍，下面一片動動藍。生命與死亡，哭泣和歡笑，歷史及火光，都包括在裡面了。他睜開眼，一切是藍。閉上眼，思想和情緒是藍。假如做夢了，夢中藍還要藍。他舉起銀槳，揮舞了一下，想打碎一角藍，但什麼也未被攪亂，這藍依舊完完整整的圍住他。他醉了。這片藍把他擁抱得有點醉了。他的眸子藍了、臉藍了、整個人藍起來了。他的靈魂也藍起來了。啊！藍！藍！藍！這是一個藍色的宇宙！一個美學的宇宙！

躺了許久，他一直讓熱熱陽光穿入他的皮膚層。這片仲夏上午的日光，並不毒熱，卻似溫度適當的熱水浴，令他舒服。主要因爲，這時陽光像提琴聲一樣美，以瑰麗的旋律，刺激他的情緒。不知何時起，他摸到手邊一本詩，是海涅的。隨便打開一頁，隨便溫柔的喃喃唸著裡面的三行：

你可愛的女郎
把你的小船划到岸邊來
讓我們在一起夢著

他一遍又一遍低唸，重複許多遍。唸著唸著，他睡著了。他睡在仲夏陽光中，藍色天空下，藍色水上。白色的船輕輕在水中轉動，船舷輕拍著水。

醒來時，他翻了個身，胸膛貼著船板，從旁邊拿起一枝白色鵝管筆，蘸著藍色墨水，在金色日光閃耀中，在一本紅色皮手冊的雪白紙上「嗖嗖」寫著；一面寫，一面微笑。他的思想裡充滿陽光與湖水。

## 二

除了姿態與動作，生命裡再沒有其他存在。這些姿態和動作，是一堆又一堆幻影，毫無理由的霸佔我們心靈。我們對生活的最基本的概念，就是這些幻影。即使是一個最精湛的物理學家，他並不用阿基米德定理或波以耳定律來支持生活，而是用一些糢糊的幻影。在我們生活裡，夢不多，但在我們生活外面，卻滿是夢，與一些神秘的幻影，正像一只只輕氣球飄浮於大氣層一樣。由於這些糢糊的幻影作爲人與人之間的屏障，人與事的屏障，我們才可以活得比較輕鬆、舒泰，因而才滋生生命的美感。一個心靈明朗如鏡的人，有時也需要一點矇朧、神秘。也只有在矇矓神秘場合，我們的感情翅膀始能擴展到無限大。夜暗裡，我們的幻想必然比白日多。我們所以讚美月夜，正因爲它具有豐富的明暗二重奏。

大地上有花，並不是爲了裝飾，而是爲象徵。花是大自然心靈最深刻的象徵。假借花，大自然告訴我們：應該在哪一場合盲目，在哪一場合糊塗。它告訴我們：應該珍惜什麼，輕視什麼。愛情就是栽花插花看花，只有在這時候，人才能顯得美。因此，愛情也可以說是人類的自我美容術，大地的自我美容術。在美容過程中，人類覺得自己美了，也覺得大地美了。

玫瑰花的美，不只是因爲它的顏色和芳香，更重要的，或許由於它的噤默。由於靜穆，它的紅與香更動人了。不只玫瑰如此，任何花朵都一樣。假如丁香有一天能發聲或說話了，人或許不致像今天這樣愛它。……不必外溢，更不必假聲音外溢，靜默中，一點香及色就夠了。……美開始於聲音，完成於靜默。

不要找機智。不要諷刺。沉默本身就是一種諷刺。美默默表現自己，卻諷刺了與它不調和的一切。

美是一陣風、一角藍、一片默、一點靜，更主要的，美是一片流動。美是一條溪水，在流動中愈益透明。

這個世界，只要一點天藍就夠了。……我要活在天藍裡。讓藍變成我的視覺、我的呼吸、我的渴。我的目的：凡我手指接觸處，一切都藍了。藍是一種純淨象徵，這種象徵的偉大，不在它的思想意義，只在它的色，以及這色所喚起的一種氣氛、一種情緒。在人的生活裡，有時就需要一種藍。情緒裡飄一條藍絲子，或掛一角藍窗帘，這情緒就聖化了、淨化了。藍色的感情是最平靜的感情。過去有一個長時期，我的感情是紅色的。我有著大紅的感情，如鄉下人穿大紅綢衫。現在，這點紅給時間洗掉了。今後，我感情裡只能湧起藍色或者白色。

一場暴風雨後，來了一種靜靜靜靜的靜，我整個人似乎空靈了。這靜給我一片甜。我匍飲靜，如飲一杯蜜。這應該是我的歸宿。生命本該就是這片平靜。只有在靜裡面，人才能汲取生命的美、愛，和光。鐵與血給我的，靜雖然不能給，但靜所能給我的，鐵和血同樣也不能給。血及暴雨所贈予人的，太可怕了。靜所交出的，可愛得多。只有躺在和平的牧場上，人才能靜靜做安特美恩的夢。

啊，今天！我從沒有這樣愉快過，充實過，豐富過。我躺在金色陽光中，抽一枝煙，藍色的煙漩渦打著圈圈，夢樣包圍我。晴風溫柔的撫摸我。我的心像太陽一樣明亮而暖和。我們再不知道天地間還有什麼能超過這一剎，心與陽光交織纏結的一剎那。爲了這一剎的充實感、豐富感，我願拋棄一切王冠和桂冠。同樣，筆算什麼呢？生命最重要的是感，不是寫，只有藉感官這枝筆，在心靈水上寫又朦朧又明亮的神秘句子，這才是眞詩，純詩，幻想與實際的最高結合。鵝毛筆所滴下的，可能只是一種錯誤的複寫，原始味道薄極了。

人間本有歡樂，只因爲痛苦影子太沉重了，這才壓倒它。人對歡樂要求太苛，經常像男人挑剔女友，發現她臉上一顆疤粒，就一腳踢翻她全部優美。歡樂是人性的，不是神性的，它絕不是永久的持續，只是刹那與刹那的飛躍。人不該苛求歡樂，正像母親不能苛求子女。

在生命裡追求一種意義嗎？那只有歡樂，特別是美的歡樂。哲學的歡樂極淺薄，宗教的歡樂不自然，政治的歡樂太卑俗，英雄的歡樂很虛妄。只有美的歡樂最深，最眞，最崇高，也最自然。在一刹那的驚奇和撼動裡，我們的感官徹底沉浸了，它絕沒有一丁一點騙我們。

我是一個失足落海者，美是我所能抓住的最後一根繩子、一塊木片。我非抓住它不可。但這種「美」絕不是象牙宮殿裡的奢侈品，也不是溫室盆花，經不起風吹日曬雨淋，它和陽光草原河流一樣，是大自然的化身，也是生物情緒的最高表現。仔細想想，構成生命宮殿的礎石，那一塊不是美？不叫我們眩暈？

琴師敲鍵盤，試驗各簧聲音。我敲擊自己，試驗「自我」所發出的各種聲音。

幻想與現實同樣不可少。起點是現實，終點卻常是一團幻想。我們本自現實往幻想走去，——從現在到將來。幻想其實也是一種現實，一種較虛渺的現象，它比現實輕一點。現實也是一種幻想，一種較沉重的幻想。整個人類存在，在宇宙眼裡，何嘗不是一種幻想，一種玄妙的靈蹟？

生命只要求一個出口。一切流的呼聲都是出口。沒有出口的流，只有破滅。但破滅也是一種出口，只是比較黯淡。我的年齡還不許我把出口想得這樣黯淡。我得從另一個角度看，於是，我看見——這奔湧的流、在千萬種形式中找出口。「流」透過陽光，表現它的普遍力；

「流」藉湖水描畫藍；「流」凝成山茶花，引人到樹上摘；「流」結成珍珠貝母，誘人到海底撈。然而，流最大的凝結品卻是：人。人帶著「流」的遺傳性，日夜找出口。於是，它凝成金碗上的釉彩，凝成希臘朵列式圓柱，凝成古羅馬噴水池，凝成雕鏤的鎮紙玉獅子。而最重要的，人也能把自己凝成無限。……所有這一切的過程與方式，它們的總名稱叫：美。

只有美，才是靈魂基點，通過這一基點，一切精神建築才能圓全矗立。凡不以美為支柱的情感，不是純淨的情感。

美只教人一件事：唄讚。人必須穿透一切可詛咒的外牆，達到唄讚的底裡。剝脫一切被詛咒的，翻尋出可唄讚的，這是美學對生命的貢獻。

眞能夠珍惜一片蝴蝶翅翼顏色的人，必能珍惜人心裡最後一點顏色，並且也歡喜發掘它、攝照它。

不懂喝的人，不會懂得活的眞諦，因為他不理解舉杯之前的那點停頓，以及舉杯時的那點斬截。

只有美，才是大自然最奢侈也最普遍的恩惠和財寶。有眼睛的人，到處可以望見它；有手的人，到處可以摘取它；有耳朵的人，到處可以聽到它。沒有「心」的人，因爲要捕捉它，也會有「心」了。

生命唯一酬報，也就是這點美。除了它，再沒什麼是我們百咀不厭的糧食。能體認這一眞理的人有福了。——最低限度，他沒有白來世界一趟。幾十年的痛苦，一個美麗月夜不可以洗盡嗎，有時候？

寫完了，他把筆與手冊一扔，「撲通」一聲，跳下水。

一陣歌聲不久從湖面昇起來。

## 三

印蒂生活，揭開新的一頁。他開始一組從未過過的日子。母親離開杭州不久，他就搬到裡西湖那兩間茅屋內，著手佈置一切。這時候，由瞿太太介紹，他已在表弟那爿銀行掛了個專員名義，拿了份乾薪。另外，經林鬱介紹，他擔任S市幾家報紙與雜誌的特約撰述，可以長期寫文、譯稿。感謝自己過去多年在英文上斷續下過苦功，現在，他能派點用場了。除了這些，家中還不時供他一筆款子。這幾方面湊起來，他的經濟狀況算富裕了。他度著一生中從未經驗過的相當闊綽的生活。他買了一輛自行車，又向附近一個船戶定時租一隻船，又購置一架留聲機、收音機、一些傢具和書。他那兩間茅屋、收拾得頗雅緻。一間寢室，一間書齋兼客室。說是客室，其實來客極少，幾乎沒有。他有意要過一種隔離社會的生活。除了唐鏡青、瞿槐秋、以及銀行裡幾位必要的上司，他不再結識任何新朋友。每星期六晚上，他在提琴家寓所消磨。星期天則在姨媽家玩、吃飯。此外時間，他用來讀書、寫作、遊覽山水。他在附近一爿小飯館包兩頓飯，午晚二餐自己去吃，偶爾，也上樓外樓一類大飯館小酌。平日，特別雜務，便差遣左近農家一個少年幫忙。他的茶水，也由這農家供應。由於姨母建議，他本想專僱一個佣人，但旋即認爲：這樣會破壞他孤獨生活的幽趣，終作罷論。他願意自己所有的家居姿態，只有他自己是唯一觀衆。由四堵磚牆圍繞起來的小小庭院，有一些花樹，他也按時修剪、澆灌。室內室外的打掃、整理，全部自己動手。這樣，才覺得有田園味、素樸味。他養了兩缸金魚，一籠芙蓉鳥，一隻大黃貓。他每天爲它們換水、洗浴、餵食，藉以調劑閑暇，有時甚至製造閑暇。所有時間都是他的。他再不受任何束縛。他有的是錢，有的是時間，有的是閑情，有的是詩趣，他儘可絕對依照自己幻想，過一種詩意生活。他過去那一大段生活，太缺少個性，更缺少大自然色彩，他現在必須彌補。

他的茅舍，座落裡西湖葛嶺半山腰，夠舒暢的。寢室、書齋兼客堂，每間全有近廿平方呎面積，另外還有一大間分隔三室，前面作盥洗室兼衛生設備，並堆些雜物，中間做下房，後面算廚房，卻一直空著。茅簷長長伸展，房舍四周全有廊廡，用原條樹幹製成簡易的卍欄桿，廊地鋪以水泥，顯得古茂。長方大院子內，植玉蘭樹、杜鵑花、玫瑰、臘梅、綠梅、青松等等，最美的是中央那棵七葉子樹，帶皎白色的嫩褐色七葉簇，遠遠看去，顯透明味。客堂外，廊廡台階下面，每邊婷立一株夾竹桃，在風中搖擺美緻的長長綠葉子。屋後一個小院、遍植山茶花，中間點綴一大塊紫色依羽伽藍，春天是一片紅中透紫。院子四面繞以青磚實疊的圍牆，牆頭密佈鐵蒺藜，壁面爬滿薔薇，春籐與紫籐。本來，這一帶小別墅，多半蓄狼犬，好在當年主人嫌它妨礙清靜，兩間草舍又異常簡樸，便把圍牆砌得特別高點。印蒂遷入後，好在他沒有什麼值錢家什，而養狗又太麻煩，他不在家時，便央附近那個農家兼帶照拂，倒也相安無事。一句話，在這綠色半山腰作現代隱士，他的條件，比當年陶潛優越多了。這片嶄新的世外桃源，他正好放縱自己的純粹幻想。

他開始一串純粹幻想的日子，一串絕對以大自然爲幕景的空靈日子⋯⋯⋯

他對夏季，有無窮迷愛。一年中，只這一季，他可以赤裸身子，衣服穿得極薄。他愛穿一件圓領短袖汗衫、白色的、寬寬的、高加索式的，另外再一條白色番布短褲，一雙白色車胎底皮鞋。就這樣他毫無顧忌，跑遍西湖。一個人作室內打扮，在外面跑，即使行走大街上，他渾身仍充滿戶內的溫柔輕鬆感覺。也祇有這種感覺，他才走得舒服，世界也才對他現得親切。即使毫不休息，這樣在湖邊樹蔭下慢慢踱一個上午，他也不覺累。他更愛黎明時分，當第一線曙光剛閃射時，散步湖濱，直到太陽全部昇起。這時候，他似是出現地球面的第一個生物，全身輕鬆，快樂的悸顫直透每纖毛孔。他浴著涼涼的早晨湖風，呼吸新鮮朝氣，意識到自己的健康、自由。他整個人就是一個清晨。他的血液就是一些鳥翅的飛撲。此刻，假如遇見任何一個陌生人，他都會用愉快的聲音，從心底向他問候、祝福。

每晨，第一隻麻雀啁啾枝頭時，他醒了，讓自己沉醉於越來越繁夥的強烈鳥聲中。有時，他信手打開床邊几上話匣子，播奏一支愉快的提琴小曲，多半是華爾滋舞曲；曲終時，他跳下床，帶著盥洗器具大臉盆，一路吹著愉快口哨，跑到湖邊去用冷水洗臉。他歡喜跪在地上，把整個頭浸入大臉盆涼水中，一次次的沖洗頭髮。洗完了，他換了游泳衣，攜著一些物什到船戶那兒，解了船纜，划到湖心水深處，開始游泳。直到太陽滿湖，他才躺在船上，一面曬太陽，一面打開話匣子，聽音樂。等身上曬乾了，他就用帶來的熱水瓶和罐頭、沖一杯熱牛奶，放很多糖，慢慢喝著，且吃幾塊奶油西點。八九點鐘光景，陽光漸漸猛了，他蕩船回去，小坐涼蔭蔭的綠紗窗下，寫文章，或譯些短文，窗外的七葉子樹不斷舞一陣陣風進來。午飯後，他愛以一隻陶土燒製的棕色圓甏裝滿白開水，裡面加了些紅色菓子露。他帶著瓦甏，和一張蓆子，到左近山間林蔭深處睡午覺。一覺醒來，他跪在蓆上，半帶著睡意及甜醒，雙手捧起那個圓甏，一口氣喝乾小半罐涼水。午後，假如不工作，他多半帶一本詩或小說，赴附近名勝古蹟間消磨，直至黃昏用晚飯。晚上，有時，他把船划到唐鏡青住宅附近。這正是唐每天練琴時分。他沖一杯濃可可，斜躺船艙（他經常總帶一隻大枕頭到船上），聽樓牕內流瀉出的琴聲。音樂聲停止後，他才緩緩划回去。如果是月夜，他就划到深夜。臨睡前，他洗一個溫熱水澡，且打開收音機，聽幾支歌曲（常常是小夜曲之類），才翻身入夢。

他愛玉泉的魚。有時候，半個下午，他靜坐清水池邊，閒凭紅欄杆觀魚。僧人遞一碟碟花生米，他不時抓一把投下去。金魚群立刻衝過來，紛紛搶食，一池鏡波形成一片烟花撩亂，五光十色。那些五色綵魚，金紅的、鵝黃的、鈷藍的、鴉青的、烏黑的、銀白的，最大的有十幾斤重。它們像一艘艘五綵極小船，一葉葉的，在綠色水中徐徐泛舟，款款的撥著長鰭當槳。那份從容勁兒，像一個少女在園子裡摘一朵花，一面摘，一面微笑。一旦花生米投入水中，一剎那間，池水混亂，它們那一陣疾衝、猛撲，「忽」的一轉身、一擺尾、一躍首，那片色彩繽紛的線條，簡直是一片打碎了的彩色萬花筒，迷幻極了，也瑰艷極了。池水嘆靜，池邊人不多，長夏下午，附近林中，不時傳來一片蟬聲。印蒂兀坐水畔，悠悠看魚，悠悠喝龍井茶，全世界似變成一座古剎，靜得叫人一片空明，只有魚群唼喋聲、撥水聲，和蟬聲。

他愛平湖秋月的月夜。月亮昇起了，他坐水榭圍欄邊，湖面鋪滿月色。湖水昇得高高的，輕拍石砌。長長石階、浸入水裡。風起處，湖水向上捲，在石階上昇高一級兩級，風止了，水又輕輕落下，像一片片綠葉從樹上悄悄彈下來。月光中，最吸引印蒂聽覺的，是那一陣陣湖水輕拍石砌聲。它空靈，也喜悅。你聽著，會有這樣一種感覺：彷彿一個美麗村姑在井泉邊汲水，忽笑著用手捧一瓢水，澆到你臉上。銀色湖水，彎彎彎彎，自四面泛溢，似「白雪公主」裡的魔杯，突然湧滿酒，漸漸又退下去，接著又湧滿了，又退下去。他不斷凝視那白色的長長石階，看銀色湖水輕輕昇上，一級、兩級、三級，⋯⋯，又恬恬退下去。他的耳朵裡只有一個音：水拍水榭聲。

滿月那一夜，他照例在湖上泛舟通宵。他划到湖水深處，跳下水，在水面仰泳，月亮似和他面對面，緊貼住他，他肉體裡充滿月光。偶有一些風，船順水面惺忪飄，飄得悠遠悠遠了，他才泅過去，追著船。他並不就上去，卻在水平面一行游，一行推船。木舟被推到湖心了，他才爬上船。他用大毛巾拭乾身子，躺在艙內，月光裡，拿起一瓶紅色葡萄酒，斟滿一大杯，一面看月光，一面喝。這個時候，他彷彿與大月亮談戀愛，低低講情話，他的眸子就是嘴唇，視射就是語言，天上那一位呢，月光就是她的語言。談著談著，他們全醒醉了。有時，偶然也打開話匣子，聽一兩支樂曲，多半是描寫月光的鋼琴曲，最常聽的，是狄勃賽的。月亮快下去了，月落前，在最後的神秘而朦朧的油暈光彩中，他輕輕吹著口哨走回去，血液中盈滿銀色月光。他的血液是銀色的。他的身子也是銀色的。一片涼涼銀白色最後把他帶入美夢。

他愛靈隱大叢林，那兒古意沉沉。他歡喜躺在柳蔭下，藤椅上，聽潺潺泠泉聲，聽著聽著，他睡著了。在夢裡，水流聲是一種神秘的音樂，他又迷，又怕，終於驚醒。他脫下鞋子，赤了腳，在泉流曲折的緩衝水石上走著，享受那片涼涼瀉水對裸足的冰冷衝激。靈隱山門口的綠色大樹林，那些枝葉扶疏的參天古木，徹底表現東方情調與玄秘。他漫行綠蔭中，像是在古代東方散步，一切激動情緒都平靜下來。

黃昏時分，有時，他划船到唐鏡青住處，一片提琴聲從樓窗口瀉入湖面。他愛用這樣的提琴聲編織一個黃昏、兩個黃昏、三個黃昏，讓一天中由明入暗的時分溢滿綺麗音響，好沖淡那點偶然閃過他情緒內的迷惘。有一次，他這樣躺在船上，琴聲戛然停止，樓窗口出現兩張面孔：唐和景藍。他們招呼他，請他上去，他搖搖頭，笑了。他用鉛筆寫了個紙條，裹了塊事先準備的小石子，投進牕內。條上是：

請不要停；繼續用你的琴聲給我一個旖旎的黃昏。

看完字條，樓上人笑了。不久，水上又是一片琴聲。

他也歡喜偶爾穿越茅家埠，到裡雞籠山中閒遊。這一帶路徑曲折，滿山茶樹，山腳下有溪水活活流，到處一片蔥綠和流水聲。山與樹，路與田，溪水與人家，全小巧幽緻，它們好像他最樸素的多年老友，臉上永遠那樣寧靜而單純。在這裡漫步，他隨時可以仰臥於路邊草叢中，可以獨坐在一些半圮的古墓拱石上，可以毫不吃力的登一座小山丘，可以脫下鞋襪、在溪水中濯足，可以入一個小茶館，喝一杯用新鮮獅峯龍井砌的綠茶，也可以進一爿小酒店喝一杯村酒。這時候，他所有慾望是如此單純，是這樣容易滿足，幾乎有一種扛鼎者改行，改划小河小船的感覺，舒脫得很。

下午，有時候，他歡喜斜倚蘇堤一株古老垂柳樹，兀坐湖邊釣魚。他並不眞想釣什麼。他只覺得靜靜坐在湖邊，必須這樣拿著根長長釣魚竿子，才能加深心中的水感覺，靜感覺。他坐著，有時閉目睡去，直到魚快把餌吃完了，他才驚醒，偶一提高竿子，不由笑起來，十有九回，倒是空的——他也愛這點空。他會笑著再加上餌，把銀色釣絲投下水，繼續假寐，讓魚咬破他的夢。夢醒當兒，如果有一次抽竿子，竟會出現一條魚，那種喜悅是空前的。不過，他多半並不打魚的主意，只要能這樣靜靜坐下去，他就很滿足了。水面恬靜，陽光閃耀湖上，遠處近處，綠色柳絲長長嚲下來，……

晚飯後，有時，他愛在蘇堤上散步，許久許久，一籟晚鐘聲從黑暗中響起，東方式的敲著夜，敲著他的情緒。爲了尋覓這片幽雋鐘聲，他曾穿過長長蘇堤，向淨慈漫步。鐘聲如一隻船，悠悠蕩著他，帶他入奇異的我佛蓮花世界。另外時候，他就泛舟於鐘聲中，直到裝滿一船鐘聲，才慢慢從靠淨慈的那一帶湖面駛回去。

有時候，一大早，他爬上北高峯，迄立峯頂，看一輪紅日從灰白色曙光中滾出來，漸漸染紅整個大地。

有時候，他把船划到蘇堤，泊在橋洞內，看一本蒙田散文集，消磨一個下午。

有時候，……

這是一種純粹造夢的生活；又是一種純粹造靈的生活。他生活在一些形象裡，又生活在一片性靈中。通過這些宇宙形象，他玩味一簇簇光與影，明和暗，顏色及氣氛。又用水晶性靈來撫摸這一切。生命的最高圓全正在這一撫摸。從撫摸裡，產生幻象。一朵一朵又一朵幻象、空靈如玉，逗他無限耽溺。除了這些，他的感官再沒有抽象糧食。他的生活從沒有這樣透明過、性靈過。即使他走在泥沼中，感覺仍騰雲駕霧，經常醉溶溶的。光怪陸離的萬象，都兜籠上一種恍惚雲霧，又彷彿蒙了一扇神秘薄紗，原來的粗糙枝幹、全被遮掩或過濾了，只透灑一圈神秘的美。即使是一條飄滿油脂污垢的渾濁小河，在昏黃月色裡，也罩上一派朦朧的神異美。掛一片幻想月色，整個人間也可愛多了。他詫異：爲什麼先前那麼一條醜惡溝渠，現在卻也有一種光艷，而他過去竟從未看出它們。可知他自己觸覺中還蘊藏許多財寶，未被他開採過。然而，這一切，又必須環繞純粹的形相及性靈，並且著重於透過性靈玻璃的形相上的光和影、顏色與線條，一些勾勒和筆觸，把它們孤立且抽象起來，再睜大一雙燃燒著想像之火的眼睛去凝視，才能捕捉住它們的純美。

他此刻是一個瑰麗的幽靈，站立地上，卻懸空呼吸。這樣做，似乎也不違背人性。鼻子本不長在腳底，而懸浮空中。幽靈的特點，就是不沾滯任何實相。它存在，然而抽象；它活動，然而只是一種飄。它以幻影爲靈魂，也以幻影爲軀相。不同是，他不是黑夜的幽靈，而是白晝的幽靈。他不是魔祟的，卻是空靈的。他並不妨礙任何人，卻沉醉於自我。就這樣的，他把整個生活凝變成一片葉子，無開始無終結，在空中浮飄。他較少思想，較多感覺。即使思想極沉沉沉沉的深，他也使它淺豁，塗上一目瞭然的感覺色彩。人做夠了，他應該做幽靈，做樹葉子。人是著根的，後二者卻可以無根無稽。這種飄飄飄飄的日子過得輕鬆，時間再不像過去那樣重壓了。他儘可獨坐湖邊柳蔭深處，送走半個下午、一個下午、甚至兩個三個下午。一切觀念的結子永不再在腦子裡扣起來，他思想樹幹上，再也不起瘢瘤。一切簡單而光溜。夢裡的人們是這樣過去的。大地上的人，至少也應該有這樣一段生活。把夢翻版一番，並不是罪過。

# 四

沉醉是沉醉，大自然是大自然。美是美。——人間是人間。不管印蒂怎樣遠遠泛舟至湖心，或躲入煙霞洞樹林深處、躺一個下午，人間烟霧依然淡淡籠罩湖上，隨樹葉子而浮動。黃昏船攏唐鏡青住宅時，這種淡淡烟霧感，最易出現。在提琴聲裡，最幽麗的音色中，他常聽見一種微微掙扎。越與唐接觸，了解他越多，也越感覺他弦音掙扎的強度。奏弦者顯然正利用一大堆裝飾音、把這一掙扎深深蓋下去。但蓋不下去的、還是蓋不下去。這種隱隱不協調感，有時引起印蒂反抗，有一個短時期，他甚至終止這一黃昏娛樂。他需要絕對純一的歡樂，不願它帶點雜色。

然而，不管他怎樣擺脫，這點雜色仍不時伴隨他。在唐這裡如此，不在唐這裡，似乎也如此。唐這裡的雜色，只是更突出而已。他歡喜唐，因爲後者個性很合他脾胃，感情溫和，思想犀利，是藝術與科學結合的極好象徵。他甚至有點野心，進一步想彌縫唐的精神裂痕，促成他內心的統一。他願意把自己的內在熱烈火燄，也帶進唐生活中。談話裡，好些次，他有意提到景藍小姐，想刺激唐內心的坦白情緒和意見。但後者似乎不願與任何人談此事。每逢印蒂一提她，他就輕鬆的岔開話題，或者，只淡描數句，而又不著邊際。僅偶然在旁敲側擊峯迴路轉中，他才隱約暗示內心的返影：大多是一片暗淡及苦色。它們是印蒂不太能忍受的。他不只要擺脫，並且還要克服它們。他有他克服的邏輯和風格。

那是一個早晨，印蒂才盥洗不久，唐鏡青來了，邀他划船。

印蒂笑著道：

「前天，我在湖裡划船，看見你和景小姐的船靠阮墩那邊。我沒招呼你們，因爲——」

「『因爲』什麼？」唐鏡青微笑著問。

印蒂稍稍停頓一下，接著笑著道：

「因爲你們似乎很愉快。」

唐鏡青微笑著問：

「我們很愉快，爲什麼你就不打招呼？」

印蒂像捉迷藏似地，笑著道：

「一個人不太容易愉快，兩個人才產生眞愉快，第三個人卻又會破壞愉快。」

唐鏡青搖搖頭：

「我不能同意你的話。」

「你不同意，也得同意。舉個例子，我當時瞪了你們好一會兒，你們卻始終沒有看見我。我想，那個時候，你們不僅看不見我，也看不見世界上任何第三人。」

「你眞會說笑話。……」他似乎不太願意再談這個。他走到檯子面前，對一座小巧玲瓏的玉雕觀音像端詳一會，岔開話題道：「你這個雕像買多少錢？」

「二十塊錢。」

唐鏡青似乎吃了一驚，抬起眼睛，對印蒂瞪了一下，詫異的道：

「你捨得拿二十塊錢買這個？」

印蒂無視對方的驚詫，輕鬆的道：

「因爲我喜歡它。」

唐鏡青輕輕重複喃喃：「哦，你喜歡它！……」

印蒂收斂輕鬆，帶著沉肅的神色，慢慢的冷靜道：

「是的，我喜歡它。我非常歡喜它的精緻玲瓏。」沉思了一下，突然用一種深沉語調道：「只要是眞歡喜的，我會不惜任何代價，把它弄到手。……」頓了一下，又重複一句：「嗯，我會不惜任何代價。」

唐不再開口。他默默凝視那座玉雕像，觀察它上面的凸凹及線條。他望了許久，神色有點癡癡的。他似乎不是望一座雕像，而是望另一種玄秘存在。終於，他的眼簾慢慢垂下來。他怔怔了一會，才緩緩嘆息道：

「我羨慕你這點固執。」

「這不是『固執』。這是本能，也是眞理。假如一個人連自己眞歡喜的，都不能固執的去拿，他在世上將無一事可做了。」

唐鏡青微微苦笑道：

「我似乎已有一種習慣，經常把我的生活調子壓低八度。因爲，一般人的調子都是高八度。……在這種低八度下，施用熱力，別人就毫不覺受損害了。」

「生活不是樂曲，高調或低調都能產生美和愉快。在生活裡，只有較激昂的節拍，才能產生純粹歡樂。」

唐鏡青走到窗前，瞅著院內那棵高高七葉子樹，並不轉頭，卻輕輕嘆息著，似乎是自言自語：

「歡樂，這是花朵中的花朵。……當我眞正青春時，幾乎不知不覺，空擲了摘花年齡。現在，即使想彌補，或許也太晚了。……」

印蒂走到窗前，靠提琴家身邊站著，堅決的道：

「永遠沒有太晚的事情。我們還有青春，我們應該珍惜它。只有它能給我們無限磁力，叫我們活得原始。享受青春——哪怕是最後的青春，就是創造青春。當一個人創造時，永遠沒有太晚的事情。」

唐鏡青只搖搖頭，不再開口。他瞧著錦葵花下面的一隻天牛。這個黑色甲蟲拖著長長角鬚，爬得好好的，這時卻不再爬了。牠只是靜靜匍著。

印蒂繼續熱烈的滔滔道：

「感情絕不會欺騙自己。當它遇到共鳴者時，第一秒鐘，就會震響起來，猶如琴弓與弦子，否則，十年百年也不會響。你應該珍貴你的直覺。——在人一生中，這種和鳴難得遇見一次呵！」

唐鏡青繼續搖搖頭，只輕輕說了一句：

「你不了解我。」

沉思著，又加了幾句：

「我怕我不太容易解決未來難題了。任何眞正共鳴的和聲，可能不大可能永遠留在我耳畔了。」

印蒂睜視那隻天牛，牠仍匍著。他伸直右手食指，指指窗外這隻甲蟲，低低道：

「你難道只想永遠扮演這種角色麼？」

這以後談話時，唐再不願談這一類又抽象又帶刺的問題。即使當他們泛舟湖上，最興高采烈時，他也機警的閃避它們，像蜻蜓閃避孩子的芭蕉扇。

## 五

湖上泛舟回來，接連好幾天，印蒂想著唐鏡青的事。他雖然不明白他們的底蘊，但輪廓總抓得住。僅根據這點，他就可以武斷：隱藏於輪廓後面的，並不是一些很美麗的東西。有時候，他幾乎不能理解唐。這樣一個優美的靈魂，多少年來，竟能忍受那樣一個庸俗的女人。眼前新人既出現了，生活新路既有了，他爲什麼不大膽去走？他有什麼理由還要活在不安與掙扎裡？他並不是白痴，也不是石頭，爲什麼竟表現得這樣愚蠢？他想了好幾天，才多少想出一個自安自慰的結論：不是唐太蠢，而是太聰敏了。聰敏人都富於思想，歡喜左考慮、右考慮，越想越糊塗。一個平凡人一分鐘想穿的事，思想家十年卻想不透。後者正缺少一種衝動式的固執和大膽。想到這裡，他不禁自負了。他是既固執、又大膽。若干年來，他一直固執著自己的意志，大膽做自己志願做的。他要怎樣做，就怎樣做，從不考慮外界的壓力及觀點。他目前的生活方式，正是最高的固執。這種幻想生活，假如放在五年前，會被他癡笑爲一種絕對瘋狂，但他此刻卻甘之如飴。他認爲，此時此地，應該這樣活。除了這樣活，他再想不到更好的方式。「一個人眞歡喜的，應該不惜任何代價把它拿到手。」他的固執是對的。

想完了有關唐鏡青的一切，印蒂更強調自己目前的生活觀念。

他的這個固執觀念，幾天後，在一個偶然遭遇裡，獲得一次更深的鞏固。

那是一個下午，他獨坐平湖秋月附近柳蔭下釣魚，身邊放著一本詩，一頂遮陽金黃色闊邊大草帽，兩瓶桔子水。季節正近殘夏。在有點懶惰的陽光中，湖水流出獨特的深藍光輝，群山表現得分外縹緲，山的線條很是溫柔，卻相當暖烘烘的。這樣長長靜靜的下午，他最愛凝坐濃濃柳蔭深處垂釣，不祗享受湖風，亦可祛暑。只當手頭有一根長長細細竹竿時，他才能深味春夏時辰的悠永，湖的閒適，和山的恬靜。他並不介意魚的收獲。只要魚有時能觸動那飄飄搖搖的白色釣絲，他就很滿足了。

夏季雖說炎熱，只要避於深深樹蔭，一事不作，竟日懶散，不只不覺熱，反而可以享受湖上風光。這時對他，眞像水底的魚一樣自在。

正釣得起勁，偶一轉臉，無意中，他一眼望見，白堤上，遠遠有兩個人走過來。其中一個，穿白竹布長袍，戴金絲捲邊草帽，身材胖大，架一副濶大的黑玳瑁眼鏡，年約四十開外。望了不久，他立刻認出是個熟人。他放下魚竿，走過去，大聲招呼著：

「喂！天遐！……天遐！……」

戴黑玳瑁眼鏡的中年人立刻停下來，正是鄭天遐。

印蒂走過去，在另一棵柳樹下，他們會面了。

「唔，印蒂，是你！」鄭天遐微微嚴肅的望他一眼，又機警的對四周巡視一下，見左右無人，這才放心，接著，微微諷刺的笑道：「剛才我正羨慕這個柳下垂釣者的背影。……想不到竟是個老朋友。嗯！」他指了指身邊穿淡色派列斯西裝的年輕人，介紹道：「這是舍弟：鄭天漫。」

鄭天漫身材中等，臉孔豐滿，褐色皮膚透著紅光，一隻龜式小眼睛，熱情橫溢，舉止厚實，略帶了點土氣。在陝西久住過的人，不用聽他說話，很容易就會猜出他是關中佬。

「哦，印蒂兄麼？久仰久仰！早聽家兄說過了，只恨沒機會認識。早知你在杭州，我早該來拜訪了。」

鄭天遐微笑道：

「好了，印蒂，你現在可以多一個朋友了。我老弟是文學家，專研究法國文學。他在杭州**G**中學高中教國文，是西子湖畔詩人。你們可以多談談。」

停了停，鄭天遐又向四周望了望，突然轉過臉，微微嚴肅道：

「天漫，就這麼說吧！我託你的那件事，你有空給我辦一辦。你不必送我了，我這就走了。我到前面斷橋那裡叫車子。」轉臉對印蒂：「印蒂，你和我老弟多談談吧！我想，你們一定可以談得來。我有點事，要先走一步了。改日再見。」

印蒂笑著道：

「天遐，你還沒有做官，怎麼也染上『貴人』氣了？就這樣忙？老朋友許久不見，坐下來，喝杯茶，談談也不行？」停了停，微笑道：「我知道你現在的情形，我不會妨礙你，你也不用害怕我。」對四近望了一眼：「這附近幽靜得很，你不必耽心。……我請你們到放鶴亭那邊喝喝茶。假如那裡人多，就算了。」

鄭天遐帶著教授式的冷靜：

「我這種人會變成『貴人』？你簡直和我開玩笑。我到西湖來，是找我老弟辦一件事，他住在裡西湖。在西湖邊喝茶釣魚，是你們這些『貴人』的事，不是我的事。你既然說得這樣，我少不得依你。否則，你以爲我對你有芥蒂了。你當然知道，我始終敬重你的友誼。」停了停：「不過，必須照你所說，如果人多，就作罷論。」

印蒂笑道：「謝謝你還沒忘記我。我們這就去吧。」

印蒂到柳蔭下收拾了漁具和東西，把大草帽戴在頭上。

他們閒步到放鶴亭，正巧喝茶的人極少，座子大都空散。那三四個茶客，一看就知是商人。他們揀了個最偏僻的靠湖位置，要了三杯龍井。印蒂打開兩瓶桔子水，又要了兩瓶汽水。

「謝謝你的款待。不過，我不能久坐。」鄭天遐溫和的說，他看看腕錶：「現在是三點十分，坐到四點，我必須走了。」

鄭天漫笑著低低對印蒂道：

「我大哥老是這樣緊張。西湖縱有千嬌百媚，碰到他這樣的人，也毫無能爲力。」停了停，笑著道：「在西湖邊忙著看錶的人，眞是對西子的一種殘忍。」

鄭天遐溫和的微笑著，放低聲音道：「不管你說我『殘忍』也好，不『殘忍』也好。我還要繼續『殘忍』下去。」頓了頓，微微嚴肅道：「我和印蒂來喝茶，不是爲了欣賞湖景，品山論水的。」

「那麼，你爲什麼呢？」鄭天漫笑著說。

「我是爲了拷問印蒂的。」

「你要『拷問』我？」印蒂稍稍吃了一驚，接著，向四周望了一下，微笑道：「那麼，你『拷問吧』！」

「嗯，我自然要『拷問』你。這沒有什麼客氣。」鄭天遐微微嚴肅的說。接著，他諷刺的苦笑著，低低道：「你現在總算找到『最高度的生命』和『最絕對的生命』囉！這個『高度』和『絕對』，大約叫你很滿意吧！」

印蒂把茶杯拿起來，慢慢啜了一口，沉著的慢慢道：

「也可以這麼說。……凡能叫人活得愉快的，就是『最高度的生命』和『最絕對的生命』。我爲什麼不滿意呢？」

「只可惜一樣，你這個『最高度』和『最絕對』並不是『圓全』！從前你曾告訴過我：

要找『生命的圓空』。」

「爲人麼不是『圓全』？凡能叫人快樂的，都是『圓全』。難道只有痛苦才能給人『圓全』，歡樂就不能給嗎？」他的聲音低下來。

「這個『圓全』，只是柳蔭下的圓全，湖濱的圓全，釣魚竿邊的圓全，並不是街頭的圓全，人群中的圓全，更不是一個民族的圓全。」聲音極低。

「難道『圓全』也有湖濱柳蔭和街頭人群的分別麼？」印蒂慢慢的又喝了口茶，諷刺的低低說。

「當然有分別。因爲你曾自負的表示過：要追求『最絕對的生命』和『生命的圓全』。」向四周看了看，他挪了挪黑玳瑁眼鏡架子，特別放低聲音，一半諷刺，一半大學教授式的教訓道：「恕我說刻薄話，假如你過去自以爲放棄了一個『破碎』，你現在所得到的，卻是更大的『破碎』。你鮀鳥似的躲在湖邊柳蔭一角，盡可能低戴大草帽，使你的視野只侷限於湖山風景中。你的眼睛只在湖水柳樹光色下才睜開，對於另外廣大的世界，卻拚命閉著。你躲在這個可憐而微小的『破碎』裡，卻騙小孩子似地騙自己，把這看做『生命的圓全』。但你究竟不是小孩子了。你究竟也讀過幾個先驅者的書，你當然明白：這個血腥的資本主義世界，究竟不是只由這個湖這個山這個柳和你那根釣魚竿構成的。」

印蒂聽了，有一會不開口。終於，他抬起頭，望著鄭天遐，放低嗓子，微微苦笑道：

「說來說去，你的意思不外一個：要我再去受苦，讓血淹到我脖子。……可是，血曾經欺騙過我，痛苦也欺騙過我。假如血和痛苦所能給我的只是欺騙，我爲什麼不找一個較美麗較舒服的欺騙呢？（假如你認爲我目前生活只是個『欺騙』。）」他舉手指指面前藍色湖水，微微諷刺的低聲笑道：「讓它欺騙我，不比讓那幫開黑店的東西欺騙我好得多麼？」停了停：「我再坦白告訴你，我這種年齡，不再是對水滸傳發生興趣的年齡了！」

鄭天遐一時沒有答話，沉思了一下，才微微冷笑的低低道：「印蒂，我看你心裡現在還有老大氣憤似地。」

印蒂壓低嗓門，突然憤憤道：「我爲什麼不氣憤？我爲什麼不氣憤？一個少女假如被一個流氓騙搶過貞潔，她永遠要氣憤。」馬上又改口，微微笑道：「算了，陳芝麻不必再翻檢了。……現在，讓我說兩句很墮落而你聽來或許會高興的話吧：血已淹倦了我，我也厭倦了痛苦。一個人有什麼理由不活得愉快點呢？」

「可是，你這個『愉快』命定是個短命鬼。看吧！風暴早遲會來收拾它的。」

「讓它來收拾吧！現在我還能有這些，我就該好好歡樂一下。」

「你這完全是享樂主義。你要把自己躲到伊壁鳩魯花園裡。」

印蒂看看湖，沉思的慢慢道：

「也不完全是享樂主義。……假如這個美麗自然能拯救我，也該能拯救別人。假如過去我從沒有被血淹過，一開始就活在這片湖山風景中，你可以諷刺我是金絲籠裡的畫眉，玻璃缸裡的金魚。但是，我曾被血泡過，我也見過一點世界，血沒有救了我，山光湖色卻救了我。你對這帖藥的估價，應該放高點。……假如每個人都能有我這份柳蔭下垂釣的閒情，你說世界會不會改點樣子呢？」

鄭天遐冷嘲熱諷道：「你這完全是幻想、幻想、幻想！」

印蒂冷靜的道：「你忘記了：人先幻想學鳥飛，後才有飛機。先幻想學魚入海底，後才有潛艇。人先幻想健康，後才有醫藥！……」

鄭天遐聽到這裡，不再諷刺了，卻破例哈哈大笑，接著仍用低低嗓子道：

「印蒂，你現在完全變成一個詩人了。——可賀可賀。」

印蒂仍不動聲色，卻冷冷靜靜的低低道：

「千百年來，千千萬萬人流血、流汗，不是只爲了使這個世界變得有點詩意麼？」

鄭天遐笑道：

「我不和你辯了。你現在純粹是一個詩人了。我祝福你，希望你能一直活在這樣美麗的詩篇裡，永遠被深山隱蓋，被湖水映照，被柳枝摸拂，和草木蟲魚爲友。嗯，這確是『最高度的生命』，也是『最絕對的生命』。只可惜另外還有一大堆人不能像你這樣詩意，他們只能在一邊乾瞪眼，空羨慕你這個『高度』與『絕對』和『圓全』了。——」

正說到這裡，許久一直不開口的鄭天漫，終於忍不住了，他突然插入道——聲音卻是低低的：

「算了，算了，不必再辯了。大哥還是老脾氣，一見面，總離不開高壇講章那一套，把全世界人都當做講壇下的聽衆，——老實說吧，我是同意印蒂兄的意見的。這個世界最缺少的就是詩。大自然本不缺少詩，但人間太缺少了。多幾個詩人比多幾個口號標語政治家，對世界或許有益得多。殺來殺去，拿人民當枉死鬼的，都是政治家和軍人，詩人連一隻鳥都不願傷害，當他沉醉於它美麗的羽翼時。科學家創造文明，政治家與軍人破壞文明，藝術家創造美，政治家和軍人破壞美？」

鄭天遐笑道：

「你們現在是一對詩人，我最不願和詩人爭論問題。」看看錶：「好，快四點了，我要走了！」站起來，戴了草帽。「天漫，你多坐一會，和印蒂多談談吧！」與印蒂握握手。「謝謝你，這杯茶總算使我開了點眼界。希望你在這樣詩生活裡，好好活下去。我祝福你！」

## 六

鄭天遐才走了不久，鄭天漫就海闊天空，批評他老哥。他低低道：

「剛才我大哥在這裡，有些話我不便說，我只好聽你們辯論。其實，我一肚子火。我一聽見人滿口『人民大衆』和『十字街頭』，便發火，正像我聽不慣滿口上帝和十字架一樣。這些傳教士們、總把這個世界描畫得血肉淋漓的，好像我們面前這片湖這些山就不屬於這個世界似的。」停了停。「我大哥究竟是關中人，脫不了關中人的迂腐。他啃了一輩子馬克斯，滿腦子所有的只是這些，你要他放下這個，等於挖了他腦子，要他命，那怎麼可能？」說到這裡，他特別放低聲音：「不過，我大哥對你印象實在好。過去，他好幾次提到你，說他所有朋友中，你是最有希望的一個。後來，他還告訴我：你發生了事，以及前後經過，他爲你無限惋惜。不過，他究竟對你有相當好感，今天才肯陪你喝這杯茶，要是別的像你這樣脫黨者，他在街上見了，連招呼也不肯打，視如路人。」頓了頓，聲音提高些。「不過，印蒂兄，我倒願我們能成爲好朋友。過去，我對他們那一套，一直存戒心，但自己究竟未身歷其境，不好怎樣批駁他們。你是過來人，現在的生活態度能和我共鳴，這使我無限興奮。有空，我想與你多談談。我是個爽性人，心直口快，受法國浪漫主義文學影響最大，你不介意我這種『一見如故』的浪漫勁兒吧！」

印蒂笑道：

「哪裡哪裡。我也是一個Love at first sight的一流人。最歡喜心直口快。」

鄭天漫笑道：「那我們就對勁了！在杭州，我正愁可談朋友很少。你來這裡，正好。」停了停。「你能不能喝酒？」

「不大行。」

「不大行，不要緊。醉翁之意不在酒，能點綴個一兩杯，也可以了。今天晚飯，我請你在樓外樓喝酒，紀念我們相遇，怎樣？」

印蒂道：

「你太客氣了。要請，應該由我做東。」

鄭天漫笑道：「你要和我搶，到時候再說吧！今天晚飯，反正我得和你碰碰酒杯。」沉思了一下，笑道：「我看，我們也不必喝茶了，你照舊去釣魚，好不好？」

印蒂笑道：「你這身派列斯新西裝怎麼能睡在地上。」

鄭天漫笑道：「管它新西裝舊西裝，我愛睡下，就睡下，這是我的脾氣。我們去，去！」

印蒂會了茶帳，攜了魚具，仍回到原來柳蔭下。鄭天漫當眞仰躺在草地上，用手枕著頭，看他釣魚，一面翻著印蒂那本英文詩：是海涅詩選英譯本。他翻不了幾頁，就笑著道：

「海涅的詩，我讀得不多，他的抒情詩寫得非常好。」

印蒂把一截小蚯蚓安置到釣鈎上，又輕輕投釣絲到水裡，漫不經意的道：

「你是研究法國文學的，法國詩讀得很多囉！」

鄭天漫仰望天空，微微熱烈的道：

「我歡喜小說，對詩是外行。不過，凡崙納的詩我很喜歡。我更欣賞他的性格和身世，那是一個典型才子。蘭波、馬拉梅的詩我也喜歡。象徵派的詩會很美。」頓了頓，改口笑著道：「說到詩，我倒想起這裡有一家報紙的副刊文學了，眞是有趣得很。」

「爲什麼？」

鄭天漫兩隻棕褐色小眼珠慢慢溜轉，對一朵白雲淡淡望著，笑著道：「有人說，用炸彈把散文炸碎，便是新詩。這裡副刊上的詩，都像炸彈下的產物。這炸彈還不是手榴彈，而是開花炮彈。手榴彈炸的，不過大切八塊而已，開花彈炸的，全變成一個個胡蜂窩，又細又碎。那些詩簡直是一行一個字，兩個字，最多不過三個字、四個字，像癆病鬼臨死痰湧上來時的斷斷續續遺言一樣。——」

鄭天漫還未說完，印蒂忍不住撲嗤一聲，大笑起來。

應和著笑聲，水上也『撲』的輕響一聲：一尾鯽魚本游到釣絲下，想咬餌了，印蒂的笑聲與周身抖動卻把它嚇跑了。

「瞧，你的開花彈把魚駭走了。」

「不，是那些胡蜂窩詩把魚嚇走了。」

兩人哈哈大笑起來。

鄭天漫繼續發表他的「詩論」。

「這些副刊上，『哼啊嗨』的便是新詩，『光明啊！』『怒吼啊！』『人民啊！』便是散文。如果這樣便是文藝，那麼，我在十年前早就『文藝』過了。……哈哈哈哈！」

印蒂又忍不住笑起來。

說到這裡，躺在草地上的人，從口袋內掏出一盒紙煙，遞一支給釣者。

「為什麼？」

「謝謝你，我現在不想抽。」

「釣魚時不抽煙，心情可以更恬靜些。這時候，人好像連空中煙絲樣的一篆波動也不願見。」

「不，如果有藍色煙篆飄著、裊著，你的心靈就更恬靜了。」

鄭天漫噴吐一口藍色煙霧，笑道：

「你假如有這種禪境，我躺在這裡，談什麼手榴彈開花彈之類，未免炸碎你的境界了。」

「不會，不會。……你是躺在草地上談話，假如你坐著或站著談，就會了。……我不妨把你的聲音當做夢中的音籟。」

鄭天漫笑著道：

「哈哈哈哈，你這是笑我睜眼說夢話了。你這個人很夠味。看樣子，今天在你面前，我非傾囊倒篋，大『數家珍』不可了。」

「你『數』吧！一個人在第一面，假如就把所有財產奉獻給陌生人，這正是我最崇拜的人。這個世界，『文明』得太過份了，爲什麼我們不能活得原始點，在第一面、就成爲自己一家人呢？」

躺在草地上的人笑道：

「你的話正合我意。這個世界上，歡喜戴手套握手的『文明』人太多了。今天下午，且讓我們扔掉任何手套吧！」他輕鬆的笑著：「我先要和你談談我的過去。一個人只有談自己過去，才是最愉快的時候。我想你在北平住過吧。詩人沒有不愛北平的。我在那裡讀過七年書。……那些日子裡，住在公寓裡，冬天早上啃烤白薯，夜裡烤火，吃大白蘿蔔。一天到晚：『開壺！開壺！』（註一）的喊個不停。一逢刮大風砂日，我就躲在床上不起來，覺得世界可怕得很。……割破手指，用血寫情書；到茶座裡，在地上找有口紅印跡的瓜子殼；在北海旁邊，一看見美麗綢裙子飄起來，就跪地上寫抒情詩；——這些，我統統幹過。」吸了一口煙，笑著噴出一大圈藍色煙霧。「結婚後，窮得要命時，不是剝下老婆旗袍出去換酒，便是和老婆躲在被子裡下象棋，成天不起床。實在窮得沒有辦法，只剩四大枚了，便拖住老婆糾纏道：『走！走！我們去離婚，每人分財產之一半，各得兩大枚。』」

說到這裡，鄭天漫扔掉煙蒂頭，哈哈大笑起來。印蒂忍不住也哈哈大笑了。

「有一回，實在窮，頭髮長得像囚犯，便和老婆互剪頭髮。她替我剪的，還好。我替她剪的，便不像樣了。越剪越不像樣。不是這邊長，就是那邊短，或者前面高一點，後面矮一點。一個笑話說：不會煮飯的人，米多了，添水，水多了，又加米，添得不能再添了，只好把鍋搬下來。頭髮不是鍋，不能搬下來。而且，頭髮只能用減法，不能用加法。減之又減，合老子兩句話，叫做『爲道日損，損之又損』，結果剪成個平頂頭——害得我老婆大熱天，好多天直用手帕包住腦袋殼，裝頭痛，怕風。她怕人家笑她忽然做尼姑嘛！哈哈哈哈！」

印蒂大笑起來，全身直抖動。他笑著道：

「你再這樣說下去，一湖魚都不敢來找我了。」

鄭天漫忽然從草地上跳起來，一把搶過他的魚竿。

「算了，算了，不釣了！我看你這個魚竿也是個宋江的軍師，無用！（吳用！）我們還是到樓外樓喝老酒吧！」看看天邊夕陽：「天也不早了。密斯脫太陽（註二）也要回家去灌老酒了。你瞧！他這付紅通通醉相！他已經喝了多少萬年老酒，可沒有醉倒。」

「你這幾句話倒富於詩意！」

印蒂一面讚美，一面站起來，收拾魚具。

鄭天漫嘆了口氣道：

「眞是美中不足，我老婆今天不在這裡！」停了停，大爲興奮道：「我還沒有向你介紹我老婆。改一天介紹。她在這裡S初級女中教中文。」又加了一句。「我和我老婆都是法國綠蒂的崇拜者。」停了停，又加兩句：「我譯過綠蒂的『土耳其女郎』，改天送一本給你。」

印蒂不開口，一直聽另一個斷續講。他覺得這個新朋友頗有趣。

不知怎的，鄭天漫靈感發作，從地上撿起一個薄薄石片，輕妙的飆入水中，它從一個水面跳到另一個水面，又蹦到第三個水面，像文鰩魚似地。他望著一圈圈水波，大笑道：

「說來說去，人生是美麗的，快樂的。一個人應照自己歡喜的方式去活。讓自己眞感情滲入生活每一個細節。畏首畏尾，顧這顧那，讓一些公式死套住，讓經濟學的名詞死纏住，都是傻蛋又傻蛋！——你說對不對？」

印蒂由衷的笑著，只說了一個字：

「對！」

說了這個字，他忽然聯想起一件事：最近接到林鬱一封信，他從南洋回S埠已數月，尚未遊過西湖，不幾天，打算來杭州看他。想著想著，他微笑起來。一天天的，他生活裡歡樂的成份增多了。一切似乎充滿希望。

## 七

歡樂與美！花樹與山水！這一天，印蒂和鄭天漫在一起時，是這樣感，這樣想，離開他時，更是這樣感，這樣想。這個浪漫的藝術愛好者的出現，只不過把他本來的生活藩籬更鞏固一分而已。現在，生命對他，不只是一些實塊和斷片，而是一些可享受的實塊，可欣賞的斷片。他活著，並不是單純支付生命，而是有光有色的玩味它，咀嚼它。所有沉重與嚴肅都斫掉了，剩下來的是一片輕鬆，一泓空靈。宇宙與自然、星辰與湖水、月光與花朵，……這些都發射燦光斕霞，叫他覺得生命值得活、應該活。他必須濯足美的河流中，連性格裡最後一星污穢、全洗滌得乾乾淨淨。生命不過幾十年，他所有的財產——時間，並不多，他爲什麼不好好珍惜？爲什麼不利用它交換華麗崇高的物事？活著究竟是一個美麗的奇蹟。人本身就像日月星辰一樣，空靈而光輝，爲什麼不用空靈換空靈？以光輝換光輝？一切光輝中，還有什麼比詩更光輝的？音樂、繪畫、詩篇，這些聲色字不正與山水花樹糾纏一片，專爲人類製造歡樂的？他爲什麼不深深擁抱歡樂？他爲什麼不擁抱？

……………………………

那是一個下午，他恬適的斜躺籐椅上，享受午覺甦醒後的甜意。他心裡另有一種淡淡的熱，熱得很舒服。午後漾著一種慵困的靜意，屋內的蔭涼，使他舒適得懶起來，他不想動，就想這樣躺著，讓午睡的感覺長長長長綿延下去，讓幻想像一片片葉子，隨情緒的風吹，吹到哪裡，是哪裡。這會兒，他覺得世界很好，非常好，一切均有圓全的安排，他對這個世界似乎不再有什麼失望。……可是，不知怎樣一來，漸漸的，極神秘的，他隱隱感覺，空氣裡似乎還缺少一點因素，他的雰圍還有點不夠濃。他的生活，如苛刻體味一下，似乎尚缺一點東西。他不知道究竟缺什麼，只是這樣的銳感，他恍惚感到：他氣氛內有一個極細小的漏眼，只要它一塡補上，宇宙當眞就圓滿無憾了。

他躺著，他睜開眼。

一雙黑色小螟蠓蟲從他面前飛過，飛著掠著，突然糾纏在一起；不久，一隻衝開了，另一隻又飛了趕過去，漸漸的，越飛越遠了，……

這一對像沙粒一樣大的小蟲子，剛才一刹那間，彷彿放射出一種偉大火燄。

不久之後，他突然覺悟了，他缺的是：身畔另一條身子，鬢邊另一個鬢邊，手裡的另一隻手，……

長期孤獨生活後，他的「人味」好像越活越淡，活到最後，宛若只賸一條影子，不再有眞形。影子須找它的原主，需要附麗於後者。孤獨時，它永不能寧靜。他漸漸感覺：筆下的詩，沒有現實的詩相襯映，難得閃永恆光彩。深湛的美，孑然的個人不易完成，還需另外的人。這也是一種實際經驗，當他自認情緒最美時，他隱隱渴念一個異性的耳朵來聽。他現在是一朵開在沒有眼睛的空間的花，一個沒有鏡子的化妝女人，他只能開給空氣看，打扮給牆壁瞧。這等於一場「美」的自殺。

一個男人，只有在女人世界中，他才能散溢最後一片香味。只有和女人散步，他才永感芳菲。只有伴女人說話，他的靈感才像泉水，舌頭像彈簧，話語是一串串金剛鑽翡翠瑪瑙，熠燦各色光綵。酒杯裝滿酒，才名符其實。男人聯繫了女人，才顯得完整。情感是一種蔦蘿植物，沒有異性樹幹纏繞，它永遠萎弱癱瘓，不能上昇且擴大自己。

最美的月夜，他泛舟湖上，好幾次，他突然感到一種莫名的悵惘、迷茫，當時說不出理由，現在想想，才知道：船上原該添一個人的。好幾次，他從外面歸來，覺得屋內特別大、特別空。關上門，聽見廻聲，屋內顯得太靜。躺著，情緒最美時，他常想站起來，輕鬆的伸一個懶腰，溫柔的說一句話：「啊，××，讓我們到湖邊去散步吧！」但他站不起，說不出，那個「××」永遠是個「××」。即使偶然有一兩個玫瑰色句子，閃過腦際，他也只好讓它們像花，開在腦樹上，無法用舌尖摘下來，再送出去，只好眼瞧著它們開了，又突然凋謝。扭開收音機，有時聽到一支俊美歌曲，他不禁喃喃讚美，才讚美完了，一種神秘空虛突然向他襲來，剛才的唄讚化爲神秘諷刺。有時候，從院子裡摘下幾朵月季花，他臨時產生一個慾望，想簪插一朵在一片緻麗的鬢邊，他一定要細細插、好好插，插得極溫柔、極輕鬆。可是，他終於把它插入那口藍色花瓶內。這像一個詩人才寫下一行好詩，由於某種特殊理由，不得不塗抹，另代以一句拙劣的。孤獨的生活，漸漸的，似有點到了盡頭，前面可走的路恐怕不太多了。孤芳自賞，其實也只能如此了。詩雖然能迷他，但當它缺少另一個較實際的情感基礎時，有時也會顯出破綻。紙上的詩，必須配合走在大地上的詩，才完整。否則，他讀完一大堆，寫完一大堆，永遠覺得還有一大堆沒有讀，沒有寫。要描成完全的美，他此刻這一點點塗抹還不夠，另外還得加點別的顏色、線條、形相、光影、空氣。

於是，漸漸的，那幾個海夜，又出現於他記憶。像一朵粉色蓮花，那個白色女人從他記憶荷塘中慢慢昇起來，擎直了，搖漾而多姿。這女人眞神秘，像一個美學上的常住名詞或意象，只要他心頭一有眞實美感，她立刻就會附帶映顯，幾乎毫無理由的魔住他、霸佔她。在他生命暗夜裡，這幾個海夜，是僅有的幾扇璀璨晶亮的窗子。他心房最黑時，它們最燦爛，最明亮。只要思想一黑，他就看見它們，他看不清窗內一切，但那綺麗的窗櫺，精緻窗形，柔和燈光，矇矓的暗示，……這一切，都夠迷住他的黑夜眼睛。它們逗引他想走進窗內。通過窗內，他可能會理解另一個世界。可是，她在哪兒呢？她此時在哪兒呢？他無法找到她。她正像一朵優曇花，命定千年只開一次。她開，只爲了逗他、啓示他，逗他欣賞另一個宇宙。這個宇宙的蘊藏，大約豐富極了。她知道不能只在幾個海夜說盡道盡，於是，便選擇它最精豔的幾粒寶石，閃耀於他眼前。……他想著想著，不禁深深沉迷了。沉迷了許久，他崇惑的低低喃喃道：

「這個白衣女人，現在在哪裡呢？她爲什麼對我表現這種樣態呢？……她爲什麼命定這樣神秘呢？……」

正喃喃著，他聽到門鈴聲。他站起來。他打開門。他看見姨母家的女僕楊嫂。

「印少爺！太太今天請你吃晚飯，有幾位客人。這是一封信。」楊嫂說完了，只是笑。

印蒂打開信，信上只有簡單幾句話：

「蒂侄：今天我邀幾位客人吃晚飯，請你做陪客。你見信就來，替我陪陪客人。　姨母白」

「你回去告訴姨媽，說我就來。」

「太太請你早點去，陪陪客人。」

「好，你先回去，我這就來。」

註一　「開壺」即「開水」，是北京口語。

註二　「密斯脫」即英文「先生」，此指「太陽先生」。

# 第五章

## 一

印蒂走進姨母家大門，才踏入花廳外大院落時，他猛吃一驚，接著是頭暈目眩，彷彿聖經上預言的世界末日突然降臨。

綠色荷花缸邊，碧色蓮葉叢畔，在婷婷款擺的紅色蓮花旁，依舊是那副叫人感到造化殘酷的臉，一幅文藝復興大師筆下的女臉，一雙深色的象牙黑眸子，大膽而漂亮的紅唇，一幅高挑而美的身材，像一柄五色彩傘，她鮮艷的撐展在荷缸邊，院落裡。她臉上顯示一片微微高傲的恬靜，一種經刻苦鍛鍊後的凝定，一種能絕對掩蓋一秒鐘前殺過千萬人的事實的寧謐。在靜靜外表層，有意無意的，時而氤氳一派跳華爾滋舞的情緒，爲了沖淡因平靜而駢生的冷冽。她穿一件暖棕色絲質長袍子，繁茂而幽黑的髮鬈，捲曲著一長長的彎彎下來，像提琴上那些瑰美的曲線。這種提琴似的弧線、流線、彎紋、與波浪形，她高而美的胴體尤其表現得鮮明。她佇立綠色荷缸畔，由於她的身材和那份暖棕色，她多少帶了點提琴情調。她的顏色、線條、明暗、凸凹，所有這一切，整個浮雕於這片幽靜院落中，卻還不是她的主調。她的形象美只是她的副產品。她的主調是一種抽象，一泓氣氛，一片液狀精神。它們像月亮那半個神秘陰面，蠱祟而富於魅力。這片抽象狀態，不只以一種恫嚇力量加於他，同樣也以一種巨大無比的諂媚加於他，使他無法抵抗。在他眼裡，她彷佛放射出半人間半偈味的魔力。

這正是殘夏午後三點鐘。他看見她了。一天中，這正是一個人情緒極強烈的時候：黃昏日落前的最後白晝的熾烈，略帶暗淡的猛烈。在這份強烈中，他邂逅了她。一個悠長午睡所給予他的深沉魅力還未消失，他血管裡依然激盪一種饕餮的慾望，而她卻突然湧顯於他雙眸，出現在午後三點鐘，靜靜婷立荷缸旁側，用一種嫵媚眼色，凝視夏季最後幾朵紅色蓮花，那些圓圓的綠色蓮葉。她微微沉迷的呼吸蓮花的植物幽香。

還沒有看完，印蒂全身血液沸騰起來，一片巨大聲音在他心底喊：

「啊！她！——」

是的，這正是她！

一點也不錯，這正是那七個海夜的白衣女人，幾個月來迴聲樣活在他血肉中的海上女子，他夢魂縈繞的軸心。

這正是午後三點鐘，他看見她了。她已展現於明亮的白晝，四周再沒有模糊的海和月夜，一切像銅刻樣凸雕於白靜下午。經過一陣最初的黑暗情緒，改了態的眼神，漸漸的，他也看清她了。在海夜裡，他只窺見她全人的陰面（包括她的思想及外形），瞧不清她的陽面，此刻，卻瞅見了。一個人的陰面，由於大海和月夜的背景，常包含許多捉摸不定的成分。在海上，她來得偶然，去得突然，她全部形象蒙罩了層饕餮光彩；要穿過一層嵐霧似的光影，他才能望見她。他對她的鑑賞、評價，不純粹屬於她個人，卻連帶她的背景在內。她不是孤立體，而是大海與月夜的一部分，也是某種情調的一部分。她的巫力，寫實點說，與其說是來自她，不如說一半來自她的雰圍。雰圍是萬綠，襯出她一點紅。現在，晶亮陽光代替朦朧月影，她整個陽面畫展於白晝，她再不是一種偉大雰圍的一部分，她只是她自己。然而，這一場「換景」，絲毫不影響她的魅力。假如說，在海上月夜，因爲半假手於幕景外物，她的美還被人疑爲有偷工減料成分，那麼，當前，人可看得清清楚楚，像白晝樣清楚：一丁點偷工減料也沒有。即使在一個極平凡的空間，她完全噤默，她本身原也有一種極固定的高貴光芒與美。通過白晝與太陽的嚴重考驗，這光芒與美更是確鑿不移。美在她身上，就像青山綠水在白晝，一切璚艷奪目。明是明、暗是暗、彎是彎、直是直、紅是紅、白是白，一切毫厘不爽。無論他遠看她、近觀她、淡視她、深望她，總是如此。她像一片塑料透鏡，藉白晝光明映出全貌，不作任何隱藏——這是她的眞形，一個由純美及高貴結晶成的眞形。……看完了她，他的感覺，是一個海上旅客從北極白令海峽突入紅海的感覺，一切全蒸騰起來。又彷彿過去幾個月，他一直醒著，此時卻呈顯永睡的黑夜，他就用一副睡著了的眼睛看她。她給他紅海感、熱感、和夜感，白晝裡的夜感。在他眼中，她又像出現在地球上的第一個生物，剛從另一星球下來，他就以一雙非生物的眸子觀看這個生物。這一片浮景魔了他。一刹那間，他似變成一個涅槃了的人。在涅槃中，他的吸收腺卻奇怪的擴張了。他有一種滿滿的感覺。眞正，她像五彩大雲，普覆一切，大雲下，金色的銀色的佛雨繽紛翩落，……

這正是殘夏午後三點鐘，他看見她了。第一個刹那，雙方都怔住了：一種類似天旋地轉式的事變，轟呆了他們。彷彿一秒鐘內，幾千萬道電流全奔瀉到他們身上。狂烈的飆風與火燄，嘷吼的驚雷和山崩，強閃絕電，舞沙捲石，噴血撕肉，裂峯碎巖，一切都旋滾在混沌沙霧中。人一纏進這片大震旋大混沌，精神像走了盤子，整個歪曲了。但這只是一剎那的事。經過第一剎那，當印蒂還繼續陷入駭異中時，她卻早已安靜下來了。她臉上顯出幾條可怕的條紋，象徵某種殘酷意味的情緒，以及一種玄秘的直覺。又經過幾個剎那，連這幾條線紋也消失了，她完全恢復過來。她只情韻纏綿的幽靜的娉立荷缸邊，凝望那夏季最後幾朵紅色蓮花。有意無意的，她偶然抬起眼，靜靜靜靜瞧著他。她就是用這樣靜靜目光，使他凝止且石化在它們裡面。突然，這個大院落奇靜了，一種瑜珈的梵靜。他們似乎可以聽到空氣裡的濃縮變化。也就是這種印度式的靜，漸漸漸漸的，他整個人走進她的純靈裡面。

這正是殘夏午後三點鐘，他終於看見她了，……

不知何時起，印蒂似乎恢復謐靜。他慢慢走過去，平靜的望入她的眼睛，低低道：

「我們又碰見了。」

她不開口，從一朵紅色蓮花旁邊轉過臉，用那雙深深的象牙黑大眼睛怔怔瞪他，好像不懂他的話。

印蒂正想說話，瞿太太忽然從花廳內出來了，老遠的，就拍著手笑道：

「好呀！你們表兄妹全不認識了，像陌生人似的乾瞪著！」走到印蒂身邊，拖著他的手，笑著道：「蒂，這就是你縈表妹，小時候你頂歡喜她的。你記得嗎？那一年，我們從南京搬到這裡，她哭了一天，你也陪了一大堆眼淚？你怎麼不認得了？」

印蒂聽了，又吃了一驚，他簡直說不出話了。今天下午三點鐘，世界完全翻了個轉：平常絕對夢不到的事，都出來了。他餘悸未定，微微口吃的，訥訥的道：「啊，這就是——縈表妹！」

瞿太太又拍了拍手，豪放的笑著道：

「瞧，都傻了，說不出話了！得，別乾站著了，到花廳裡坐坐吧！來，縈！陪陪你表哥！你們有十多年沒有會面了！」一面走，一面喋喋不休：

「蒂，今晚我預備了一桌好菜，是天香樓名廚烹飪的。一半給我家小姐接風，一半也算請你。花雕酒是眞正紹興老窖藏，在地下埋了十年，你不會喝，也要喝一杯。還請了唐經理夫婦、景小姐、李董事長、戴經理，都是熟朋友，沒有外人。」

## 二

瞿太太雖上了年紀，情緒可還像畫眉鳥風格，活潑潑的，愛刺刺不休。女兒自遠方歸來，這兩天，她可更畫眉了，話像泉水湧，卻又只繞一個核心：女兒。現在，一踏入花廳，她就抖擻精神，靈感直噴，半諷刺半親熱的、對印蒂笑著滔滔道：

「瞧瞧你表妹，眞是我的好女兒！簡直是個水滸傳上神行太保，來無影，去無蹤，神龍見首不見尾！這五六年，她天南地北，到處亂闖，連上帝也不知她搞些什麼名堂。女孩子家，她卻比男人還兇。高中畢業，全校考第一名，她就瘋瘋癲癲，說學校再學不出什麼了。她瞧不起大學，說只是個死池子，餵不出活魚。她瞧不起大學教授，說只是些書獃子，四體不勤，五穀不分，連螞蟻都踏不死。她要和『社會』交朋友，和『生活』戀愛。她要到大海裡找智慧。好，這趟智慧，眞找得掛勁。一下子找到西北陝甘，一下子找到香港兩廣，一下子又找到北平天津。這次回來，她才告訴我：還上過南洋。哪裡像大戶人家的小姐？簡直是個女瘋子！年紀輕輕的，人又長得俊，她就不怕江裡海裡風大浪大。這五六年，她究竟鬧些什麼，她沒有一句眞話告訴我。我只知道，她到南洋一帶演過戲。戲班子有什麼好？戲台上有個什麼屁『智慧』？她偏偏就這樣獨斷獨行，獨來獨往。平常一封信沒有。要錢了，掛號信快信電報都飛來了。這幾年裡，只回來過兩趟，每次都爲了要錢。說是在外面做事，比不做事還要化錢。幸而還好，我只有這麼一個寶貝女兒，要有三個五個，連金山銀鑛都要淘空了。我最不能饒恕她的，是今年四月，她明明坐船回來，由上海過，到北邊去，她當時信上卻說飛機直達北平，不肯回來走走。蒂侄，你評評，這個女兒孝順不孝順？……」印蒂望了瞿縈一眼，微笑道：「也許縈表妹當時另有特殊困難，不方便回來吧！」

瞿太太笑道：

「什麼『特殊困難』！她就愛做作得這麼神秘。凡年輕女孩子家的幻想，都被她耗空了。」

說到這裡，話被瞿槐秋打斷了，他笑著道：

「媽！我看，做您的兒女實在夠嗆的。時刻都要被您當說笑話的材料。您拿張三李四阿貓阿狗做材料不行麼？何必一定要選中自己兒女呢？」

瞿太太笑著道：

「選張三李四，有損做人恕道。選自己兒女，才理直氣壯，振振有詞。」

瞿槐秋笑著道：

「好，您這一『振振有詞』，我和妹妹就遭殃了。」轉頭對瞿縈。「縈妹，這幾年，你不在家，我就變成媽談話的箭靶子，說笑話的材料。我可給她說扁了。你這次回來，可要給我分分勞，扮箭靶子了。剛才這一頓，是下馬棒，以後的『活計』還多哪！你等著瞧吧！」

瞿縈聽了，並不回答，只淡淡的望了哥哥一眼，似在想別的事。她的大眸子，一直沉思的注視客廳的陰暗一角。

「縈！你怎麼不說話了。平常你口齒鋒利慣了，像個大政客似的，今天見了表哥，怎麼不開口了？」瞿太太笑起來。「印蒂並不是生人，你們從小就要好的，別了十幾年，怎麼反生疏了？……」對印蒂：「小時候的事，你們都記不清了？」

印蒂沉思了一下，慢慢道：

「小時候的事，記不頂清了，只偶然記得一些。」

瞿太太聽了，正想說什麼，景藍來了。瞿太太改口笑著道：

「景小姐，許久沒看見你了。你怎不來玩玩？」

景小姐微笑道：

「天熱，我懶得出來。」

瞿槐秋微笑道：

「這不太對吧！前些時，我好幾次划船，從唐經理水榭邊過，都看見你在窗下拉提琴。」

景小姐臉色微赧，輕輕笑道：

「練提琴，那是另一回事。我早就跟唐先生學琴了。——提琴的練習，是一天斷不得的。」

「提琴竟有這麼大的魔力，使人完全忘記天熱麼！天下竟有這樣刺激人的事麼？」瞿槐秋微笑道。

景小姐不開口，只是紅著臉微笑。

「好，都像你！吃飽了飯，只曉得躺在樹蔭下喝茶，什麼事都懶得做，專等著天塌下來。……個個都像你，天下早太平了。」瞿太太揶揄著，轉過臉道：「唔，景小姐，你的琴學得怎樣了？什麼時候給我們奏奏，讓我們欣賞欣賞。」

「我的提琴幼稚得很，見不得人。」

「你學了幾年了？」

「快兩年了。」

「提琴有兩年，也可以拉拉小曲子了。」瞿槐秋道。

「不行，程度還不夠。」景小姐輕輕搖頭。

「我聽唐經理說：你的提琴拉得很有點樣兒了。」瞿槐秋道。

景小姐臉孔又微微紅了：

「唐先生的話靠不住，他是專替人說好話。」停了停，她輕輕加一句：「我從來就沒聽他在背後議論過別人一句。」

瞿太太笑道：

「這倒是眞的：唐經理是個典型的道德君子，從來隱惡揚善，口不臧否人物。」

景小姐沉思的輕輕加了兩句，似乎是解釋：

「他認爲世界已夠不好看了，不應該再添什麼難看難聽的。」

說到這裡，她忽然開始注意瞿縈，起先，她只以爲是個女客，現在覺得似乎不大像。她正想開口，瞿太太彷彿已覺到了，立刻笑著道：

「我忘記給你們介紹了？這是我女兒瞿縈。前天剛從北方回來。」轉臉對瞿縈：「縈，這位是景小姐，我昨天和你提過，她是杭州著名交際花，H大學畢業的高材生，又是鋼琴家、和杭州唯一的女提琴家。」

景小姐笑道：

「天這麼熱，瞿伯母知道我是個怕熱的人，還和我開玩笑：給我戴這麼多帽子。」停了停，笑著道：「縈小姐，我是久仰了。早就想認識您，只恨沒機會。」

瞿縈轉過那雙注視陰暗牆角的眼睛，正想打破沉默，一陣腳步聲音，客廳裡又出現兩位客人：唐鏡青夫婦。

「說到曹操，曹操就到。剛才我們正在談你。」瞿太太笑道。

「談我什麼？是不是罵我？」唐鏡青笑著道。

瞿太太笑道：

「怎麼敢罵你？我們是在恭維你：說你隱惡揚善，是個道德君子。」

唐鏡青微微諷刺的笑道：

「這眞是唐鏡青的運氣：居然在太太眼裡成爲正人君子了。」

瞿太太不答他，卻替他太太介紹瞿縈。

唐鏡青笑著道：

「縈小姐，我們還是三年前見過一次，您現在似乎又長高了點。您回來了，瞿伯母這裡更熱鬧了。」停了停，對印蒂道：「印蒂兄，這兩星期，傍晚時分，怎不再看見你的船？」

印蒂微微沉思道：

「這兩星期，說不出為什麼，我忽然有點怕聽提琴聲。」

「眞奇怪。你居然怕聽提琴聲？是不是討厭我的提琴了？」唐鏡青笑道。

印蒂搖搖頭。

「不，我只是不想聽：任何琴聲都不想聽。或許，有時候，一個人應該聽聽提琴，有時候，卻又不應該聽。」

唐鏡青笑道：

「那麼，這兩星期，恰好是你『不應該聽』的時候了。」

「也許。」印蒂輕輕道。

「你們在打什麼謎。我怎麼聽不懂？」瞿太太笑道。

景小姐笑著解釋：

「印先生是個詩人，有一段時候，差不多每天黃昏，都要把船划到唐先生的水榭邊，聽他練琴。有一次，唐先生發現了，請他上去，他不肯，遞了個條子上來，寫著：『請不要停，繼續用你的琴聲給我一個旖旎的黃昏。』這以後，他每次聽琴，主人便不再邀他。他聽得差不多，就悄悄把船划走了。最近兩個星期，唐先生沒有看見印先生的船。——就是這麼一回事。」

瞿太太笑道：

「哦，原來是這麼回事。」頓了頓，笑著對大家道：「你們看：我這位姨侄風雅不風雅？我常說，西子的風流，全被他一人享盡了。」

印蒂微微諷刺的道：

「我看，一個人還是不雅的好，太雅了，也是一種危險。」說完了，他注視表妹，她的眼睛卻移開去，望著客廳的一個陰暗角落，似乎有意不注意他的話。

唐鏡青微微沉思道：

「我同意印蒂兄的話，一個人還是不雅的好。太雅了，可能是一種危險。」

他才說完，景小姐就轉過眼睛，沉沉瞪了他一會。他卻裝做沒看見。

大家正談著，又來了幾位客人：C銀行李董事長夫婦，華盛絲綢公司戴經理夫婦。這兩對夫婦，雖說是瞿家常客，楊嫂仍忙著敬煙，奉茶，獻瓜子，茶食。兩位男客，一個是印蒂上司，一個是他的房東，他不得不改變話題，陪姨母周旋他們。談了一會，他往表妹那面看去，不知何時起，她竟悄悄出去了。他猜她是上花園裡了。他有點煩，再坐不住。和李戴等客人又應酬片刻，他找了個藉口，也悄悄走出去。

## 三

印蒂一踏入後花園，立刻看見她。她正緩緩散步，走得極慢極慢。她現在的步態，不再像在海船上的了。那時候，它們在沉重中還帶若干輕鬆意味，此刻，卻是純粹的沉重。於燦爛的夕陽光照明下，她暖棕色的姿影，似有點暖烘烘的，暖烘中卻又透點神秘的微涼。季節向秋了，夕陽也沁點涼意了，她彷彿也染上季節的色調和音度。她的臉孔閃映在媚紅光色裡，溫燠中顯點涼冽，使她的眉角眼梢另添一番嫵媚。她似乎沒有注意他的出現，只默默往前踱去。花園內再無別人。幾隻竹葉青在尤加利樹叢碎叫，反襯一片林靜。遠處天空有鴿笛聲，音籟越去越遠，異常縹緲。

她慢慢的，沉重的，走著，飄著長長的暖棕色絲織袍子。

她暗色的象牙黑眼睛，油了層深湛暈光，好像要捕捉什麼，卻什麼也捉不到。這是一種微微苦惱的掙扎，她整個臉容帶著沉思色彩。這也正是任何人遭遇突然事變後常露的色澤。一個生命，多年來，生活像一片流動而碎亂的液體，分散慣了，此時卻被一種固定流道所威脅，這自是一件嚴重事。她似預感生命颱風將出現。這颱風，她也曾翹盼過，臨到徵兆眞露，她卻又害怕了。因颱風而創造的那種無底深淵，想像中，極富魅力，因爲它天賦一種無可衡量的幽邃。可是，這片深沉當眞降臨，實際場景卻與想像的截然兩樣。想像的深沉，只表現它黑暗的華麗，實際的這個，卻會吞沒她。這種粉身碎骨的可能，似乎駭住她，也降暗想像的眩麗畫調。這一切都來得太突然，她從沒有準備過。儘管天空依舊像昨日一樣唄靜，夕陽依舊像昨日一樣金紅，但「她的世界」今天已不是昨天的了。從下午三點起，一條紅線已秘密劃出，一個信號球已開始離開地面，正向天空慢慢飄。她有點感到恫嚇。因爲，不管她用多少文明文化來包裹，她究竟還是個帶點原始味的人。她有著那些馳馬大草原的青海女番子的血液。她不能忍受任何固定跑道。再則，她酷愛從第一個刹那捕捉最後一個刹那，從第一眼裡，徹底肯定或否定一件事。一切的理智思維，只是第一刹那情緒的事後裝點或本能迴護。可是，當前局面，還不許可她放縱這種酷愛。她也不能想得太遠，越想越亂。然而，一個臨時決定卻迅速產生了。

她走到一棵白沙枇杷樹下面，望著那肥滿的綠葉，以及畫意特濃的多皺枝幹，凝立了一會，她摘下一片葉子，對它注視一陣子，輕輕搖了搖，冷淡的投入草叢。一抬頭，她看見一個人。

「我們總算又遇見了。」印蒂低低道。

她並不看他，又摘下一片枇杷葉，瞧著它，冷靜地道：

「是的，我們又遇見了——看樣子，你是不是有很多意見要發表？」

印蒂楞了楞，接著，有意忽略她聲音中的冷靜，依舊平靜的微笑道：

「是的，我有很多意見要發表。第一個意見是，我非常愉快，你終於失掉月夜大海的迷人背景，變成一個現實存在了——」

他還未說完，她突然拋掉手中的枇杷葉子，轉過臉，對他極嚴厲的掃了一眼，教訓式地尖銳的道：

「現在，我要鄭重警告你：假如你還希望我們能保持普通友誼，最好你別再提海上那一段，以及有關我的任何回憶。你是我的親戚，我不忘記給你一份適當的尊重。我們所有的友誼和話題，也只能局限在這個嚴肅而倫理的圈子裡——否則，請不要怪我沒有禮貌！」

被她的嚴厲目光和冷冷聲音所震懾，他一時說不出話。掙扎了一會，他正想開口，她突然用更嚴厲的眼光瞪著他，像一頭坦伽伊克母獅子，一半冰冷一半爆發的道：

「你以爲有過海上那段遭遇，你就變成我的債主，有權永遠向我要這樣、要那樣，索取一切？你要這樣想，那你就大錯特錯了。假如我欠過你什麼，我早還清你了。超過原債一千倍的付清你了。我們之間早兩訖了。你懂得麼？我們之間早兩訖了。」

印蒂有點囁嚅道：

「你能不能容我解釋兩句？」

「不，絕不！」停了停，嚴厲的道：「我一個字也不要聽！」

「你爲什麼這樣兇呢？」印蒂極溫和的問。

「嗯，我本來是個極兇的人。我比印度眼鏡蛇還兇。人們不把我這樣想，是人們的愚蠢。」

「那麼，我們再沒有什麼可談的了。」

「應該沒有什麼可談的了。我再重複一遍：我們之間早兩訖了。」她有點氣忿的轉過臉，繼續望著那棵枇杷樹。

印蒂怔怔了一會，想馬上離開，卻又不甘心。他覺得，眞要這樣，那倒是個笑話。她似乎在演戲，而他又無法不陪她演。沉思了一下，他終於心平氣和，安靜的道：

「好，對不起，剛才算我錯，請別再生氣。從現在起，我願意接受你的提示。」微笑了笑。「不管怎樣，我們總是親戚、朋友，對吧？」

「我並沒有否認這個。」

「那麼，我們見面時，至少，你也不會反對和我談一兩句普通話吧，爲了不使第三者感到奇怪？」

「我沒有說過反對。」

她臉上仍保持一種嚴肅神氣，語調卻漸漸平靜下來。她又摘了幾片枇杷葉子，冷淡的一一投到地上。

印蒂覺得十分尷尬。他過去經驗中，從未遇過這樣奇特場面。他不知道怎樣才好。眞是說也不是，不說也不是，走也不是，站也不是。他正煩躁的掙扎著，無法打圓場時，救星終於來了。

楊嫂遠遠走來，對他們道：

「菜已經上桌了，太太請你們吃飯。」

## 四

星光朦朧閃爍，一片幽玄的暗淡光輝從蒼空散下。院落裡花樹都隱入天光，微微花綽綽的。空間很靜，簷下竹籠內的芙蓉鳥踡縮於橫幹上，在打盹。大黃貓團在室內籐椅下，半睡半醒的，不時打鼾，鼾音極輕。這片夜靜裡，只有兩口玻璃缸內幾尾金魚的唼喋聲最響動，它們像一些絲綢窸窣聲，悠麗的旋響黑暗中。

印蒂斜躺在簷下籐椅上，輕輕呼吸小院涼涼夜氣。那金魚缸就靠附近不遠處，他久久諦聽魚的唼喋聲，讓它們混合他思想裡的神秘旋律。他躺臥許久了。由姨母家晚筵回來，他就這樣躺著，像馬蒂斯畫上那種睡女，安靜與懶散中，帶著深沉力量，以及原始蠻獷。此刻已是中宵。末夏深夜有初秋味，涼涼的。天上沒有月光。星斗是晦暗的。他覺得這樣很好。假如此時有月光，或星斗晃亮，他倒有點害怕。他願意世界就這樣朦朧，昏暗，不再照明他的思想。他不願意，情緒因四周明亮也明亮起來。他從未像今夜這樣渴望黑暗，因爲它能瘞藏他。說不出的，他有一種奇特的情愫：渴望深藏。

不知何時起，不知是從天空，是從星光叢，是從庭院花樹間，還是從貓的偶然鼾聲裡——一種淡淡哀愁輕輕響起：它似乎微微抖顫。這種輕微抖顫來得很縹緲突秘。但當它一明確映顯後，立刻就固執而沉重了。它自穹空雲層、自地底層、慢慢湧出，漸漸浸漬他、佔有他。他不知道它們爲什麼要出現？爲什麼要環繞他？貫穿他？他只知道一件事：它們的音調與他靈魂音調本不和諧。這派玄秘音調，他久已熟諗了。宇宙間，彷彿永遠瀰漫它，平時似乎不響，人們也聽不出，直待人內心深處一瀰漫它，它也就立刻震響了、共鳴了。大地原有這麼多哀愁，正像有這麼多落花，但有些人卻看不見。有一天，他們視覺裡那層簾幕沒有了，一夜之間，他們陡然發現四周開了這麼多愁慘的將謝花朵。

印蒂聽到這種神秘顫慄。他帶著無限的欣賞意味，傾聽它。他願意它佔有他，甚至裹脅他，把他旋嬲到另一片天地。幾個月來，那些偶然侵襲他的異種力量，現在第一次由浮散而凝定了。他第一次瞭解他目前實況，看清他今後命運。假如照近幾月的心理與思想發展下去，他可能會遭遇什麼命定事實，今夜算是有了總解答。這種命定事實，一生中、每個人，至少總要遇到一次。過去，他因為在暴風裡滾，整個心靈都集中於火與劍，所以沒有機會邂逅它。此刻，他的心謐靜了，生活真空了，情緒有點美了，一切都為它佈置好了，他不可能逃避它。

他也不願逃避它。他從來沒有逃避過什麼。但是，面臨它，向它直率張臂，事情卻也不這麼簡單。不管他怎樣從容、鎮定，今夜這片天空與院落仍泛溢這樣神秘的哀愁。這種微妙的顫慄，是一根小提琴G絃，悄悄鳴奏在夜氣裡。生命顯示這樣的哀涼，黑夜呈現這樣的暗淡，金魚的唼喋聲流瀉這樣的寂寞、梵靜，他似乎直達生命盡頭，前面再無空間時間。他不知道怎樣解釋這一切。它是遠超出解釋之上的。自有宇宙以來，連最智慧的先知在內，人們從沒有真解釋過什麼，也從未由解釋中得到真快樂。這是一個如此不可理解的宇宙，人唯一所能理解的，只有一件事：無窮的空間已瀦滙無窮的哀愁。

他輕輕坐起來，伸出手臂，從籐椅下面，把那隻大黃貓悄悄抱到懷裡，又躺下去。貓一點不反抗，安靜的躺在他懷中，偶爾用舌頭舐他的手，輕輕喃喃一陣子，又睡著了。

他抬起頭，仰視幽暗夜空，傾聽貓的均勻呼吸聲，金魚唼喋聲。

漸漸漸漸的，從淡青色星光裡，暗青色天空中：一雙深色大眼睛出現了，接著是一片猩紅嘴唇，大膽而漂亮的嘴唇。這一汪深黑與一片猩紅，像一座黑色深淵和一輪紅色旭日並置一起，又像一輪燦爛太陽自墨黑深淵底緩緩上昇，無比震撼人、纏裹人。它們簡直霸佔住他的思想，他無法掙脫。這雙象牙黑眼睛正是他四周黑夜，無可捉摸的黑，無盡的深，卻緊緊匝繞他，夜只是她眸子的延長與擴大。他感到她的眼睛正在院落閃爍。它們刺他每一纖毛孔，侵入他的血流。它們要隨他的血液流動，由血液流向他的心靈內核空間，好讓他全靈魂一片無可抵抗的黑。

所有生命底蘊，這雙眼睛和這片嘴唇就寫盡了麼？整個宇宙的意義，這片紅與黑就描畫盡了麼？難道他多年來所追求的：眞正只有這點點麼？幾年前，他曾經揮過怎樣冷酷的巨斧，斫劈這些十九世紀的浪漫主義？他對那些精緻的唇膏與香水，曾經怎樣辛辣的嘲笑過？他現在難道也要走老路，重拾自己早已抛棄的渣滓麼？還是這並非老路、也不是渣滓、而是一片嶄新風景，一片人性精華？生命究竟在和他開什麼玩笑，一個人曾那樣輕視過的泥屑子，此刻居然被他當黃金拾起來？難道他過去只是另一個人，與他目前這個人毫無相通處？他以前只活在生命的狹小角隅，沒有洞見生命的另外部分？爲什麼同一種對象，他往日是那樣看，現在竟這樣看？將來他是不是還有另一個看法？

星斗仍在竄秘發光，夜風從花樹間輕輕飄出。不知何時起，金魚唼喋聲似乎暫停止了。他低下頭，臉頰溫柔的貼著懷裡大黃貓，輕輕輕輕的，吻它柔軟的黃色絨毛。

## 五

這片神祕的淡淡哀愁，像暗塚燐光，有好幾天、不時在他生活裡閃爍，特別是夜晚。直到林鬱來了，它才暫時停止閃。

和林鬱分別數月，這次重聚，雙方都感到興奮。浪跡南洋時，因爲許多俗務，和工作上不時遇挫折，以及異鄉環境的侷限，他們的尋歡情緒多少受了些壓抑。這一次不同了，他們兩個都閒，擺脫了許多瑣務，又是在祖國美麗風景區，空間與情緒織成一片，他們可以放縱自己情感。可貴的是人間友誼，它們是生命冠冕上最輝煌的寶石，是冰凍大地上最紅的火，帶給人以無限光與熱。印蒂平時獨自泛舟湖上，漫行山間，不管怎樣，總不像現在這樣親切、溫甜、愉快。身邊添了條生命，有一顆能聽你看你懂你的靈魂，你再不感孤獨歡樂中的時而寂寞了，印蒂茅屋內，小院落裡，多了個朋友，也現得光彩煥發，空氣因響亮笑聲而鮮燦發亮，空間因活潑談話聲而溫柔多情。靜寂的生涯一下子變成皮球，活蹦活跳能飛能舞了。印蒂生活裡，所欠缺的，正是蹦跳飛舞的成份。過去幾個月，假如他曾有過快樂，此刻則是加倍的快樂。如果他曾有過幻想，目前則是加倍的幻想。與林鬱在一起，他特別有解放感、潑刺感：像一尾陽光海水中的魚。他懷著處女的熱烈與體貼招待老友。在一個陌生人眼中，他這種友情有點近於戀愛了。他陪客人泛舟、爬山、釣魚、逛廟、喝酒、飲茶、泅泳、跋涉溪澗，……西湖名勝，他們玩了個遍：本地幾家好館子，他們吃了個遍；湖上一些好茶座，他們喝了個遍。船上、山頂、酒樓上、湖邊，他們一面觀賞湖景，一面閒談往事，以及上下古今，宇宙萬象。這時候，他們的靈魂都解脫了，毫無顧忌，娓娓流出一切。所有談話中，印蒂只隱藏了一件：他的表妹歸來。這個時候，其實他暫時也不再想到她。這位好友的光臨，已吸盡他一切注意力。在這份熱烈友誼裡，他已獲得人間最可貴的，一時再無他求。

大體上，林鬱沒有什麼改變。這個有著馬來西亞血液的人，依舊洋溢嶺南人的直率與激情。幾年來的海外求學與旅行，更鍛鍊了他那馬來西亞式的火熱。經過花都巴黎的精緻沐浴，他的詩人氣質也分外光彩侖奐。離開法國，他所以選擇南洋，就爲了它那廣闊的海水與海岸，以及原始的詩味。早年的空靈幻想，歷經近幾年塵凡生活的琢磨，他單純的情緒顯然複雜了、也結實了。他剛踏上青年與中年之間的那塊跳板，正開始享受一種「成熟的青春」。順利的條件加上優越的物質生活，使他對事物帶一份浪漫味的信心。偶然的挫折，全被私生活中的詩情彌補，當年的脆弱，感傷，現在反而絕跡了。他的足步正踏上一條正常而穩健的道路。他剛找到此路不久，感到新鮮，至於它將來會怎樣囚繫他，他還未想到。對於時代，他的思想並未大變，只不像先前那樣單純而固執了。印蒂和其他朋友所經的一幕，以及他自己的長期觀察，雖然使他懷疑原有信仰，但又找不到新路。常常的，他不敢對一些事深思，想多了，反而覺得撲朔迷離。他不像印蒂那樣勇敢：敢於忍受這一撲朔迷離與冷寂，甚至獨來獨往，另闢蹊徑。他只是優柔寡斷，踟躕不前，暫苟延現實。在人前，他似乎是言之有理，充滿信心，孤獨時，他卻不斷徘徊，對自己素所執著的反生茫然之感。

林鬱的思想，不管有未徹底變，他與印蒂仍有極深的共同聯繫點：這就是詩情。印蒂目前的生活情調，林鬱頗為了解，同情。他們此刻在一起時，主要就是享受這一情調。此外，雙方還有一個共同點：他們本質上都是東方人，全不脫東方式的謙卑。有些人一談論問題，就爭得面紅耳赤，每個人自以為百分之百的正確，好像只有自己才是真理的嫡裔，別人都是冒名頂替。和這種人在一起，即使思想原本相同，結果也會南轅北轍。另一種人像印蒂林鬱，對事物常取欣賞態度，即使與自己不同的，也欣賞它的光色，結構。因此，他們即使偶有爭論，不獨不會妨礙他們之間的和諧，反而能裝飾它，正像一池靜水，有時需要一兩顆投石。

好幾天來，他們想談談自己的思想和心境，因為整日忙著遊山玩水，一時也就無從談起。待三四天後，風景賞得差不多了，輕鬆話也說得差不多了，回憶也羅掘得差不多了，兩人才正式提到一些較嚴肅的問題。一個傍晚，夕陽西下時分，他們坐在平湖秋月喝茶。印蒂望著石階上輕拍的湖水，喝了口龍井茶，不經意的問道：

「你對我們以前那段激昂慷慨的生活，作何感想？」

「以前的事，眞不能提，提起來，好像都有點不能理解。」

「怎麼不能理解？──你難道不覺得：我們以前的事含有若干錯誤嗎？」

「錯誤，我倒不敢完全肯定。不過，總不完全對勁就是了。在廣州那一夜，你曾對我說：『理想從來就不是游絲，它是一條鋼筋鐵骨的飛橋，把我們從橋這邊的陰暗深淵裡，帶到橋那邊的明亮草原上。』當時我對你表示：『我有點害怕──害怕橋那邊……』你和莊隱都反駁我。……現在，你總該相信：那不是我純詩人的看法了。」

印蒂輕輕嘆息道：「那時我認爲：『千千萬萬人的血，千千萬萬人的淚，這是比太陽還明白的事。』……現在我才知道：流血流淚是一回事，人能明白又是另一回事。……在這個世界上，血與淚並不是唯一的魔棒。」

林鬱微笑道：「不過，你這一下子，又走得太遠了，也太相反了。一個愛在暴風雨裡狂馳狂奔的人，卻愛坐在平靜小溪邊，欣賞蝴蝶翅膀了。我雖然對『橋那邊』懷疑過，卻沒有徹底絕望過。」

「假如你曾像我那樣徹底希望過，你就會明白：什麼叫徹底絕望了。」停了停。「自然，這絕望，只指我過去那座舊橋說，並不指我現在這座新橋。」

「你自信這座新橋不會遭遇舊橋的命運嗎？」

印蒂冷靜的微微堅持道：

「不可能。……過去我以為：我們必須通過陰暗深淵，才能到達橋那邊的草原和陽光。現在，我認為我儘可不通過深淵，直接抓住橋那邊的草原與陽光。我們身邊儘有的是春天和幸福，但我們卻被一個古老邪說迷住了，以為人必得經過地獄，才能昇入天堂。……任何時，你愛摘一朵花、曬一次太陽、划一回船、或在草地上躺一會，你儘管這樣做就是了。在人和陽光之間，並沒有那麼多可怕的阻隔。」

「你不覺得，你這樣有點太自私麼？」

「為了幸福，任何人都是自私的。」

「我的看法和你微微有點不同。我儘管對『橋那邊』懷疑，卻又以為：當我們從事社會實踐時，除了它，目前我們實在沒有別的可信仰。……因此，我認為我們的許多布爾喬亞意識，仍應受批評。」

印蒂微微諷刺的笑道：

「信仰也好，反信仰也好，布爾喬亞也好，普羅列塔利亞也好，它們永不比一朵玫瑰花一片陽光更誘惑我。在一個照射著陽光的春天花園內，或一個美麗的月夜，這一切名詞都是多餘的。人為什麼不省下這許多口舌，好好躺在湖濱，讀一首濟慈的詩，或喝一杯鮮桔水呢？」停了停，溫和的微笑道：「試想想，一個美麗的少女在你旁邊，她非常愛你，你卻叫她等廿年，等你讀完各種百科全書，深刻的研究並爭論了有關女人的各種名詞、定義和素材，然後再——，好？等你研究爭論完了，少女已是一個老太婆了。……天下最愚蠢的事，莫過於拿一張夏天可以吃冰淇淋的嘴，去爭論冰淇淋的『時代意義』；拿一副可以微笑的臉，去痛哭流涕、大聲疾呼；拿一雙可以賞花看月的眼睛去死盯住臭糞坑和破垃圾堆；拿一隻可以撫摸少女頭髮的手，去搖油印機，專印什麼『打倒』『擁護』和『萬歲』之類。……」頓了頓，唇邊又恢復諷刺的條紋。「難道人類自以為靈魂已夠美了，儘可從生活裡摒棄大自然和詩嗎？」

「你這番話很有點享樂主義色彩。在私生活裡，我不反對這種色彩，但把它們當做生活理想，或時代理想，很容易受別人責難的。人儘可譏笑你是癡人說夢。」

印蒂反抗道：

「這不是享樂主義，也不是癡人說夢，這是詩！在現代生活裡，人們不是被算盤與帳簿子包圍，就是被刀劍和口號標語包圍。很少人敢讓詩包圍。人們永遠認為詩只是幻想，只能在茶餘酒後偶然解解悶的。但這個世界與時代最缺少的正是幻想。每個人從腦子到心肝五臟全塞得滿滿的，不再留一點幻想空隙。每個人都耽於實在，很少抽象。每個人都現現實實，很少空靈。資本主義不只毒化了自己，也毒化了他的敵人：布爾塞維克。到處都是生意經，革命陣營裡也不例外。麵包變成人唯一的觀念。好像人一生活著只為了一件事：要麵包！人自然要麵包，但麵包並不是人類生活的一切。麵包主義也不能代表全部文化。否則，真正革命者與革命小販就沒有分別了。布爾喬亞經濟制度是一種罪惡，但它的精緻文化文明並不全是罪惡。為了砍掉一枝蟲蛀的幹，卻連帶砍掉樹根，這是愚蠢。布爾喬亞文化文明，是人類四五千年來與人性的蠻性遺留相鬥爭後的歷史結晶，並不是幾個資本家偶然變戲法變出來的。」沉思了片刻，又轉回原來話題：「只有植根在一種美麗的詩的情愫上，健全公平的理性才能產生。人的心靈和情感先全部毒化了，想在一片有毒的土壤上，栽理想的花，絕不可能。最偉大的愛，也只能產生於純潔的美感上。『唯物論』三個字砍不死崇高的愛；包括母愛、友愛、情愛、人類愛。假如說，這些愛與美感只是一種商品，一種經濟學上的名詞，那麼，人大可不必再活下去。因爲，天下最『經濟』的，莫過於跳黃浦江或一瓶安眠藥，那樣，什麼麻煩都省掉了。你能說：太陽、月亮、西湖、玫瑰花……，統統是經濟學上的名詞嗎？……在我看來，所謂『革命』，實際上已成爲經濟學上一個名詞，不再含有一點美學意義了。」

林鬱微笑道：

「你的話越說越遠了。這些理論問題，我不想和你辯論。你當然也明白：我對那幫專捧一本資本論來衡量天地萬物的角色，並沒有多大好感。用詩來生活，這是我一貫基調。不過，我不願走入享樂主義的極端道路罷了。」

印蒂微微沉吟道：

「也許，我目前的態度有點享樂味。但是，我絕不是玩世的。既然我發覺生命裡有這麼多美，有這許多可以依戀的、沉醉的，我爲什麼不享受呢？這種享受是我內心最誠懇最純潔的呼聲，它也應該是宇宙生命最高價値之一。」

談到這裡，林鬱忽然笑道：

「算了，算了，我們不談這些嚴肅問題了，還是談點輕鬆的吧！」喝了口茶，瞧瞧青色遠山如黛，大聲笑道：「我們談談女人吧！怎麼樣？這幾個月，在西湖邊有什麼羅曼斯嗎？」

印蒂也笑起來，微微諷刺道：

「你看我這樣的人，還有什麼了不起的羅曼斯嗎？」

林鬱聽了，笑著反頂了他一句：

「我看你這樣的人，正該有了不起的羅曼斯。」

印蒂大笑起來，喝了一口茶，忽然低低道：

「老朋友，不騙你，我要報告你一個消息：我在開始愛一個女人。但這並不是什麼羅曼斯。它可能是一個苦刑，對於我。」

「苦刑，你是什麼意思？這個女人是誰？你們認識多久？」

「個中消息，將來再和你細談，現在還不到時候。你只要知道，我已經開始在受苦刑，就是了。一個男人碰到一個女人，常常總要倒霉的。——不過，我並不反對倒一次霉。」瞅著湖面浪花，一尾草魚正從水裡跳上來。「林鬱，你最近的羅曼斯怎麼樣？能不能說說？我相信，你在國外這幾年，對女人的經驗比我強得多。我對此道，過去是從不注意的。」

林鬱眺望遠遠湖心亭，微微帶點感情道：

「對於女人，我實在沒有辦法。假如在我的生命中，還有什麼燦爛冊頁，那就是有關女人的冊頁了。」視線轉向阮墩一帶。「在國外，我也有幾個插曲，將來再告訴你。一個人必須經過這些插曲，才感到青春的可迷戀，以及生活的無常。現在，我的要求很簡單：我只希望有一個女人長期留在我身邊。」

「怎麼，你打算結婚。」

林鬱搖搖頭：「我對結婚不感興趣，只願身邊有一個女人就是了。……大約不久，有一個女人要和我正式同居。」

「誰？」

「她叫妮亞，姓方。是S市某大學的法律系畢業生。她並不美，相貌過得去，性格倒溫和，有些地方，顯得精明強幹。天知道由於什麼緣故，她竟愛上我。我卻對結婚不感興趣。她便遷就我，願意和我先同居兩年。並且，同意我的愛情原則：和諧時，一直同居下去，甚至考慮結婚。否則，兩年內，隨時可分開。我被她的熱情所感動，打算不久和她在一起生活。」他沉思起來。「還有一個理由，也促成我這個決定。不久，我將離開目前這家報紙，擔任S市一個大出版公司的總經理兼總編輯，在社交場合，沒有一個太太不方便。」

「你們準備什麼時候同居？」

「大約一兩個月內吧！」眼睛一直望著湖水，陰暗的道：「生活裡沒有女人，正像墳墓上沒有花。花多了，墳全被遮蓋，再看不出花下面的死亡與陰影。花色映照了一切。這就是美麗的人生。」

印蒂聽了，微微譴責道：

「你怎麼這樣感傷？你有的是青春與熱力，不該這樣色調暗淡。」頭往後仰，笑著道：「我們不該彈這些世紀末的調子了。明天下午，我已約了好幾個朋友划船，痛痛快快玩玩，裡面有兩位女士。」

林鬱抬起頭。「你是說那位提琴家以及什麼景小姐？」

「是的！他明天可以給我們在湖心奏提琴。」頓了頓，輕輕喃喃：「除了捕捉美，在生命裡，我們還能捉到什麼呢？」又輕輕重複兩句：「除了捕捉美，我們在生命裡還能捉到什麼呢？」

# 六

歌聲笑聲在水上飄。兩艘白色遊艇在水上蕩。歌和笑顯然從艇上飄出好一會了。唐鏡青那艘船上，有景藍與鄭天漫夫婦，唐和鄭划槳。鄭太太洗美綉與景小姐斜坐艙中。印蒂這條船，載林鬱與瞿槐秋。印和林打槳。這正是下午一時左右，他們剛從樓外樓出來，一頓豐富午餐，是印蒂請客。

兩艘船並排悠悠前進，船上人一面划、一面談笑，不時點綴歌聲，應和附近別的舟上歌聲，與船舡裡的笑聲，以及午後淡淡陽光在湖面反射的光色，這些光色似也在笑，在唱。快到湖心時，不知誰臨時動議，幾個男人都停下槳，大聲嚷起來：

「啊！吃西瓜！吃西瓜！……」

兩隻船立刻停下，攏在一起。從船艙內，印蒂取出四個碧綠西瓜，分兩隻給唐鏡青他們。洗美綉小姐笑著道：「這西瓜這麼大，可怕極了！誰吃得了這麼多呀！」

鄭天漫笑道：「吃不了，有的是魚。今天我們把牠們吵夠了，也該慰勞慰勞牠們。……哈哈哈哈！」

大家正預備吃，一個難題來了。印蒂皺起眉頭，叫苦道：

「糟糕！我忘記帶刀來了，怎麼辦？這個湖心裡，往哪兒找刀去？」

「找塊石頭來砸吧！」

「這是湖心，哪裡找石頭？」

大家正爲難，唐鏡青從口袋內取出一個東西，笑著道：

「你們瞧瞧這個。」

所有視線都射過去：是一張老人牌保險剃刀片。

大家全大笑：

「用剃刀片切西瓜，哈哈哈哈！」

「你從哪兒弄來這個？」景小姐笑著問。

「今天刮鬍子時，不知怎麼，心血來潮，竟把它放到口袋裡了，想不到也會有點小用處，哈哈哈哈！」

唐用刀片割破綠油油西瓜，瓜倒剖開了。可第二個難題來了，刀片能把瓜分成兩半，卻不易一片片切開。

鄭天漫笑道：「我看，可以再剖一次，每個人小半隻，用手抓了吃吧！新疆不是有什麼『抓飯』嗎？——我們這叫『抓瓜』。」

說得大家都笑起來。

「我看，我們不如學狗吃飯吧！」印蒂說。

大家一時不懂。印便解釋，當年關在牢獄時，同號有一個慣竊犯規，戴上反銬，每餐請人把飯攤在一塊毛巾上，他便學狗吃飯，不用筷子和手。

衆人全笑了，可沒有一個肯照辦，都把手在湖裡洗乾淨了，實行「抓瓜」。

林鬱提議道：「我主張唐先生給我們奏琴助興。」

大家鼓掌附和。

唐笑著道：「不行，今天我不能奏琴。第一、我此刻忙著吃瓜，第二、今天我無意奏琴，所以沒有帶琴來。」

「你今天爲什麼突然無意奏琴？」瞿槐秋問道。

「我們是來遊湖，不是聽琴，並且，一向我總是奏琴，今天不妨有一個『例外』——一生中，一個人總該有一兩個『例外』，對不對？」

景小姐笑著道：「唐先生，今天你怎麼突然對『例外』發生興趣？」

「『例外』像夏夜燈光下偶然飛入的鳳蛾，沒有它，黑夜就沒有奇蹟。」

「可你敢常常製造『例外』麼？——特別是那種眞正永恆性的『例外』？」景小姐聲音很低沉。

「我不敢。『例外』太多了，一個人也不容易活下去。」唐鏡青低下頭，嚼著一片瓜。

突然，洗小姐笑道：「你們看看印先生吃瓜姿態。」

大家轉眼望去，都轟笑起來。印蒂整個面孔全埋入西瓜內，好像臉幾乎已沒有了，只剩小半個西瓜。

「這叫做『埋頭吃瓜』。」印蒂從西瓜裡抬起頭，臉上沾滿瓜汁。

鄭天漫笑道：

「假如是什麼象徵派詩人，一定有這樣的佳句了：

『偉大的西瓜呀，

你現在眞成了我臉孔的墳墓。』……對不對？」

大家全笑了。

今天遊湖，大家都很滿意。一來是人多；二來是兩條船同時划；三來是幾個新朋友一見如故，談得投機；四來是天氣好，不冷不熱。正由於此，連輕易不願唱歌的景小姐，今天也獨唱了一支「夏季最後一朵玫瑰」。唐鏡青也唱了一支「迷娘歌」。除了崔槐秋，每個人都唱了。似乎只有歌聲，才能爲他們帶來花一樣的青春，只有笑聲，才能告訴他們：青春歡樂的眞正內涵。

吃瓜時，鄭天漫搜集被嘴「劫後」的瓜皮，小心翼翼的，堆在一邊。洗小姐問他做什麼用，他微笑道：

「天機不可洩漏，到時見分曉。」

當印蒂臉孔從那西瓜「墳墓」中再抬起時，「墳墓」內已空空如也，只剩下小半盂瓜水，他捧起來，仰面喝著，淡青色網球線衫沾了些紅色瓜汁。

鄭天漫索那小半個瓜皮，印蒂笑著，搖搖頭。

「這個不能給你，你瞧──」

他把瓜皮戴到頭上，正是一頂綠油油的厚厚瓜皮帽，他大聲笑著道：

「剛才是我的嘴巴吃瓜，現在是我的頭髮吃瓜了。嘴與頭髮是弟兄，不能厚此薄彼。對不對？哈哈哈哈！」

大家都笑起來，林鬱笑著大聲道：

「印蒂，你戴這個不要緊，同船有兩位可不能戴。」

印蒂鼓掌笑道：「對！對！同船有兩個人不能戴。」

鄭天漫哈哈大笑道：「你們是不是指我和唐先生？」翻了翻龜式褐色小眼珠：「唐先生的事，我不敢說，至於我，你們看看我的襯衫和領帶的顏色。」

大家望去，他結的是杏黃領帶，襯衫是薑黃的。

鄭天漫笑著道：「據說法國人有一個小忌諱，丈夫如疑妻子不忠，出門時會結黃領帶。可是，每次我陪太太出門，作最高興的玩兒時，我不只結黃領帶，並且還穿黃襯衫，黃外套。所以，你那頂綠西瓜皮帽子，絕對唬不了我。來，印蒂，把你那頂帽子給我，讓我太太今天倒霉個透，哈哈哈哈！」

冼小姐半笑半啐道：「天漫，你今天是不是西瓜水喝多了，心血來潮，竟說起這些？」

「正是西瓜水喝多了，靈感來了。西瓜水全變成靈感，從肚裡向大腦反湧上來，所以想起說這些。哈哈哈哈！」

「喂！鏡青，你怎麼不開口呀？」印蒂大聲笑著說。

唐微微皺著眉，苦笑道：

「什麼黃的綠的，我從不計較。在我生命裡，任何顏色都沒有，因此，任何綠的黃的，我都歡迎。」停了停。「印蒂，把你那頂帽子給我，我很歡喜它。」

「唐先生，當心！我回去告訴你太太。」景小姐笑著道。

「你去告訴我太太吧！說：在生命裡我最歡喜的是——」

他突然不說了。

「唐先生，你怎麼不說了？」景小姐睜大那雙匈牙利味道的火熱眼睛，深深瞋視他。

「我不說了。」他改口對印蒂道：「我有一個提議，我們兩條船比賽一下，從這裡到平湖秋月，看誰先到？」

林鬱把吃剩的小半個西瓜皮也戴在頭上，鼓掌大聲道：「贊成贊成！我們這兩個戴綠帽的光棍和他們對壘一場！」

「你們比賽，當心船朝天，叫我們餵了魚！」洗小姐笑著道。

「鄭太太，你放心！我和鄭先生有把握贏他們。」唐鏡青笑道。

印蒂笑道：「鏡青！你這樣挑戰，我非和你幹一下不行。」

這時候，大家早已用湖水洗了手，印蒂也把手帕浸濕了，洗了臉。一切停當，經過一番佈置，十分鐘後，兩條船開始競賽。鄭洗唐景划一艘，印林瞿划另一艘。

像兩尾文鰩魚，船從水面箭穿過去，迅捷前進。

起先，印的船在前面，一百米後，瞿槐秋臂彎軟了，划得不起勁，唐的船趕上前去。約莫又划了一百米，印船仍落後十米左右。印蒂氣咻咻的著急道：

「不行！林鬱，我們得改變戰略。槐秋划不動，由他管舵，我們兩個專力划。來！把衣服脫掉！背水一戰！」

於是三人調座位。瞿一個人坐船尾，印林二人坐在一起，兩個脫掉襯衫、線衫、長褲、背心，只穿一條短褲，頭戴綠色西瓜皮帽，施盡力氣划著，臉上淋著殘剩瓜汁。

洗小姐大笑道：「你瞧瞧他們兩個？活像剛從海龍王宮裡上來的水鬼。」

說得大家都笑起來。

兩個水鬼拚命划，鬥牛似地，身子幾乎半躺，才划不一會，撲通兩聲，西瓜皮帽落入水中。這樣，僅五分鐘左右，竟越過唐那艘船。

林鬱有恃無恐大聲笑道：「來！來！你們來趕吧！」

正笑著，他發現唐他們改變戰略，由唐鄭兩個專划，唐兼管舵，兩位小姐卻拿起兩把紙扇，在後面拚命替兩位戰士揮扇，景替唐搧，洗替鄭搧。

林鬱大聲道：「不行，他們改變戰略，組織慰勞隊了。瞧，兩位美人全力督戰，替戰士打氣，拚命提高士氣了！」

這一戰略改變，果然生效，唐的船居然趕上來，漸漸追到了。

印蒂大聲道：「不行！不行！我們也得組織慰勞隊才行。槐秋，你不必划了，趕快拿那把破芭蕉扇，替我們兩個輪流搧，給我們打打氣啊！」

印蒂說完，一邊划，一邊便兼管舵。

瞿槐秋大喊一聲，睡倒在船板上，垂頭喪氣的笑著道：「什麼慰勞隊不慰勞隊，我一點力氣沒有了，讓他們趕上來算了。」

印蒂焦急道：「啊呀！你這個臨陣脫逃的敗將。我們碰見你，眞倒霉透了。來，林鬱，我們拚命划！拚命划！加油！」

他們兩個，失火似地，划了七八分鐘，終於放心了。原來唐鏡青他們這一陣急追，已施出程咬金最後三斧頭。眼看仍追不上，不禁氣餒，無能爲力了。雖有慰勞隊從旁竭力慰勞，不斷揮扇，船仍落後印林十幾米。

林鬱見他們追不上，大聲笑道：

「看吧！還是我們獨佔鰲頭，你們雖有什麼娘子軍和慰勞隊。仍是趕不上我們。哈哈哈哈！」

話尚未說完，一片西瓜皮竟飛過來，正打中他胸膛上。印蒂放下槳，大聲笑道：

「好！他們划不過我們，採取『瓜皮戰略』來報復了。這是天漫發動的，剛才他到處搜集西瓜皮，我早就知道用意不善。」

兩人一眼看去，鄭天漫果然停止划槳，把那半個西瓜皮一片片分裂開，投過來，主要的是攻打兩個水手。唐和兩位小姐先是旁觀，不久也參戰了。林鬱笑著道：

「他們已下總動員令了。我們必須立刻應戰才行。我們那兩頂綠帽子呢？」

印蒂笑道：「綠帽子早掉下水了。」話還未完，一片瓜皮已打到臉上，砸得他滿面瓜水瓜汁。他大聲喊道：「不行！不行！我們要反擊！」

瞿槐秋躺著笑道：「我不參戰，保持中立。不過，我可以供給你們軍火。」他把自己那半個瓜皮分給他們，接著，大聲向對船喊道：「我是瑞士！保持永久中立！請你們不要向中立國投彈！」

鄭天漫大聲道：「你不是瑞士，我們不承認你中立！剛才你把大批軍火供給我們敵國！」說完了，他向這位「瑞士」投了顆綠色炸彈，正打在他腳上。

林鬱對印蒂道：「我們必須採用新戰略才行。他們的軍火比我們多三倍，我們只有這半個西瓜，必須每一片掰得小一點，節省彈藥，集中火力，攻擊敵人弱點：專門進攻兩個娘子軍。這樣，戰事可以速戰速決。來！來！我們把船划過去，離他們近一點。」

印蒂深以爲然，把船划到離敵人火線七八米處，突然集中瓜皮，向兩位小姐猛攻。洗小姐臉上登時命中兩彈，景小姐臉上也中了一彈。景小姐銳叫一聲「啊」，洗小姐跟著也尖叫起來，大聲道：

「不行！不行！停戰！停戰！我們兩個宣布無條件投降！」

林鬱大聲道：「不行！要你們內閣總理和外交部長宣布停戰！」說完了，又向景小姐投了一塊瓜皮，正打中她胸口。

景向唐笑著道：「你趕快宣佈停戰吧！要不，我這身白綢子旗袍全完了，瞧這片紅色瓜汁。」

唐鏡青大聲道：「本內閣總理向你們要求休戰。趕快停戰！」

印蒂大聲道：「要無條件投降！」說著，又向洗小姐擲了片瓜皮。

鄭天漫反抗道：「不行！我們又沒有戰敗！……」

臉上又吃了一塊瓜皮的洗小姐、拉住鄭的膀子道：「算了！算了！就答應無條件投降吧！要不，我這身襯衫，會變成花襯衫了。」

鄭大聲道：「好！好！無條件投降！無條件投降！」

印蒂大聲道：「來！來！先履行三個條件：第一，內閣總理唐鏡青與外交部長鄭天漫立刻宣布下台，由兩位小姐組織求和內閣；第二，馬上全部繳械，把所有剩餘西瓜皮交出來；第三，——」他吃吃大笑起來：「新任內閣總理景小姐和外交部長洗小姐各唱一支象徵和平的歌，表示投降。」

「哈哈哈哈！……哈哈哈哈！……」林鬱大笑起來。

「好！好！全部接受，全部接受！」唐鏡青笑著道：「這簡直比第一次大戰時凡爾賽和約還兇。不過，我要聲明，今天我們的失敗，不是軍事失敗，而是政治失敗。婦女在干涉政治，我們男人不能不接受。無怪乎第一次大戰時，羅曼羅蘭拚命向婦女寫信，鼓吹和平了。——」

大家都哈哈大笑起來。

在景小姐歌聲中，一場水戰告終。景曼妙的唱著Paloma，情緒愉快極了，她的身子微微貼著唐鏡青。她的歌還未唱完，忽然撲通兩聲，兩個人跳下水，是印蒂和林鬱。原來兩人短褲裡面還穿著游泳褲，早預備游泳的。

印蒂慢慢仰泳，躺在湖上，笑著道：

「讓我們躺在水上聽歌聲！……」

林鬱也仰躺水上，笑著道：

「讓我們睡在湖藍裡聽歌聲！——這是大戰勝利的酬勞！……」

「眞糟糕，這一下我們又失敗了。我和唐先生都沒有帶游泳衣來。……今天這兩個光棍水鬼、風頭出足了。」鄭天漫笑著道。

印林兩個聽著歌聲，向湖中游去，好一會，才游回來，每人面前都漂了小半個空西瓜。剛剛那兩半個落在水裡的瓜皮，他們又找到了。

兩人水淋淋的回到船上，把碧綠西瓜皮戴在頭上，坐在船首，一片片水不斷從瓜內淌下來，樣子眞像水晶宮裡兩員蝦兵蟹將。他們哈哈大笑起來，笑聲震徹湖面。所有其他幾個同伴，也哈哈大笑起來。

## 七

船抵平湖秋月，大家上去喝茶，又飲鮮橘汁與沙士汽水，佐以青梅、陳皮梅、九芝橄欖，並沖了幾碗桂花藕粉，足足盤桓了一小時，才盪舟到蘇堤橋邊柳樹下，繫好纜索，決定在樹蔭下憩一會。

印蒂早已換好白色網球線衫與白色番布長褲，正斜躺在已經抹乾淨的船板上，沉迷的讀著普希金的詩：

啊，笛麗娜，你美麗的，
你知道那個無邊的地方，
那裡閃耀著明亮的，
金黃色的戀愛星光。

……………………我們在靜夜裡走，
我們只感覺幸福，
明朗的金色星斗，
偷聽我們愛的氣息。
時間在飛走！
我的臉頰燃燒得熱咻咻，
啊！笛麗娜，投到我懷裡來吧！
……………………」

印蒂讀著，一遍又一遍的，無限沉醉而迷戀。

林鬱仍未換游泳裝，他的棕黑色軀體、赤裸裸的斜躺在水濱青色石板上，一手枕腦勺，視線與湖平面相齊，傾聽印蒂的讀詩聲，不時用腳輕拍湖水。

瞿槐秋向一個本來垂釣的農家孩子臨時借過釣竿，在柳蔭下垂釣，一聲不響。

鄭天漫兀坐舡頭抽煙，脫了鞋襪，把赤腳放入水中，任一些小魚軟軟的嘴咬嚙。

洗美綉小姐和景藍小姐在一邊低低談話。洗的玲瓏嬌小的身子，斜靠艙內白色長沙發座位上，兩隻天眞的小眼睛不時凝視景小姐。

唐鏡青獨坐船艄，對水沉思，臉上一片恬靜。

一切都是靜悄悄的。除了樹上偶囀著芙蓉鳥聲外，只有印蒂抑揚頓挫的讀詩聲。

「啊！笛麗娜，你美麗的，

你知道那個無邊的地方？

……………………………」

不久，這幅靜境被一幀新畫景打破了。

不知何時起，景小姐上岸散步，竟找到一根長長紫籐枝條，上面纏著綠色長春籐，她悄悄走向附近橋邊，爬到一棵粗壯短矮而彎曲的老柳上，離地約二尺多高。她坐在枝椏間，把長長籐枝條投下來，春籐綠葉不時拂著唐鏡青的方方臉龐。唐不開口，默默抓住紫籐條。

林鬱發現這一景，愉快的大聲道：

「看啊！朱麗葉出現在陽台上了。」

聽見聲音，大家轉過頭來，視線全射到景小姐身上。景的臉孔微微泛紅，倒很興奮而愉快。乘唐鬆手時，她有意把紫籐從唐身上挪開，拋到林鬱臉上。林抓住它上面的長春籐葉，大聲笑了一下，又把它投入唐懷裡，唐笑著推開，愉快的道：

「今天的羅米歐是詩人印蒂，你們瞧，他躺在船上朗誦普希金的詩態！」

景多情的笑著，把長春籐綠葉投到印蒂臉上，撩著他的嘴唇，印蒂仍舊迷戀的唸著：

「時間在飛走！

我的臉頰燃燒得熱咻咻，

啊，笛麗娜！投到我懷裡來吧！

……………………………」

唸了兩遍，他瀟洒的笑著道：

「今天不管誰扮朱麗葉，對不起，我得——」

他一手輕捉住紫籐，輕輕吻著它上面的長春籐葉，醒醉式的溫柔道：

「我希望：世界上每一個年輕而美麗的少女，都是朱麗葉，都有勇氣從陽台投下長春籐葉。……」

視線轉向船艄，他把紫籐枝條、又投到唐臉上，這一下，唐可不放鬆了。他模仿印蒂前例，不斷吻著綠葉，但他的吻顯然是熱烈的，沉迷的。

樹上景小姐面孔醉紅，一雙眼睛直直俯視著唐。

印蒂這時提醒大家，輕輕朗誦式的道：

「現在，

讓我們各人仍做各人的：

釣魚的釣魚，

唸詩的唸詩，

躺在水邊的躺在水邊，

在水裡洗腳的洗腳，

…………………

這樣，才不致驚動朱麗葉和她的羅米歐。

讓羅米歐和朱麗葉沉醉在『他們的時間』裡吧！」

說完，他又沉溺的唸起普希金的詩。

大家果然不再專望唐景兩人，各自恢復原態。

樹上人似乎聽見印蒂的話，又似沒聽到。她的眸子燃燒式的，凝望握著紫籐者。唐的臉孔霞樣放光，那雙一向謹嚴的眼睛，也塗上浪漫的火燄意味。他把臉孔埋在圓圓的長春籐葉裡，不時抬頭看樹上。

一陣輕盈的誦詩聲又從附近響起來。

「啊！笛麗娜，你美麗的，

你知道那個無邊的地方？

…………………………

時間在飛走！

我的臉頰燃燒得熱咻咻

啊，笛麗娜，投到我懷裡來吧！

……………………………」

這片詩聲、只有一次被笑聲打斷了。

那是瞿槐秋的笑聲。一尾小小銀鰱魚在竿上活蹦亂跳，閃著光。他高高扯起釣竿。

## 八

將近一小時後，船又前進，駛得慢，兩條船常排在一起，大家好說話。他們閑話西湖山水，談笑風生。談到西湖的山時，印蒂帶著極度激賞的神情，愉快的笑著道：

「西湖的山不是山，是一種活動幻景：晴天有晴天形象，雨天有雨天形象，薄霧裡的山、早晨的山、日午的山、黃昏的山、陰雲不雨的山，……各各不同，奇妙極了。居西湖邊，我最大興趣，就是捕捉各式各樣山態。」

洗小姐笑著道：

「印先生能不能把捉到的山態，告訴我們，也讓我們開開眼界？」

印蒂笑著道：「說來也平凡，任何一個人，遊湖時只要稍稍留心觀察，便可發現湖山許多異態。不過，我究竟不是看山專家，否則，我應該能捕獲它一千幅以上形態。世界上沒有兩種絕對相同的光和影，也沒有兩片絕對相同的天空雲彩，更沒有兩份絕對相同的情緒。根據這三者的差異，按道理說，不只每一次看西湖的山，都可以發現異態，甚至一天中，一小時內，全可以發現好幾十種異態。不過，人眼與感覺究竟還沒有發展得那麼敏銳，只要能把握住十幾種主要變化形態，也就算可以了。」

「哪十幾種呢？」景小姐極注意的問。

「大體說來，可分四種：晴天的、雨天的、陰天的、陰晴不定的。按道理，應該還有——雪天的，但我還沒有在這裡度冬天，不敢說。……雨中的山，常從有形變成無形，起先，山是暗暗的模糊陰影，沒有線條，被淡淡灰色霧所掩映，山變成另一種存在的陰暗投影，似乎不是一種主體存在。漸漸的，霧越來越重（大約總是下午），山的陰影慢慢消失，湖面只剩一片淡灰發暗的霧。假如不是賡續落雨，霧很輕，山的線條依稀可辨，整個形相頗沉重，彷彿要深入人心的樣子。雨過天青了，山一碧如洗，原先沉悶的陰暗，也愉快了，山像玉樣的玲瓏透明。雨後出太陽，如果是上午，山色非常輝煌，下午，山色的光彩稍稍軟弱，但仍極美麗。陰天的山，即使有霧，只要不和暮色混在一起，山仍可見，是一種美麗的陰影。陰晴不定時，山的三部曲，由陰到微明，再到晴朗。或者，由晴朗到微明，再轉陰。陰時的山，形影涵蓄極了，像藏有許多種東西，不肯露，待微明了，便一部分藏，一部分露，藏的色是暗色，深青的，露的色是淡淡白色，似淡淡白霧帶隱約纏在山色中。再晴明了，便大部變成淡淡的灰白色，這灰一點不沉悶，愉快而空靈，山體一片空明，光的勢力全部抬頭，影的力量極薄。這其間的情韻，米元章的淡墨山水畫寫出一點，但依然不能抓住它全部的變化與光影。如在晴日，陽光太強，山太亮了，有時形線反而模糊了，全隱入極亮的山嵐裡。朝日上昇，剛入東天，山的形象最清楚，也最清醒。午後，柔和陽光中的山，同樣清楚，但有點懶散和醉態。最好是：陽光大多隱在雲際，只透濾過雲層，射出強烈光芒，而不直接射，那麼山的形態更美了。那是一片淡綠色的靈幻神影，淡綠中，微帶淺淺鵝黃及淡淡天青，整個色彩的絢爛，縹緲，到了極點。這時，你才能了解西湖群山的特殊秀麗，與空靈感。不過，我最愛由陰轉晴的天氣，當大部分天空還不十分透明時，已有一線陽光自雲層漏出，大部份山都表現深青色和暗色，偶有一兩座山峯，卻露璀璨色彩，又淡綠、又鵝黃、又天青，接受了陽光的投影。在所有深色群山掩映中，這一支淡而燦爛的山峯，實在神韻極了！……像今天這種天氣，算是屬於陰晴不定的天氣，——」

印蒂與高采烈的說著，正想談當時天空、氣候、與山色時，林鬱忽然止住道：

「你不要再談山景了，你們看看這幅活動人景，這片美麗的人景！——」

大家順著他的手指望去。

一艘遊艇遠遠掠來，艇上躺了個少女。艙內兩隻活動的白色長沙發靠椅，一隻被拆開，與另一隻拼成一張躺榻，她正好斜睡在上面，頭下是一個白色枕頭。她穿一件白色西式長裙子，寬大的裙襬摺扇樣舒展於榻上，在多摺疊的荷葉圓圓領口上面，是一副天空樣明淨的臉龐。她長長而鬈曲的黑髮，披散在白色枕頭兩側，她象牙黑的深眼睛凝望群山，她猩紅的嘴唇溫柔的閉著。她的裸腳下，是一冊版畫集、一本詩集。這白色少女，苗條而修長的斜躺在白色躺榻上，微彎著一條裸臂，臉朝右枕在臂上，整個視線沉入山光水色中。她那雙湛黑色眸子，像一對黑色泅泳者，自由游在淡青水影裡。她的白色長長形態，是那樣幽靜，撫媚，帶點鬆放，懶散。她面部情緒是那樣溫柔而微醉，旁觀者無法不被吸引。她此時形相，有點像美國惠斯萊畫裡的少女，但神韻卻是東方的。

舟子也是個少女，不斷划著，這艑艇越來越近了，終於掠印蒂他們的船而過。少女並不抬頭看他們，仍沉靜而柔媚的仰瞰群山，似在明亮的早晨，斜臥床榻，追昨夜夢景。

唐鏡青忽然大聲召喚：

「瞿小姐！瞿小姐！」

被喚的人驚醒了，並不坐起，仍保持原姿，往他們這兩條舡船望著，在枕上向他們點點頭。

「瞿小姐，歡迎你過來參加我們。」景小姐笑著大聲招呼。

艇卻掠過去了。

「縈妹！你來參加我們的玩兒吧！」瞿槐秋也招呼著。瞿縈並不抬起臉孔，只揚舉左手，輕輕向他們搖搖，表示否定，接著，她不斷點首，編

林鬱的視射一直跟蹤它，直到瞧不清了，才有點戀戀的，微微驚奇道：

「怎麼，這是瞿先生的妹妹？」轉頭問印蒂：「那麼，她是你表妹？怎麼從未聽你提過？」

瞿槐秋從船艙拾起一塊西瓜皮，輕輕投到水裡，微微諷刺的笑道：

「我妹妹是個怪人。你瞧，剛才竟那樣無禮，連話也不答一句。」

「縈小姐很有個性。」唐鏡青辯護道。慢慢沉思。「個性是花，一個女子，形體上沒有花裝飾或襯托，總美得不深刻。」

「怎麼才叫有個性呢？」景小姐微笑著問道。

「有獨立的主張，並且有獨立實行這一主張的勇敢與意志。」

「那麼，你以爲，一個男子該不該有個性呢？」景小姐笑著問：「又假如一個男子有獨立主張，卻沒有實行它的意志，這算不算有個性呢？」

唐鏡青微微掩飾道：「那當然不算。……一個男人應該有個性。假如他有個性，而又不徹底，如你所說，那他自然是個很可憐的人，比沒有個性還壞。」沉思著。「世界上可憐的人是很多的！」

景小姐聽了，凝思不語。

林鬱把話題轉到原點。

「剛才槐秋兄說瞿小姐是個怪人，我們願意聽你說說她的怪處。」

瞿槐秋道：

「我所謂『怪』，並不是說她『古怪』，或者『怪僻』，而是指她『奇怪』，前兩種『怪』並不一定有道理，第三種『怪』、是有道理的『怪』，只是一般人有時不能明白，這才覺得『奇怪』了。因此，嚴格說來，她只是有點神秘而已。」

印蒂沉思著問道：

「她剛才沒有向我們說話，你是不是認爲，這也是一種『奇怪』？」

瞿槐秋點點頭。「這自然是一種奇怪。」

印蒂微微沉思道：

「這不算『奇怪』，以我猜想，她剛才恐怕正沉迷於山色中，有點恍惚了，所以一時才想不起說話。當我們被另一種神異事物吸引時，有時也會這樣的。」

林鬱同意道：

「我同意你的意見。我剛才所以那麼驚訝，讚美她是一幅美景，一部份也正因她這片恍惚。她那樣微微蜷曲的躺著，像貓，溫柔而懶散，有一種懶洋洋的美，懶美。同時，她白色的連衣長裙子，白色的睡榻，以及她斜乜的躺著的神態，也創造出一種病院情調。她似乎把一間美麗的病室搬到湖上，扮演一個新痊癒的病人，臥在病床上看山看水。這山這水已夠柔和了，再加上一點病室情調（病人其實沒有病了），一切更柔和了。一個人只有躺在床上時，才能綺麗的做夢、幻想。在這片湖水上看青峯，應該有一份極度飽和的夢態及幻境，才能徹底領略山水的色和味。瞿小姐顯然在揉雜下列幾種成分：病院、懶散、懵、幻想、貓感，把這幾種成份配合了，再來感受山的空靈縹緲，水的青色幻彩。……所以、我說她的姿態實在美。」

洗小姐笑道：

「經林先生一分析，瞿小姐眞變成一幅名畫了。」

瞿槐秋微笑道：

「林先生的觀察，有一部份是眞實的。剛才我說我妹妹『怪』，是有道理的『怪』，原因正在此。她不管做什麼，總有她的一套意見、一套看法，甚至一套哲學。她玩湖，和我們的玩法不同。她不歡喜划個一陣，把船泊在三潭印月，或斷橋邊，或湖心亭畔。她愛船不斷走動，慢慢流動。她愛躺著，像剛才那樣，吩咐船夫用四種方式，以十字形在湖中划。先是從湖極南達極北，她斜躺著，從臉的左側觀巒山側影；再從北到南，以臉的正面看山的姿影，再自東而西，仰躺著，直望湖的岸際；再由西往東，臉背著湖濱，瞰視孤山群景。這樣，船先後不斷在湖裡畫大十字形。她不時側臥，群山便形成一條彎曲的青色弧線，她的視線與弧線相平，她整個人似乎就睡在山青裡。這樣，船悠悠飄過去，有意無意的，她不時掠視，讓山巒青青的在左邊從眼際穿過。然後蕩回來，山青青的在右側從眼底掠過。之後，再直面向孤山盪去，人直直投入風景懷裡，越來越近，船似乎筆直駛向景色。最後又往岸畿去，山不再出現，眼內只是一條長長綠岸。弧線沒有了，剩下直線。大自然沒有了，她又看見人間。岸上有人有煙。她說，她最歡喜像剛才那樣斜躺，不斷讓船長長飄過來，再長長游過去。她睡著，閉上眼，一睜開，山光水色紛紛撲入枕上，這叫山意青透眉梢，水色綠透香鬢。這會兒，並不是她找山，是山找她。並不是她找水，是水找她。一切有意無意的，自然而縹緲。永遠的過渡著。永遠是旅客。毫沒有沾滯與執著。人也化爲山光水色的一部份。因此，她玩湖，不是一整個上午，就是一整個下午，一兩個小時，她是不過癮的。她絕不到什麼名勝古蹟處，只讓船不斷在水上飄。今天，她所以不願參加我們，理由是：欣賞風景不宜人多，否則，情緒裡裝滿同伴的感覺與聲音，留給自然風景的空間就很少了。」

聽完了，大家都表示激賞。冼小姐笑著道：

「瞿小姐眞是個聰敏人兒，觀察犀利。相形之下，我們是鈍感如牛了。」

鄭天漫安慰式的笑道：

「太太，你放心。在我眼裡，你永遠是天鵝，不是天牛！哈！哈！哈！哈！」

大家都哈哈大笑起來。

林鬱推了推印蒂。

「怎麼樣？」

「什麼『怎麼樣？』」印蒂反問。

林鬱低聲獨自對他一人道：

「你有這樣的表妹，爲什麼還過那種修道院的孤居生活？」

「剛才在樹蔭下，你不看見我正拚命唸普希金的詩篇嗎？」

林鬱笑起來。

印蒂忽然改轉話題，懇求式的道：

「林鬱，我要求你一件事。」

「什麼事？」

「明天不回上海，在這裡再玩一天。」

「爲什麼？」

印蒂微微躊躇道：「你一走，我就感覺孤獨了。」沉思一下。「我預感到，一片沉重的雲彩在等著我。」

「在你的天空，可能隱潛一顆最華麗的星子，它還從未向你明亮過。——悄悄飛入雲際，把它摘下來吧！」

林鬱拍拍他的肩膀。

「朋友！放勇敢點！」

……………

五分鐘後，船上又響起印蒂的沉迷的唸詩聲：

「啊！笛麗娜，你美麗的，

你知道那個無邊的地方？

那裡閃爍著明亮的，

金黃色的戀愛星光。

………………………」

# 第六章

## 一

他曾爬過崢嶸高峯，他曾越過崪嵺危巖，他曾衝過暴風雨，他曾抱過大烽火，他曾在刀劍火燄中，穿過死屍與血，他曾深入古邃幽谷，險峻壑底，他曾漂浮大海，諦聽怒潮水，現在，他卻面臨一片永恆黑暗地極。在這片永恆黑黯中，有神秘的裙撐、車磨、瑤草、岩瘤、血猩、和金鳳鞵，黑裀裀動輪似在輠轉，綆帶似在輵旋，強力的鋼鐵搭著柔膩的織繡，無窮的蔓纏連著劍擊。這一切，構成一幅奇異複雜的浮景。這幀浮景，這永恆黔黑地帶，叫他驚奇、震駭，終於被它全部鯨吞。他不知道，自己究竟遭遇些什麼，事事物物光怪陸離，荒唐怪誕，他記憶裡，從未黏附過這些。這黲黑空間，整個迷住他，它那巫覡似地魔惑，洞窟般的黯邃，岩床式的強度，以及那埋在流沙裡的聖赫勒石窟畫樣的迷暗畫調，……。他從未想到，一種黑暗也有這樣叢雜的華麗性，黑暗的蹼膜，竟有這樣妙異的舞拍。他精神上的儲蓄全部用出來，還不足以支付它們的需索。不知不覺，他失足跌入這一片漆黑，他還自欺自騙，自以爲是慢慢逛進去的。這樣簇新而險隘的墨黑！這樣赤裸而巫性的永恆！——她正是這樣一片活動著各式玄秘浮景的永恆黑暗地帶。在她身邊，除了想抖顫，他再沒有更好的慾望。

一生中，印蒂此刻所邂逅的晦暗鏤景，是一片極度奇譎。這種黑暗，和他過去所遇見的都不同。過去的是一片痛苦，這個卻是一種略帶酸味的酡醉，它不叫他破裂，卻使他酩酊。即使破裂，也帶著饕餮性的滿足，而不是絕對窒息。所以如此，主要是：他所邂逅的黑暗，是一種永恆的美。它不會脅迫他，卻永遠蘇解他。假如自南洋起，這一年來，他曾找過美，那麼，它此時不再虛幻，像蝶翅樣飄忽，卻固定於一個浮雕式的眞型上。從純粹幻覺到眞實形像，這正是他一年來的眞實過程。在已消逝的若干年月中，他所追求的，從沒有這樣眞實、圓全。這一片柳煙花雨，比那一片血火吼聲更眞實、更深刻。它們就是它們，絕不再張羅佈網的欺騙他。相形之下，往昔十年，他那些掙扎和奔走，只是離人性越來越遠。目前，他才算眞正走向人性內核。這種超絕的精緻與溫情，他沒有理由不被黏住。假如他眞尋找生命，最絕對的生命，它們不在這裡，還在哪裡？如果眞理能叫人性美，它不在這裡，還在哪裡？北方的流浪，北伐的進軍，武漢的圍城，大革命的火燄，地底工作的裀黑年月，牢獄的痛苦，那些吼聲，比起這一汪靜靜湖水，這幅「蒙娜麗莎圖」，全是一些高貴的謊騙。它們樣子越高貴，也越謊騙得厲害。在那些莊嚴大纛旗下，他失去的是自由，得到的是殘酷。它們慣拿誓詞當瓶花，拿約言作窗景，成天到晚，想方設法，用繩子綑別人，也綑自己；卻又打疊起千百個「明天」，成筐成籮的「未來」，指著鼻子告訴人：這就是一切！千百個「明天」過去了，千筐萬籮的「未來」過來了，世界還是這個世界，流水還是這個流水，狗依然到處咬人，馬戲團依舊到處吹唱，「正義」宮內依然得灑遍香水，才有人進去。……比較起這一切又一切，他今天所遇這軸迷魅畫景，眞是最簡單樸實，他有什麼理由拒絕？他心甘情願，走向這個迷人的永恆黑暗地帶。他願意她綑綁他、踐踏他、蹂躪他。在她這個地域，他所獲得的，即使是痛苦，也是一種誠懇而美麗的痛苦。

於是，他對這永恆黑暗地極，開始沉思，並向它滲透。

無論他孤獨在湖濱、在家裡，她永遠向他蹿舞，包圍他、眩惑他。她是一幅永恆！一泓美！在她身旁，他常有海感、天空感。她是一朵不凋謝的佛世界蓮花，永遠火紅紅的開放在他記憶裡，掩映著神秘的綠色大葉。她個性裡，有深邃而轘裂的一面，也有明淨淺淡的一面。有時候，她鶴響天高；有時候，她繁弦急管；有時候，她斜風細雨；但經常卻是繁陰閉鎖，千曲欄杆，一片霾暗。她深氣的象牙黑眼睛，猩紅的嘴，常引誘他聯想起未開發前的原始非洲叢莽情調，那些急促的林鼓和火光。但她卻從不把這些給她看。在他面前，她常水流花靜，荷幽竹邃，像一個古代飄乳鵝裙的少女，身上繚繞餳香和宮煙，出現於紅樓青窗邊，帶著夢的情緒，凝望遠處迷煙中的柳葉慢慢醒來，她自己似乎也是這樣一片柳葉，打算徐徐甦醒，可又讓嫂裊迷煙裹住一切，不叫煙外人窺出她分毫本象眞景。

這女人的力量那樣大，他到哪裡，她就跟到哪裡。她像一株銀杏樹，在他精神內層生了根，任何一縷輕微的聯想的風、都會叫樹葉子一片響、枝杈一陣幌。她已變成他情愫的一部份。他的情緒不抖動則已，否則，她就會發聲散音。她神秘的潛伏於他身邊陰影中，低下頭，在黔暗中守著他，只要他一轉眼，她就站直了，遮住他所有視線。就這樣，慢慢的，越來越深的，她潛入他裡層，與他血液混成一片。除非他流完所有的血，她不再退出。

她是個幽靈，白裡黑裡跟住他，她好像追蹤哈姆雷特的鬼魂，主角一天不死在劍下，一天就不叫他平安。她已成爲他的一種命運，但分量卻又比命運重。她纏定他了。他已著了她的魔祟，只好讓自己越沉越深。他無法管住自己，她對他的誘惑像十年前那個神奇召喚一樣偉大，不可抵抗。她天生爲召喚他而來的。她存在，就爲了給他一種威脅，且叫他接受。

她所有威脅中的最大威脅，就是她的沉默與冷淡。回來之後，自從那個下午，在花園內和他談了一次話，她沒有再和他單獨說過話。即使有時候，當他們偶然單獨剩下時，她也很快走開，設法避免和他接觸。路上遇見了，她只淡淡招呼，最多一兩句簡單寒暄，絕不與他多談。有時候，發生一點實際事務，必須和他談話了，也只談事務範圍內的話。她顯然盡可能擺脫這類事務。她更顯然盡可能避免和他接近。她這種冷淡，沉默，很容易的，他發現一些做作成分，但他不知道她爲什麼這樣做？這樣作？他找不到她應該沉默的理由。他從來沒有得罪她。平常，他更處處留心，設法不傷她的尊嚴。在人面前，他更特別固守一份極迂謹的禮貌。他不知道，她爲什麼冷淡他？疏遠他？唯一的理由，只能歸於她本性的神秘。或許，她一直就是這樣神秘無稽，閃爍不定，叫人無從捉摸。

「可是，一個年青少女，爲什麼一定要表現得這樣神秘呢？爲什麼她總把海上那片微妙幕景開展在四周呢？」

他千思萬想，總猜不透。他認爲，一個人即使神秘，也該有理由。她目前所表演的，卻毫無一分理由。特別是，她對家中任何人，以及其他外客，都顯得風度瀟洒，言語得體，舉止溫存而有禮貌，一切正正常常，毫無悖惑處。唯獨對他，卻這樣嚴峻，冷淡，森然不可親，這更叫他想不通、猜不出。他只能不斷重複下列一些思想：

「對於我，她現在是一片霧景。……她只是一片霧景。……現在是白晝，是在大地上了，她仍展出海上月夜的姿態。——這是一個永遠把自己深藏於月夜海景內的女人。……這是一個永遠扮演『謎』的角色的女人。她永遠不希望我理解她。更不希望我重複那七個海夜的角色。」

## 二

表妹的家居生活，簡單而安靜。她大部分時間、不是看山看水，就是蹺伏在高樓上，埋首書卷，她經常翻閱一些哲學書，有時雜幾本小說與詩歌。她很少交友，也沒有什麼人來看她。她有意避開社交活動，盡可能保持生活沉樸。她似乎不是一個有血有肉的少女，而像面色蒼白的修道院女尼，日夜爲一種玄麗思想所纏裹，把自己隱遁於一片超脫光輝。不同是：這並不是一個由修道院到修道院的女尼，而是從大江大海滾入幽靜修道院的女人。

歸來第二個月起，她的生活微微有點改變。她買了架鋼琴，開始向本地一個藝術學校的外國教授學琴（她過去曾彈過兩年琴）。每天下午一點到四點，她總坐在披霞娜面前，練三小時，姿態嚴肅而專一。發覺她這個改變，印蒂生活日程也有了點變化。每天下午，他不再划船至唐鏡青水榭下聽琴，卻到她家裡。下午三點左右，他必出現於花廳東南那隻鵝黃沙發上聽她練琴，風雨無阻。聽完琴，有時留在她家裡吃晚飯，有時單獨回去。她發現他，毫不詫異，也不特別注意他。彈完琴，她只和他淡淡招呼一下，逕自上樓，回房。這樣，一個月兩個月過去了，一切無變化。他們的關係似變成機械反應。

可是，在印蒂私生活中，卻開始驚濤駭浪的新頁。

假如他的生活是一座聖殿，此刻，殿中央那幅唯一聖像，就是她。他全部生活以她爲核心。每個早晨，一醒來，他就帶著隔夜的繾綣和溫情，向她寫信，這些信從不發出。他只是不斷寫，天天寫，寫了，收在一邊。她愛彈的幾支舞曲、夜曲、與歌劇插曲，他全買來片子，經常在話匣上播出，這使他駢想她彈琴的姿影。除了白色、銀灰色、暖棕色、淡黃色，他不愛穿別的顏色；他襯衫上也永遠輪流結著這四色領帶，因爲這是她歡喜的幾種色彩。他瓷瓶內常簪插紅花和白花，因爲她花瓶裡也常插這兩色。在影劇畫報上，發現有一張多少與她類似的臉孔、身型，或像她的眼睛，或似她的眉毛，或她的髮式，或她的嘴唇，或具她的身材，或有她的情緒或氣氛，不管這個「像」與「有」是深是淺，他剪下來，貼入一本裝璜精緻的相片冊，冊首題一行字：「拼湊起來的她！」從此，他很少撰理論文字，大多只寫詩與散文，每篇大都描畫她。從那幾個海夜寫起，記錄他全部有關她的感覺和思想。他會用四千字紬繒她的微笑，用三千字記述她走路姿態。在他心底，她像一個宇宙，永遠畫不盡、描不完。

每次獨自泛舟，專爲長久沉思她；他恬坐柳蔭下垂釣，爲了傍湖水濱想她；他爬北高峰頂，爲了兀立高山巔幻想她；他到玉泉觀魚，爲了從魚群唼喋聲中思念她；他玩九溪十八澗，爲了在溪澗回憶她；他遊靈隱，爲了在巨大古樹畔冥想她；他躺臥草地上曬太陽，爲了在陽光下幻覺她。有一個下午，他知道她又單身在湖中蕩艑舟，他特別買了架望遠鏡，攀西泠山頂平台上，對湖水眺望了半天，視線一直跟蹤她那艘船。……

常常的，他遠遠佇立一角，凝視她的側面，她整個形姿似乎是他全靈魂的輻輳點，他能怎樣捕捉它，就怎樣捕捉。

她一直住在花園洋樓上。拜六晚上，有時姨媽留他睡在家中，翌晨，一定起得特別早，入花園散步，不斷偷窺她的樓窗，等待她穿著白色大睡袍做開窗子的清晨面影。夜裡，他在她樓窗前尤加利樹下長久散步，只爲了樹下有她室內瀉下的燈光，它叫他思想寧靜，心靈舒貼。有時，他站在樹下，久久瞋望那一排吉紅色燦爛玻璃窗，以及窗兩側的長長白色帘幃，只爲了等待那偶然掠過的苗條形影。她花瓶內的菊花、紅蟹爪或白龍眼，每次被扔到花園一角時，他總偷偷帶回來，珍惜的蒐藏著。她髮上的一朵黃色絨球菊，很湊巧的，在她樓窗下發現了，他拾起來，像夾一葉蝴蝶似地，夾在日記本中。每次翻開本子時，他必低下臉，深深呼吸它，輕輕吻它。雖然它早已殘萎了，他仍感到異樣芳香。

這一切又一切，他默默做著，從不讓她知道。他像彈一架秘密的琴，不讓任何人聽到琴聲，甚至也不願自己聽到。既然話語已失效，他就該用它以外的符號。既然動作已嫌膚淺，他就該用它以外的姿態。

他不再急求和她多接觸、多交口。即使接觸，也保持一個適宜距離。他這樣做，並不甘心。但他深刻敏感：要爭取這樣一個性格奇怪的魔魅少女，他不可能用一般社會方式，或像浪漫小說所刻畫的風格，她既不是屠格涅夫筆下的少女，也不是法國浪漫派小說中的女人，她有她獨異的個性、獨立的思維、和獨特的意志。那幾個海夜和現在，她前後判若兩人，他不能理解。但他覺得：從這種帶痛苦味的離奇中，他倒能咀嚼一些平常絕無法覿面的情緒。

她的冷酷與嚴峻是一叢尖削巖壁，它們逼他沉入較深遠的心靈巖谷，擁抱谷底的淵偉情調。確確實實，他過去絕未經驗過它：一種又悽酸又溫馨的感覺，一種略略滲甜的苦味。以前那些痛苦和激情，比起現在來，脆薄空虛得多了。他目前所感受的，絕不帶分毫浮誇，也沒有幽秘的玄學味，一切全來自感情谷底，「人間」谷底。他的思想與感覺，即使是黑暗的、破裂的，也標示人性的最眞湛的紀錄。

他內心痛苦，他靈田的掙扎，只記錄在每天的信及日記上。這些信，他從不郵寄，只深藏抽屜內。他當面更未向她洩露過什麼。也要等待、等待、等待，有一天她出顯奇蹟，又復活那幾個海夜的情緒，復活那幾個月夜的姿態，和他打成一片，使他重新溶入她內核空間。此時，這個奇蹟尙未出現徵兆，他必須等待、等待，……

只有一次，那是他頗激動的一個下午。她彈完琴，到花園裡冬青樹下散步，他實在忍不住了，也跟蹤而去。他們在樹下碰見了，略略寒喧幾句，她正要回轉身，他突然睜著一雙火熱的大眼睛，用一種又衝動又誠摯的聲音道：

「縈表妹！我想問你一句話。」

她轉過臉，冷靜的望著他，眸子顯出奇怪神色：

「什麼話？」聲音冷冷的。

他直直瞅著她，激情而微微抖顫的道：

「縈表妹，你爲甚麼這樣折磨我呢？你知道，即使我不寫一個字，你也洞穿我的心靈內室。即使我不說一個字，你也滲透我的整個存在。這些日子，你知道，我是在過怎樣一種可怕的日子？我的靈魂，是在怎樣可怕的出血？你難道連絲毫憐憫心也沒有麼？爲了那幾個美麗海夜，你——」

話還未說完，她臉上殘留著的禮貌性的柔和，登時消失，一痕蔑視畫在她唇角。她突然冷酷的爆發道：（這個爆發似乎在她心頭蘊藏許久了。）

「假如你因我而發熱發昏，那是你活該倒霉。我這一輩子是不談這一套的。」停了停，口氣稍緩和，但仍斬截：「我無權反對你天天來看我，甚至每小時每分鐘來看我，——可是，我們之間，糾葛越少越好。……你懂得麼？糾葛越少越好。……你很清楚，我的客廳並不希望出現你這類形象，你有你的南極，我有我的北極。兩者之間，絕無溝通可能。……你絕不能把過去那點『偶然』當做定數，當作命定的長梯，像『紅與黑』裡的于連，借那隻梯，爬入瑪特兒的窗內。……不可能！我們之間絕不存在這種長梯。我永遠是我。你永遠是你。燕子永遠是燕子。胡狼永遠是胡狼。再會！」

說完了，她連招呼也不打，冷冷走開了，她似乎很生氣。

這以後，他再不敢惹她。他顯然看清一件事實：這個女人，不是輕易受外界影響的。她自己內心，早形成固定的一套，一切客觀波漩，必須配合她那一套，她才能接受。否則，任颱風豪雨、飈雷飆雹，她連睫毛眨也不眨一下，冷酷得像巨巖峭壁。假如條件可能了，她會自動投身海嘯，不顧一切代價，把自己獻出去。她會克服任何困難，甚至風浪本身的阻礙，讓自己交出去。假如不可能，她會吝嗇最末一星溫情，一角眼色，像莫里哀筆下的哈巴貢。

對於他們的事，姨母儼然很關心。不用說，對於印蒂，她有一份好感，不只默許他這份熱情，甚至設法鼓勵它。每星期六晚上，她常請他留宿，翌日好和他們玩一天。他下午聽琴，她常留他晚飯。久而久之，他幾乎等於在她家包了頓夜飯，幾乎每天必來，風雨無阻。可是，儘管多方成全姨姪，但她漸漸也看出來，女兒的態度頗有點彆扭，始終對他冷冷的。她懷疑小姐在外多年，可能有些朋友，以及艷跡韻事，因而，對印蒂不免隔膜，她並未猜疑其他。

有一次，吃晚飯時，瞿太太半笑著對女兒道：

「縈，這一晌，在人面前，你怎麼不大歡喜說話了？我記得，從前你幾乎口若懸河，口齒從不饒人的，差點像那個對著大海演講的狄摩西尼。在外面當了幾年吉卜賽，回來後，怎麼倒變成個梵蒂岡修道女了？一個姑娘，年紀輕輕的，總不好太古怪、拗僻，否則，就不大通達人情了。你和蒂表哥，從小就在一塊玩的，這會兒，他在這裡，你該好好陪陪他，陪他談談、玩玩，怎麼一見了，老像一塊千年化不開的氷，連鐵甲車也軋不碎？親戚親戚，要親親切切才行，要不，不成了路人？」

女兒從餐桌上抬起頭，沉沉瞪了母親一眼，微笑的慢慢道：

「我覺得，一個年輕女人，越少說話越好。」

「爲什麼？」瞿太太直率的追問。

「從前，媽不說過：爸來你家相親時，你一看見他，嚇得像老鼠看見貓，臉紅到耳根子，一溜煙竄到閨房裡了？」

「那是以前，西太后還垂簾聽政呢！現在是一九三〇年了。你還提這個。」

「一個女孩子，風格古典點，不更好？」

這一手，瞿太太卻無法招架了，但仍強辯：「在禮貌上，你倒底也該有個聲音呵！」

她並不看母親，卻淡淡笑道：

「我這不是在說麼？」沉思著。「我一直在想：聲音是銅，文字是銀，無聲是金。白樂天不說過：『此時無聲勝有聲』？」

瞿槐秋聽了，停下筷子，笑著道：

「縈妹，你怎麼越來越哲學了？這一晌，我看你叔本華和柏格森看得太多了。再這樣下去，你得搬家到一隻木桶裡，學達奧幾尼斯了。」

「這個年頭，一個女人哲學一點，或許才不倒霉。」她半輕鬆半開玩笑的說。

瞿太太笑道：

「好，我的女兒要做哲學家了。前幾年在外頭，像一條生龍活虎，山上海裡亂竄。這一晌，卻變成個大理石雕像，連該有的一點活氣熱氣都沒有了，你這一下可變得眞快。一個人總要正正常常、平平穩穩才好。像患惡性瘧疾似地，一會子大熱，一會子大冷，都不是好兆。更不像一個大家閨秀。」吃了兩口飯，喝了一瓢湯，又停下筷子，半教訓的道：「縈！你聽見我的話沒有？一個人要正正常常、平平穩穩？」

女兒聽了，並不抬頭，卻帶著幽默神氣，微笑道：

「媽的話，我很欣賞。正像我欣賞阿爾卑斯峰巔的高山玫瑰，峨嵋山頂的電光蝶，它們動人極了。可是我不知道，我有沒有那麼大的足力，能攀上去，採它們，撲它們。」沉思著。

「一定要把我編排成哲學家，那我倒欣賞笛卡兒那句名言：『我思故我在』。假如人是一個有思想的動物，就必有『我』，而這，卻是生活中絕大麻煩，比如說，必會遇到你們的種種編排、隔膜。」

說到這裡，她那雙象牙黑的大眸子、向印蒂溜了難得有的溫存的一眼，她微笑著，繼續吃飯。

印蒂在一邊靜聽，不插一句。他知道，即使他只說一句，或一個字，也可能招她反感。他應該沉默。不只這次晚飯時如此，其他時也如此。他即使說什麼，也設法不牽連她，或暗示了她。自從那個下午，她短短爆發了一陣後，他分外提心吊膽，盡可能不激怒她。除了每天下午默默聽琴外，他不再對她表示什麼。任何表示，唯一的觀衆只是他自己。他不斷寫，不斷想，不斷在激情波濤中打滾，這些，再沒有第二人知道。縱使他心情最沸烈時，在她面前，他也顯得一片平靜。他要學習，把大海風暴深藏於寧謐溪流中。他要訓練，把噴火山安置在蔚藍天空裡層。因爲他愛她，他必須學習許多事，訓練許多氣質。對於他，這份戀情不再是風花雪月，而是一段艱險的長長梯級，刺激他由自私與猥瑣的黑暗地域昇入光明天穹。

這是一段常常縈迴他腦際的思想：

「許多人以爲戀愛是輕鬆的、浪漫的、享受的——這是一種錯誤。眞正的戀愛應是人性中的至高嚴肅、最大的苦刑，它們像地獄煉火：要燒盡人性中許多醜惡與自私、懦怯與浮淺，使它們化成一片潔淨皎白，健全而結實的光明。」

## 三

深沉而雄偉的是那些下午，那些被琴聲編織的俊美下午。世界忽然展開了。時間第一次向他裸裎無盡的綿延與幽邃。風從花園內吹來，似裊著金菊花的香氣，雪青荷花菊的紅色和白色。芙蓉鳥隨琴聲而鳴囀。他靜坐花廳東角鵝黃沙發上，讓自己情感隨音樂海水而起伏。他呼吸到額菲爾斯峰頂冰河的清新空氣。大氣裡好像閃射某種硫化物的青光、矽酸鋅的綠光、寶石的藍光、瑪瑙的紅光……。七色雨虹環舞四周。這只是一些平常的練習曲，它們卻熾烈的感動他。不是那些琴鍵感動他，而是那些彈琴鍵的玉色手指震動他。他這時的心像苔綿，一滴海水就可溶解它。她不是在彈琴，而是彈他的情感。從全音階彈到半音階，由主音彈到屬音，自裝飾音彈到倚音。穿插的間隙嘆寂似山谷，凹陷而彎曲，這中間仍廻翔琴音如一隻隻燕子。透過這一群飛禽，他想感觸她手指的撫觸。在十隻纖纖手指後面，是一片山谷樣摸不透的心。星光與大地，草原和流水，廣饒的海及明靜的湖，……他要在音籟中找這些。不，他要從她呼吸裡尋這些。它們會替他溶解那些凍結的歡樂，抹去生命中猙獰怕人的寂寞。他的感覺隨她的「轉調」也轉調，他的幻想隨她的「轉位」也轉位。蝴蝶飛翔蝴蝶花間。花繸子舞踊花繸裡。他回到「他」裡面。那個隱了多年的眞正的「他」，終於出現了。他畢竟覓到最後的風，給予他一個「完成」性的吹颸。他並不要她看他，也不要她共鳴他、交溶他。只要有這個下午，就夠了！即使是痛苦，他現在也會打扮得標緻雪白，爲了配合這個瑰麗雪白的下午，以及這片綺麗雪白的琴聲。讓她損害他吧！蔑視他吧！讓她把自己情感冰凍吧！生命裡面，慣常多的是損害、蔑視、冰凍！過去十年他既已忍受了那麼多，此刻自然也不會膽怯。他願意讓自己神經錯亂，發生錯覺：把蔑視和損害當做歡樂，把痛苦當作芳香。不管她怎樣燒灼他、壓軋他，他絕不對她嘆一次息。他要等待！等待！等待！一千個一萬個等待！等待天堂的金色巨門隨琴聲而打開。等待奧菲斯的笛聲吹活了死人。等待盲者在基督召喚聲中復明。等待朱麗葉的窗子在月夜菓樹園敞開。等待麗達有一天也變成白鵝。等待優曇花每天開一次。只在長久等待中，一個人才能深沉，才能徹底了解希望與狂醉啊！美麗的人！彈吧！冷靜的彈吧！你是義大利雪萊墓上那片長春籐，纏繞我這個凋朽的希望，無限鮮麗，無限的淒酸。你是東方頹圮古室內的波斯掛氈，一片華艷，嘲笑了四周的百孔千瘡。你是病院裡的玫瑰花，一片猩紅映照著呻吟。你是木乃伊冠冕上的寶石，一片燦爛矞皇襯托出死亡。隨每一朵琴聲，你在嘲笑我、刀刺我！啊！旖旎的靈魂，你正損害著一個日日夜夜鴿子樣圍繞你的純潔靈魂。

…………

一切瘡痍，總有最後的潰滅。一切刀刺，總有最後的致命一擊。

一天天的，這「致命一擊」是近了。

每個下午琴聲，是有毒的，他越耽溺，中毒越深。尾逐每一圈音的漩波，他愈深的旋入她的魅力浪谷。隨著每個下午，她的美愈加對他照耀而璀璨。她苗條形態伴琴音而花枝招展，她深黑的大眼睛，隨時間而越深、越黑、越險。她愈是沉默，他所感誘惑益大。他自己越保持平靜，越默默寡言，他內心的爆炸度越深，越廣。漸漸的，他像著了魔祟，她的鬢髮與裙裾，全是天羅地網，隨時會把他纏得天昏地黑。

她越對他冷淡，他愈易回憶那幾朵海夜，以及那個白衣女人。他就這樣難忘「她」。無論清晨、黃昏、雨天、月夜、樹林中、湖水上，「她」不斷漂在他腦裡，像是他的回聲；只要他一喘息，一有呼吸聲，它就響了。這個白色形影是如此深的雕刻於他心靈層，除非後者全燬，否則它必永在。這個天空，這片大地，這輪太陽，甚至這個宇宙，他都會忘記，但他忘不了海上的她。一切就像發生在昨夜，新鮮極了、清明極了。這是一根旖旎極了的記憶枝條，他不忍折斷，其實，折也折不斷，只好任它一天天發芽，開花，開更多更苦人的花。過去的一切不再回來了，也只好讓它去。假如它要在夢中在回聲中歸來，也只好聽它。

由於海上記憶的強烈對照，眼前靜坐在披霞娜邊的女人更魔人了，因為，後者四周充滿前者的神秘與光輝。時間的玄妙顏色在她身上塗抹了分外豐富的絢彩。一天天的，越是看她，越不敢再多看她。到了後來，甚至不敢看她。日復一日，她的威力在他身上加深，加大。它不是她給他的，是他自造的。他對她過火熾的痴情，創造了她的魔圈和壓力，轉而痛苦自己、束縛自己。

這一次感情奇景與過去絕不同。從前，在信仰王國裡，不管情感怎樣強，必要時，他的神聖意志還可以出來講話，幫助他解脫。現在，他既沒有了意志，一切理智也脆若游絲，他只像纏在一幅大蛛網內的小螟蟲，可憐的掙扎、只能加重蛛絲的裹縛。許多次，他試著用理性來分析，想作最後的決定，但無從分析起。一整夜失眠所下的大決心，只要她的琴聲一響，他又忘得乾乾淨淨。他對她千般仇恨、萬種憤怒，抵不住她深色象牙黑眼睛淡淡一瞪，像閃電閃毀了千重黑暗。

可是，人究竟是一種怕痛苦的動物，而痛苦畢竟又是有限度的。一天天接近她，既然只是不斷增加痛楚，他的沈默、以及保持常態，儼然不易長久持續。他狂猘的感情火燄，一百次一千次燔燒，又一百次一千次用巨量冰塊沉沉壓下，壓熄。這種違反人性的方式，究竟不是生活的悠久方式。壓著壓著，終有一天，他再壓不下去，逼得在更深的焚煅和永恆的熸滅之間選擇一條路。更深的燃灼，只有跪在她腳下，向她和盤托出一切，把他每天寫的信（現在有一百多封了）和日記給她看，流淚哀求她的憐憫。——但這樣做，有兩層困難。第一，她並不是個輕易能被眼淚軟化的人，他所有的乞憐姿態，可能會引起她更大蔑視。第二，他的自尊心不許他這樣做。許多年來，他一貫以征服者的態度，君臨生命萬象，他不能爲了一個金色的夢（不管這個夢能給他多少幸福），而放棄這種態度。放棄它，等於絕對放棄自我，放棄十年來好不容易才獲得的精神解放，而重新套上奴隸枷鎖，乞丐般每天伺候他人的眼色。不，他絕不能這樣做。那麼，他所能挑的，只有「永恆的熄滅」。說得明顯點，他必須採取冰冷的隔離，讓這片靈魂大火慢慢澌滅。

作了上述分析，他內心安靜多了，他決定選擇一個日子，開始製造「永恆的熄滅」。

## 四

雪靜靜渦舞，像千千萬萬隻白色蝴蝶，從天空舞入大地，由地平線舞到地平線。在雪舞中，宇宙分外梵靜了。它像一個聖誕老人，飄著白鬍子，悄悄欣賞身前身後的雪姿雪態。風是細碎的、輕忽的，它們彷彿是一對對的，簇擁著銀雪伴舞，開舞會。一大片皎白從天盡頭鋪至天盡頭，各色各彩的複雜地貌都消失了，只剩下一種綜合形貌：悠悠一片白，白下面有凸有凹、有弧有圓，但它們已不再顯獨特形態，觸人眼目，所有形線全被那海洋式的白色沖淡了。在白色的碩巨蔓延下，大自然似再沒有天空大地，也沒有四面八方，雲塊與泥土沒有了，山與樹也消失了，整個宇宙只是一片白。天地從未這樣單一過、純潔過。在白雪沖刷下，行人也變成一座座白色小建築，流動的水晶體。人走出房子，由這一家到那一家，只是一個白色小建築從一座白色大建築到另一座白色大建築。白的力量也改變一切。白像一種空氣，隨雪花飛旋而加濃、加廣、加大。在偉大白色下，萬象似乎都明淨了。

她琤琤琮琮彈著，纖纖雪色手指，飛走在黑白鍵盤上，正像窗外白雪翅膀，在樹叢間飛撲。琴譜上一簇簇黑色音符，從視覺面掠過，嘹亮的琴聲注滿感官。她眼睛與耳朵，被泉水式的清清涼涼一大片塞得滿滿的。她所有神思都輻輳於千音萬響，一片絕對的聲音世界包圍了她。大包圍中，這音籟世界的秘密一角隅，似乎偶然有一種奇異的騷動，它蔓籐樣神秘的牽引她、繚繞她，她並不特別注意，但也不能完全擺脫它的影響。她所以能把這片音響世界擁抱得這樣熾烈，一部分由於她本能的反射，一部分也由於這奇異一角隅的慫恿，但她似乎有意要抹煞後一事實。

三小時過去了，她輕輕吐了口氣，照例向琴後壁上文文山那幅行書長卷投一瞥，再用一方彩色手絹拭拭額上微汗，閉上眼，沉思幾分鐘，享受極度音響後的唄靜。接著，她輕輕闔上琴蓋，站起來，未走向樓梯口以前，照例帶了點躊躕，靜靜轉過臉，對客廳東角那隻鵝黃沙發望去，打算作照例的招呼：一個投瞥、一個點頭、或一兩句話，……出乎意外，今天那隻沙發是空的，它大靠背上枕慣了的那張熟悉臉孔，沒有了。一百廿天來，幾乎每天下午四點，那張臉像開長期人像畫展似地，總展覽在那裡，今天卻閉幕了。她暗色大眼睛，微微沉思起來。她對那隻空沙發足足凝望了五分鐘，怔怔了一會，才轉身走向後花園，腳步比平日顯得慢一點。

翌日，她依舊練琴，窗外雪卻比昨天小了，雪的光輝透過一切，客廳內分外明亮。這是一個亮的世界。一彈完琴，她既不取出手絹拭額，也不閉上眼休息，也不關上琴蓋，更不站起來，卻帶著點特別警覺，回轉頭來，向客廳東角落望去——

有兩分鐘之久，她的粉臉不再轉回來，眼睛一直停在那隻鵝黃沙發上，上面仍是空空的，沒有一個生命。沙發後面粉壁上，陸筱影那幅立軸墨竹，似靜幽幽幌動。

她站起來，散步了幾分鐘，又踱到窗口，沉思的看著窗外雪。雪仍在落，似乎稍稍轉大了，一片片白薔薇似地。風有點潑刺，一團團雪舞擊著牕玻璃。她眺望一會，慢慢走到琴邊，闔上琴蓋，又慢慢走出去。

雪住了一夜，第三天下午，又大了。雪光毛茸茸的，奇蹟式的膨脹著，煙霧樣昇騰著，帶著猛烈傳染性。風狂猘的掃捲，雪沫子隨風亂衝亂擊，碎裂的白顆粒粗暴的蹦跳著，一顆顆冷冰冰的、粗硬硬的。空中是一大海飛躍的白片片，像千千萬萬白色野獸在張牙舞爪，這白色不再是溫柔的，滲雜著強度的粗獷。鉛灰的雪層也迷濛濛的，沉重極了。整個天穹似乎就要破碎，裂爲更大更狂的雪片，衝瀉下來。這是一個慓風悍雪的日子、沉重的日子，嚴寒與風雪冰凍了一切。

她又開始練琴，約莫練了一大半，憑直覺，她知道是什麼時候了。她突然停下手指，回轉臉，向客廳東隅望去，那隻鵝黃沙發仍是空空的，沒有一個人。她站起來，第一次違背慣例，不再練下去，卻慢慢走到那張空沙發面前，對它注視了一會，確實辨出：它上面沒有一個人。她看看掛鐘，是三點廿分。每天下午，最遲三點，她總聽見他的輕輕腳步聲，而那張熟悉的淡棕色臉，也總出現在這個沙發靠背上面。她踱往窗前，瞅著外面景緻。雪依然猛飛急舞，天地微微昏暗，但昏暗中呈現一片白色美。院子裡到處堆滿雪。屋外世界會因風雪而昏亂，但多多少少，庭院依舊有一份家庭和平。不管風雪怎樣猖獗，仗著固有的精緻和玲瓏，花木扶疏假山石重疊的庭院，依然能適應它們，而借風借雪來裝飾自己，把花木與假山石裝璜得很美。這是一個慓悍而美麗的下午，銀色的下午。她不禁想起那幾個大雷雨下午，他那副略略潮濕的淡褐臉孔，稍稍浸濕的長頭髮，他那柄水淋淋的黃油布大傘，以及他那件掛在壁上的濕漉漉的淡黃雨衣。她斜著身子，兩手支頤，臂彎撐著窗檯，凝視白花花大雪，沉思起來。透過窗子，她望見一座白色庭院。花樹和籐蘿架都罩滿雪，形成一叢叢白色發光體，彎彎乜乜的、圓圓方方的。不時，一陣風捲過，一些雪從樹梢落下來，花花簇簇的灑散開，像一些白色小花朵。如搽飾一張臉孔，雪搽飾這個院落，雪在畫眉、拍粉、描唇，所有材料都是白色。不知好久了，她偶轉過頭，看看壁上掛鐘，已經四點三刻了，這個花廳依然只她一人。她的視線漸漸模糊了。這大片大片的雪，似乎就拍打在她身上。她開始覺得冷。她走到廳中央，火爐內紅燄旺旺的，火舌燦煥舞捲。她添了三鏟煤塊，關上爐門，仍覺有點冷。她徘徊著。雪的白光映照她的橢圓臉孔。這是一張微微蒼白的臉，正似窗外雪。她心靈深處那座花園，彷佛也蓋滿雪，它所有複雜色調線條都單純了。這半個下午，客廳內沒有人。瞿槐秋臨時因事赴銀行了。瞿太太躲入自己寢室烤火，嫌客廳太大太冷。女僕楊嫂與廚師高昇都在廚房裡。只有那隻大黑貓蜷臥爐邊取暖。空氣說不出的謐靜。這種靜，她歸來後，還是第一次感到。她返回鋼琴邊，並不坐下，卻輕輕敲起幾個音，特別是低音度的La和So。音籟沉重的響了，響了又滅了。她離開琴，懶懶關上琴蓋，繼續彳亍徘徊，不時望著壁上那幅淡色水墨寫意山水立軸。畫上隱隱有一個道人在松下撫琴。今天下午，這幅畫特別帶東方味。她畫筆的那些抹擦，淡墨的烘染，靜得很。她怔怔看了一會，很想走進畫內，卻走不進去。她離開畫，坐在那張鵝黃沙發裡，兩手捧臉，陷入沉思，這張白白臉孔，現在分外白了，卻絕不是光采煥發的白。那雙深色大眼睛，漸漸低下來，象牙黑的瞳孔先是張大，不久又慢慢縮小了點。有很久很久，繁密的睫毛一動不動，似在瞪視什麼，其實什麼也沒有望見。那彎彎的猩紅嘴唇閉得頗久，唇的右角，不時浮出一條弧線，它假如再有右邊一條相襯，就很美了；孤獨的一條，卻顯得有點難看。弧線左上方，白色的鼻翼偶然微微翕動。這是一張似罩滿倫敦大霧的蒼白臉孔，人很難窺測霧後面還有些什麼。

大約坐了一小時，她才離開客廳。

…………

這天晚飯桌上，談話時，有意無意的，瞿縈破例和母親哥哥提起印蒂。平常她從不自動談他一句的。

裝作無意的，她淡淡道：

「眞奇怪，好幾天沒有看見蒂表哥了。」

她還未說完，瞿槐秋立刻打斷她的話。他似乎想起一件要緊的事。

「天氣太冷，整個人全凍成冰塊，一回家，只顧忙吃飯，好早點暖暖身子，倒忘記先告訴你們一件大新聞了。今天下午，從行裡回來，高昇交給我一封信，是蒂表哥的。大前天下午，他離開杭州，到遠處去，作一次長途旅行，以後不打算回來。他茅屋內所有行李都搬走了，剩下來的傢具、書籍、和物什全送給我們，房子就算辭退了。鑰匙放在附近農家，我們知道的。他特別向我和媽道歉，說前天上午來過一次，我和媽湊巧都出去了，他一時匆忙，來不及再辭行了。當時也忘記留條子，只好從郵局補寄這封信。」

瞿太太聽了，登時臉色變了。

「印蒂眞是個怪孩子，靠三十了，還是這麼古古怪怪的。高起興來，半年裡，天天來，刮大風下大雨都來。一會兒心血來潮，一聲不響就走了，說是來辭過行，誰知他究竟有未來過？大前日上午，我和槐秋倒是不在，可縈丫頭不在家？爲什麼不向她說？這不是有意迴避我們？我們什麼地方得罪他了？天下哪有這麼不近人情的？」停了停，多年來第一回，大眼睛有點怒衝衝的射到女兒臉上。「是不是你們有什麼得罪他了？要不，他不該這樣無禮的？」怔怔了一會，若有所思，所悟，怒氣才稍稍平息下來。彷彿自言自語的道：「印蒂是個聰明孩子，玲瓏透了，爲什麼偏做傻事？其實，我是頂歡喜他的，他難道看不出來：我比疼自己兒子還疼他。他有什麼委屈，也該和我好好談談，好好商量，我不會不了解他，不體貼他，不幫他忙的。」接著，眞是難得有的極嚴厲的視線，又一度落在女兒身上。「女孩子家，有什麼了不起的大能耐？那麼心高志大，什麼人全不放在眼裡，平日連個禮節都不懂！有金剛鑽落在身邊，也不曉得欣賞，拾掇，看你將來交結什麼王子公爵朋友！」

女兒吃飯時，本是無精打采，聽了他們這席話，筷子速度更慢了，吃了一會，碗裡的飯幾乎還是那麼多。儘母親排揎，她一聲不響，臉有點慘白。她低頭陷入沉思。最後，她輕描淡寫，問哥哥道：

「蒂表哥到哪裡旅行了？什麼時候回來？」

「他沒有說什麼地方，只是說很遠很遠的地方，可能永遠不再回來了。他說在杭州住膩了，要換換地方。」想了一下。「我想起了，早一個星期，他託我由行裡掛長途電話，到上海行裡朋友，打聽一艘長崎丸。這是日本輪船，好像在本星期開船，是開北方的。」

「是平津還是東北？」瞿縈輕輕問。

「那說不清了。也許是大連，也說不一定。」

她看看腕錶，不再開口。

飯後，她又獨自坐在客廳那張鵝黃沙發上，深浸於沉思中。這時，雪已停了，夜寒卻分外凜冽。

## 五

大江一片洶湧，千千萬萬個金黃洞渦滾轉著、翻浮著，像數不清的海螺獅。波浪歡娛的奔流著，燃燒黃銅色的光，舞著發亮的碎片。雪後江面，愈現得開闊而蒼莽了，展入天盡頭，微微裝飾兩岸稀疏的皚皚殘雪。一片巨大開闊中，斜描一柱柱黑烟，一座座巨大黑烟筒白烟筒矗在各色船舶上。水沫洪濁，水色淆雜混沌，水面碩巨商輪和軍艦，卻顯示明淨的色調。「現代化」似乎比大自然還要接近美。那些髹漆成雪白色的長長船身，一艘艘的，遠遠出現於天空下，表彰人類的美學。即使是一些笨拙的工具，人類也努力用一片繪畫情調，隱藏住那些鋼鐵的冰冷、機器的粗暴。這些白色的紅色的輪船、海船，碇泊江心，象徵永遠的旅人與永遠的空間轉換。

他又站在大江面前。這一片流水、又要把他帶到一片新地域。一年多前那片流水，曾把他流到亞熱帶。現在這片流水盡頭，卻是東北的冰和雪。這也好！他目前正需要這些。假如一年多前的冰雪情緒與絕望需要亞熱帶陽光曬曬，那麼，他此刻的心靈火燄，正需要北國的雪霰拯救。那裡，人可以把火深藏入暗屋一隅。生命對他終究太苛刻了。他所要的，起先總是實在，結果總是空虛。他交出去的是一片阿特納火山，收回的卻是一片金字塔墓窟。這會兒，什麼都完了！他對美的幻覺，也破碎了。他原以爲它裡面有和平與溫甜，結果卻遇到風暴和酸酒。沒有人了解他，沒有人能溫暖他，沒有和平等待他。他走到哪裡，淋血到哪裡，傷口到哪裡。這個世界畢竟不是爲他造的；他想捉住的，一件沒有。他所有的，永遠是痛苦與破碎。他的影子永遠孤獨一條。他不想恨誰，他只怨自己；怨自己那份過度苛刻的慾望。大江正流在眼前，他要藉它沖淡自己的火燄慾望。他要悄悄走開，遠遠躲到一角，今後再不期望任何人同情。他要懷著一片虀碎情緒，默默的遠遠地把自己窖藏起來。一年多前，那個夜裡，他在大江上面，還有那麼多喊聲從心底往外衝。此時卻什麼也沒有。他只想噤默，用長期沉默來料理自己的棼亂情緒。他不知道自己將想些什麼、做些什麼，他前面什麼也沒有。

他惟一感到的，只是象牙建築的周折與暗影。後者是她加給他的。爲了自由與自尊，他不能不反抗它。他得遠遠逃開，像聽過獵人太多鎗聲的野獸。莊隱早就從哈爾濱來信，邀請他赴東北旅行了。他正好投奔那片充滿大豆高粱的偉大平原。

這正是上午七點多鐘，印蒂站在長長船舷邊，凝望江水，漸漸漸漸的，陷入苦痛味的沉思。

陡然間，汽笛響了，離開船還有廿幾分鐘了，他正想回歸艙內，猛一抬頭，忽然發現一顆神秘的黑色點子，出顯於遠遠的碼頭一角。這黑點子是那樣奇怪，不知是由於什麼靈感，從它一出現起，就吸引他的注意，他止不住向它望去：它正微妙的轉動著。轉動了不久，就變成一個人形。從擁擠的碼頭上，一個人向長長浮橋匆匆走來。這個人的走路姿態那樣美，他立刻發覺是個女人。這女人終於踏上浮橋了。她的裝束簡單極了，一件黑色長毛大衣，一片白色絲織頭巾，這白色頭巾並不包住她的臉，只嫵媚的綰勒她的長長黑髮，又在頷下打了個結，裝束得有點像阿拉伯女人。這一大片黑襯一圈白，簡明的色調，無限的高貴而抒情，且帶著中亞細亞游牧女人氣氛，加之她修長的苗條身材與高傲的步態，一切靜的色和動的線，都表現一派華嚴、一片幽靜。他完全被吸住了。雖然他還未看清她的面孔，單只這幅遠景，已夠迷住他了。正望著，她突然出現在白色吊梯口，他大吃一驚，不自覺的渾身抖顫起來。

「啊，——她！」

是的，正是她！——瞿縈！

她極度蒼白的失眠的臉蛋，兩頰泛溢被嚴寒刺激起的鮮紅，比幾天前清瘦了些，卻更媌美了。她高高鼻子微昂著。她猩紅的嘴沉默著。她黛黑的深眼凝凍著。他在她整個臉上只看見兩種存在：那雙原始味的黑暗大眼睛，和那副強烈的猩紅嘴。這一片幽黑與一片猩紅，襯著那黑色長毛大衣和白色頭巾，分外深而且獷，像一片黑流和紅流，兜底要衝翻他、捲沒他。儘管她顯示強烈失眠，他卻從未瞥見過她有這樣一雙眼和唇，也從未在她身上看到這種權威性的光與色。

他更沒有想到：她竟會出現。

這簡直是奇蹟！像那一百萬次中只有一次的流星危險——任何人都沒有理由相信這一奇蹟。

印蒂還來不及整理自己情緒，她已像一座大森林，乍湧現在他面前。

她冷靜的走向他，在他面前站定了。她抬起白色頭巾下的象牙黑大眸子，黑暗的定定的透視他，彷彿要望入他思想的最後一粒色素、最後一片結構。

面對面，印蒂一陣顫慄，怔怔地瞅著她，一時想不出什麼話說。這一切太突然了，他的情緒和思想從未準備過這一幕，此時更來不及準備。

正當他手足無措時，她卻替他解了圍。她顯然早準備了這一場。

她深深深深凝望他，用一種從未見過的莊嚴和深情，慢慢慢慢道（話聲裡微微帶點疲倦）：

「我的出現，你一定很驚異。」她低了低視射，旋即又銳利的盯著他，陡然略抬高聲音，口氣顯示一份堅決。「不過，這一切很簡單——我來，只問你兩句話。」

他不安的望望她，聲音微啞，低低道：

用神秘的眼色覷覷遠方，又以嫵媚而強烈的眼色看著他，她忽然高傲的道：

「什麼話？」

「現在，你面前只有兩條路，一個是大海，一個是我。我只問你兩句話，你願意跟大海走？還是跟我走？」

他嘆了口氣，搖搖頭，似有千萬句話要說，但一時又說不出。他只暗淡而掙扎的道：

「你爲什麼不早點來？現在離開船只有十分鐘了，你卻要我作一個畢生大決定。」

她高傲的道：

「是的，我不早不遲，就選這個時候來！——就選這個時候要你作大決定！」她看看腕錶：是七點四十八分。「我給你五分鐘考慮。」微微帶點諷刺。「五分鐘夠改變一個世界了。」

他走到欄杆邊，對江水俯視幾秒鐘，面色充滿陰暗。驟然，他回轉頭，定定瞧著她，渾身直抖顫，用一種幾乎是沉痛的聲音道：

「你早知道我的答案是什麼，你爲什麼還問呢？今天，當你出現在我第一眼裡時，我的答案早定了！」停了停，像國王簽字放棄一個王國，又沉痛又堅決的道：「我今生的命運永遠在你腳下！永遠永遠在你腳下！——永遠永遠！」

她嫵媚的笑了，帶著得意和滿足。自從他們重逢後，天可憐見，半年來，這是他在她臉上第一次看見眞正明朗的笑。單是爲了這朵情意深深的笑，若不是顧忌四周有那麼多人，他差點摟她在懷裡，熱熱熱熱的長吻她，像那個夏夜在海船上一樣。

他們攜帶印蒂的簡單行李下船，又回到碼頭上，擁擠的人叢中。他正想問她什麼，她卻微笑著對他道：

「記住，我整整三夜沒有睡了。我得休息一會。現在，我們暫時先分手，不談什麼。今晚七點半，你在法國公園靠東那排石楠樹叢邊等我。」

聽了她的話，他先是怔了怔，接著，幾乎手足無措的異常憐惜的瞧瞧她。他打開手提箱，取出兩隻長長的巧克律彩色紙匣交給她。

「這兩隻紙匣，我本決定：今天下午送給黃海的，現在送給你，——你帶回去。你三夜沒睡了，怎麼得了！千萬先好好好好睡個覺，休息好了之後，再打開，只看個幾封，千萬別多看，別太累。」

她接過紙匣，並不打開，卻用神秘的眼色瞪他。

她想起一件事。

「把你的船票交給我。」

她接過遞來的船票，卻從口袋內掏出另一張。

「哪，這裡還有一張。」

她嫵媚的笑著說。登時把兩張票子撕成碎片，扔到馬路上。她看出他驚訝的眼色。

「等等告訴你。」她無限深情的望著他。

就在這時候，碼頭人叢突然擠動了，許多美麗手帕飄在半空。

一聲悠長的啓碇汽笛聲響亮的嗚起來。

# 六

咖啡店坐落在一條長長馬路的拐角上。這是一條最富情調的瀝清道。這是一爿獨具風格的幽靜的白俄咖啡店。店內櫥窗和壁飾，保持舊俄貴族味，主要的是強調金色與黑色。前者暗示店主對過去的回憶，後者流顯他目前心境。午後四點多的陽光從玻窗外射進來，冬季的日色是淡淡的，似乎既不放光，也不發熱，只表現一點薄薄色調而已。一些淺口白色花瓶內，簪插銀紅色康乃馨，與深紅色聖誕紅，補足了陽光的脆薄。

瞿縈在一家豪華飯店單人房裡熟睡近七小時，此刻，她已進過餐，恢復了精神，也充滿了渴望，獨坐在飯店附近這爿咖啡館的一角，靠大玻璃窗的座位上，斜倚高高黑色皮椅背。她坐下不久，就迫不急待，解散藍色絲帶結子，打開那兩個彩色巧克律長紙匣。一疊疊各色信封投入她眼裡，大約有一百廿封左右，一封封整齊排列著，信面有她的名字及地址，但它們卻從未寄給她。從信角月日上，第一封大約寫於她開始練琴的那幾天。她按順序，一封封拆開，靜靜看下去。咖啡店裡，只有三個法國女客，另外再無他客，店內清幽得很。她啓開這些信時，除了窗外偶然的電車鈴聲，再沒有別的雜音騷擾她。她對面前那杯冒熱氣的可可掠了一眼，睜著那雙經過時鼾睡的眸子，開始讀這些信。漸漸的，她的眼睛如一片天空，不同的季候色彩混合不同的雲彩：陰暗的、蔚藍的、乳白的、微紅的、淡灰的，一會兒風和日麗，一會兒細雨霏霏，一會兒陰霧重重，一會兒純淨單一，……。一封封的，她拆開來，像打開一扇扇窗子。每一封是一幅窗景，充滿光、色和熱。她打開一扇窗子，又打開一扇，再打開一扇，不斷的開窗、開窗，……

下面是一百多幅窗景中的六幅（看樣子，今天下午，她不可能看完所有信件了）。

每天早晨，太陽一射上我的窗子，我立刻給你寫信。一面寫，一面看太陽，不，是看你。是你射到我的窗上。我很想把我的信攪拌著每天朝陽光，一起送到你窗邊檯子上，但我絕不這樣做。我要永遠秘密的寫下這些永不投寄的信，算是我每日對你的默默晨禱。一個人的清晨情緒最新鮮、最純潔，人意識裡還沒有世界任何醜惡投影。我願把這片鮮潔感情和思想深深浸透紙上，好讓我在開始一天任何其他思想感覺以前，觀念裡先純潔的充滿你、裝滿你。這一片「先驗觀念」是我每天生活的動力，由於它，我才想活、想看、想聽、想走、想動。

一天你不正式接受我，我這些信絕不給你看。它們只是我情緒的輪廓紀錄。輪廓絕不是眞象。你未了解我血肉眞象以前，字句的輪廓只能叫你誤解我。我怎麼能拿我的千分之一代表我，展露於你面前？

我「愛」你「愛」到這種程度，以致我再不敢施用這個字。我怕我會侮辱它。即使有一天，我們眞「愛」了，或許我也絕不會喊你一聲「親愛的」。我怕它只是我的誇張。即使不是誇張，它也只是一顆裝飾鈕釦。過繁雜的裝飾音符會破壞主題旋律。過華麗的鈕釦會破壞服裝。在戀場，我只願做一個大海漁人，無論是風浪越大船越險時，或風和日麗信天翁飛翔海面時，他總沉默。

只有邂逅你以後，那些深埋著的陽光，才眞從地底下醒來了。你未出現在我的天際以前，那些陽光不是眞陽光，天空不是眞天空。一切存在對我只是個影子。是你，使這些影子變成明艷的眞形，像荷蘭風景畫那樣美。

每次踏進花廳，我像從冷寂的蒙古荒原進入一座有火有人的蒙古包，心頭無限溫謐。這已成爲一種習慣了：我每天必須看你，像群羊看草原。我必須看你銀白色或暖棕色的長袍子，你深色的大眼睛，你無量數表情的猩紅唇，你長長而彎彎的捲曲鬢髮，……。你不在，我坐在那隻鵝黃沙發上沉思你。我更歡喜在你樓窗下尤加利樹間徘徊，特別是晚飯後，朦朦的傘燈光由幾扇窗口流出來。有時，你的窗子一片幽黑，你不在，我也愛這片黑，因爲它們曾長期伴過你、窖藏過你。我用最大溫情的眼睛，看那排碧色尤加利樹，因爲它們經常是你視線的輻輳點。那一片片葉簇上，現在依然繞纏你眸子的深色。越是深夜，它們愈顯出你眸瞳的色澤。我注視它們，是用我的眼睛吻你的眼睛。……今晚，你去上海了，我睡在你家裡。晚飯後，我在那一排尤加利樹下徘徊半夜，直到冷露下降，我才從深情中醒來。透過朦朧的寒月與星光，我久久凝視你樓上的黑暗窗子，我不知道你現在哪裡？

那幾頁日記，那七個海夜寫下的，成爲我生活中最高奢侈品。我常用一雙飢寒交迫的奴隸視覺來看它們。今天，我帶它們爬上北高峰頂，在青草地上躺了半天，一遍又一遍的讀著，一遍又一遍的回憶著。你那幾夜的臉容、身姿、像一些不同的燦爛花園，沒有一次走進去，我不滿捧著花花菓菓出來。

不管在哪兒，我總看見你。你藏在每一輪陽光中，你隱在每一角藍天裡，你躲在每一朵鳥聲內，你避入每一圈水波下，你潛伏每一枝樹葉後，你閃爍於每一扇火光，你掠過每一陣颶風中，你滲透每一片夜黑層，你化入每一吋空氣裡。你照我。你喚我。你搖我。你撩我。你暖我。你吹我。你藏我。你活我。

我沒有宗教，你就是我唯一宗教。所有關於你的記憶，是我唯一的大教堂。深深想你：這就是我的禱告。你是意大利聖彼得大教堂，使我呼吸到最高的莊嚴與溫甜。你那些笑聲，雖然很少，我卻一一捉回來，它們是教堂大風琴，平靜我，使我情感明朗、心靈晶亮。

啊！縈！你有一種情調：「瞿縈情調。」我一看見你，就浸透你的情調，再想不起自己。我所看見的，只是你情調的光色，霓虹的五彩。

在我的信上，沒有少年維特的呼籲，沒有夜半偷闖菓園的羅米歐的放縱。這裡，只有我平凡而深邃的感情。我願愛你愛得極樸素。即使我言詞或有喬裝，那也是樸素的必然結晶。我絕不想用一些字來駭你，叫你吃驚。眞正愛一個人，被愛者應該極愉快。只有市場感情才把自己的痛苦刺透被愛者：爲了得到交換品。我願在沉默中愛你，盡我最大能量支付我的感情。實在無法支付了，我就默默走開。這種純粹自我放射的愛，可能會有它最大限度。超過限度，或者毀滅，或者創傷淋漓，悄悄躺倒一邊。我怕這一限度不會太遠了。昨天我參觀這裡一座瘋人院，想研究那些瘋人究竟和常人有什麼不同。我發覺，他們都有一個共同特色：一雙絕望而可怕的眼睛；好像絕望瘞埋地底幾千年，一朝突然都在他們眼睛裡醒來了。回到家中，照照鏡子，發覺我自己的眼睛有時也露這種痕跡。……夜深，在長長白堤上徘徊許久，歸來偶然對鏡：眼色常常特別陰暗而絕望。我怕我離感情的最高限度不遠了。

啊！縈！多少個夜，我想你。多少個夜，我夢你。多少個夜，我聽你。多少個夜，我看見你。多少個夜，我爲你苦。多少個夜，我爲你輾轉反側。多少個夜，我爲你而恨自己。啊！你爲什麼這樣拒絕我？拒絕我？拒絕我？拒絕我……

這樣深深的，你隱入自己沉默，我簡直不懂你。你高傲的蟬默是殘酷的殼，不管我怎樣想敲破它，總沒有效果。我認識你越久，在你面前越懦怯。海上那幾個月夜，我大膽得像魔鬼。甚至你初回來第一個月，我也很勇敢。可是，漸漸漸漸的，我被你懾伏了。我不知道你怎麼會有這樣強的魔力。在我們中間，存在一條頑固紅線，我無法突破。許多次，我才開始溫柔的向你說一句話，你的冷淡聲音立刻煞住我。多少個熱烈的想像，都被你一個小玩笑打破了。我簡直不懂你是什麼意思。

啊！縈，今天我再忍不住了。我要大聲向你喊了。（從未這樣向你喊過。）你爲什麼對我這樣殘酷？你爲什麼這樣冷淡我？迴避我？拒絕我？你爲什麼在你四周築一座北極冰堡？你不能想像：你把我摧毀到什麼程度！啊！美麗的人，我整個情緒快崩裂了。崩成碎片了。你是不是要目睹這些碎片在你四週血淋淋旋滾，才心滿意足？啊！縈，給我一句話！給我一個字吧！哪怕這個字是尖刀，會深深刺透我的血管，我也會挺起胸膛，笑著承受。

今天是我命定的日子。這是我給你的最後一函。這半年來，你虐待夠了我。從明天起，我要在奴隸與自由中選一條路。這封信是最後一次奴隸聲音。

再留在你身邊，我只有痛苦，它會毀滅我。爲了避免被毀滅，我只有離開你。我無法再忍受了。我已達到忍受頂點。我隨時都有爆炸可能。我已把自己壓搾到最大極限。我不願敍述，我是怎樣痛楚。我厭惡用痛楚的姿態換取別人眼淚。

我一直把自己關閉起來。我的世界太靜了。任何一顆小石子從窗外投入，都會敲起洪鐘巨音。你這樣花團錦簇的闖進來，你能想像，它會燃燒起怎樣的火燄？

你打碎了我，我必須退到極遠極遠的遠方，慢慢把靈與肉的血腥碎片綴合起來，重新復活我的完整。

我要再到大海去，讓它把我帶到另一岸。沒有什麼再能救我了，除了新岸。

這一大堆信，我眞不忍再看，它們簡直是我親生子女的一些血鮮鮮破碎屍首，沒有一片，我不聞到腥氣。這些腥氣，你應該負責。

我絕不恨你。我只恨造化主，爲什麼要創造你？創造你叫我受苦？過去十年，我已苦夠了，但我還須繼續苦！苦！——我要反抗！我要反抗！

殘酷的人，你也有你殘酷的極限。這個限度，就是我的逃亡。我必須鑄造你這個極限。爲了活。……我必須活下去。

多少個夜，我想你，夢你。這些想，這些夢，現在全變成毒刑，累積起來，一天天拷打我、鞭撻我。我已不敢再寫「夢」字。對於我，「夢」已變成世界上最可怖的存在。越是華麗的夢，越可怕。

回憶這一百多天來，每天下午，我尋覓你的形影、你的琴聲。我並不是聽琴，是聽你的情緒，你情緒的顫慄與旋轉。殘酷的你，寧把這一大堆有血有肉的情緒給死的琴，不給活的我。我是怎樣爲你的一個沉醉眼色所感動，爲你的一朵偶然微笑所燔燒，這眼色和微笑，你賜給那些紙做的琴譜，從不賞給有血有肉的我。歸來後，常常一整夜咀嚼這個眼色，這朵笑，儘管它們對我已變成痛苦，我依舊把它們高懸於記憶壁上，像基督徒掛那美麗而慘酷的十字架。……你的眼色、你的微笑，就對我具有這樣的偉力。

在大花廳裡，有時我等你的腳步聲，像迷羊傾聽牧鈴。我望著通花園的那扇棕色樟木門，心像長長鐵連環，一節節套那銜接客廳和花園的長長甬道，等你的第一聲踐踏。終於，你飄然來了，你那飄飄的長長白袍像千千萬萬柄美麗白傘，撐展於我眼前，不斷旋舞，我深深沉沒在這片白色舞蹈中，如地球上第一隻哺乳動物哺飮那白色乳汁。

我也曾對天空凝望，幻想你像一朵雲，忽然舝落在我懷裡。我也曾對黑夜望，幻想你是黑夜的一朵黑，隨溫柔的夜氣滲入我。但這一切只是幻想。人越是受最深鞭笞時，幻想越瘋狂。我千百萬個幻想，依然無法扭轉你那長背著我的身子。我千百萬個相思，也無法扭轉你那常側對我的臉孔。

在這封信上，再攪撥這些美麗碎片，是撥弄已死的屍骨。我寫這些，因爲我還有一顆可憐的心，想在殯葬場上插幾朵薔薇鮮花，不管死亡看得見看不見，也不管活著的會不會注目。

死亡的是我那些夢，用深情組織的。活著的是你的驕傲與噤默。

永訣了，美麗的殘酷者！我在深夜寫下這幾個字。它們永不會扮演pan的蘆笛，吹響到你床邊；它們也不會成爲林達的死屍，隨海水飄浮到希綠的窗下；它們永遠只是絕望的回聲（註），反射出對永恆美麗的永恆憔悴。

是的，我要靜靜走開，走到遠遠天涯海角。今後，只要我還有呼吸，我永不再在有你呼吸的地方呼吸。只要我還有視覺，我將永不在有你目光的地方看。只要我還有聽覺，我永不再在有你聲音的地方聽。只要我還活在這個世界上，我將永不再出顯在你的地平線上，我將永不！

永別了，祝今夜十二月風吹到你床畔時，依然化爲一片溫柔與溫暖。

如飢似渴的、匆匆選擇看完這一百多幅窗景約四分之一，血液一陣陣衝上她蒼白的臉，她的龐兒紅撲撲的，像喝醉了酒。她的心臟急速跳著。她桌上那杯可可早冰冷了，她一口也未喝。在蒼茫暮色中，她興奮的臉孔斜靠高高黑色椅背，閉上眼，她陷入怒潮似的巨大激情中。她一動也不動，在享受有生以來最大的幸福。可是，一滴滴眼淚如夜露，仍然滑下她玫瑰紅的雙頰，接著，不久是第十一滴、第十二滴，……

## 七

咖啡店裡有兩個客人好奇的瞅著她。

十二月的夜，暗淡的夜。在北國，這應該是嚴酷冰雪與沍寒的夜，但這個濱海南方大都市，前幾天雖飄了點小雪，業已溶化了，街上依然一片熙來攘往，到處紅著旖旎的霓虹燈，形成一派虹夜。十二月的風不太刺骨。天上有迷朦月光，穹空帶點昧昧朧朧。在月光裡，公園內樹木畫出稀疏枝影，林鴉於輜軿似的樹叢深處微動。幢幢陰影中，長長八角燈柱似燃燒著暈黃餤火，高高而孤孤的。遊客寥若晨星。整個公園是寂寞的。是十二月的寂寞，混合著冬夜的唄靜。在這樣氣氛中，印蒂的影子分外顯得單調了，如沙漠上一朵孤花。他來了好一會。淒茫的下弦月亮還未上昇時，他已經出現了。他獨坐石楠樹畔的綠色長椅上，不時向遠遠入口處望去。半年來，今夜是他第一個投錨夜，他靈魂的錨投入溫柔港灣，不再在海上漂泊了。今夜也是他第一個幸福夜，他說不出的感到醉意，雖然尚未接觸酒杯。從今以後，煩惱脫枷，痛苦像一件過時衣衫，被收疊在一邊。他坐著，神思恍惚。坐一會，又站起來，不斷徘徊。無數的力量正錘擊他。無窮的火朵正照耀他。他像古希臘狂歡節裡的酒徒，火炬尚未舉起，早債興如火，五內燃燒。是的，火！火！火！他在等人望人！他早就需要這一大把燃燒，一大片爆裂。對於他，生命此刻再不是無火的戈壁了，星光與暗夜向他顯示一片新顏色、新光輝。這並不是冬季，也不是冬夜。這是春天，這是春江花月夜。千萬朵花盛開思想中，千萬陣春風吹掠他的情緒。從今天上午到現在，這大半日，他另外換了個人。過去的那個已死了。一顆新靈魂旋滾出來，像大漠紅色朝日。他徘徊，他佇望，他等待，他觀看，他思想，他咀昧，他焦躁，這一切又一切，全混合著沉醉。即使有點痛苦，也像「陽春白雪」一樣美麗。他慢慢在石楠樹叢附近踱著，常停下步，往公園門口方向長長凝視。他不只要用眼睛發現她，也要用耳朵發現她。他不只要聽她，也要呼吸她、味覺她。他千百種想望都絕滅了，只剩下唯一的一個：她！這個慾望燒得太久太久了，今夜必須高貴昇華，從混亂的大複雜昇入一片大和諧、一片大純淨。只有她，才能使他整個生命和諧、心靈純淨。啊！只有她！可這份期待頗折磨人。他差點又懷疑她是謊言。啊！上帝，一個人爲了獲得幸福，究竟要付多大代價呢？甚至幸運步聲快臨近，你仍得等待，而每一分、一秒，全有點像受絞刑。

不知何時起，一陣風起處，一片微妙聲音響起來，空中似飄浮著灼熱，地上似瀰散淡香。這是一片極輕極輕的音籟，遼遼遠遠的飄過來，音浪縹縹緲緲，浮浮泛泛，裊裊冉冉。這是輕颸的微吟？林葉的顫慄？溪流的幽咽？素馨花的夢囈？覆盆子的絮語？還是一滴白露偶從蘭草墜落？兩隻蝴蝶的華翅悄悄互撞？三隻草蛾子淺擦玫瑰花葉子？四隻螢蟲頻叩槐樹以綠葉編製的圓門？……？都不是。這只是一陣窸窣聲，一片裙裾磨擦聲，一片燕子點水式的鞋跟敲擊聲。他不是憑現實眞理聽見的，是仗奇妙的直覺與幻感察覺的。他的心「卜卜」跳了。他又一次站起來，向遠方瞅去，遠遠遠遠的，一個柔長的白色人形出顯了，一派銀色閃光正向他飄來，像一支活動的「螢光燈管」。這片銀光越飄越近，猶如古代遮扇子的七槃舞，無限嬝柔的向他舞來，掩映著薄薄月光的爍燿，稀疏星光的熠爚。漸漸漸漸的，它越來越近，終於突然凝成一株眞形：一個苗條而柔長的她。她穿一襲雪白的銀狐皮大氅，黑髮裹在一片雪白絲織頭巾裡，下面是銀色絲圍巾，銀色高跟鞋。從上到下，她渾身一片皎白，晶明，皚白中閃亮她那暈紅而嫵媚的粉臉，明亮大眼睛。這一大片白色裝飾中，她宛若不是從人間走來，倒像才由大月亮裡下來，無限溫馨、無限華麗。她起先走得極快，離他愈近，走得越慢。最後，簡直是一步一停頓，像深山古寺一籟籟鐘聲，悠長、沉重、蘊藉。她彷彿又想走近他，又不想走近他，又渴望他，又有點怕他。可是，慢慢慢慢的，她終於在他三尺外婷婷立定了，像一座白色雪雕像。她深深深深瞋視他。現在，她那雙大眸子更深更黑更亮了，她那潔白臉上的暈紅更紅了，她彎曲的猩紅菱唇更彎更紅了。她像剛剛一場大醉後，鵝蛋臉滿盈迷離的暈光，一種深沉的媚態。她定定瞫視他一分鐘，這才又向前走了四步，站直了，伸出兩手，像捧住「永恆」似地，溫柔的捧住他的臉。藉著薄暈的月光，她更深一層的睆視他、觀照他，像天文學家通過巨大望遠鏡，瞭望遼遠的海王星與金星；又似基督在十字架上最後一剎望永生，更如莎樂美瞋視銀盤中的先知約翰的臉。望著望著，她閉上眼睛，閉一會，又睜眼凝望。她那雙眼已不是眼，似人類史上所有最深最黑的黑夜的總和，像要整個把他的形象淹沒、再鯨吸入她的血液。望著望著，她雙手從他臉頰滑到他兩肩上。她向前微進半步，彷彿忽然害怕什麼，突然低下頭，把臉埋在他右肩上。他聽見她急促的喘息，和猛烈心跳。她全身芳香而灼熱，他自覺全部被溶化了。他闔上眼，渾身抖顫著，不知做什麼才好。雙方未接觸前，早像遭遇一場狂烈火災，他們所有精力似燒完了、耗完了。他們只感到潮水式的一片片洶湧，夾著痲痺性的疲倦。由於感情過度昂奮，它本身就是一種高度催睡術，使人如一片熱蠟，全部自我溶化。他們此時全部酥解了。在一種類似死亡的幸福中，他們站著死去了。

不知有多久，她從他肩上醒過來，迷惑的抬起臉。他也睜開眼，痴痴看著她。她溫柔而含糊的喃喃了一聲，不知是喚他，還是說什麼，他聽不清。接著，在一陣奇異顫慄中，他猛然覺得自己被一片大浪潮吞捲。一陣狂獝的大擁抱裏死了他，一陣比火燄更紅熱的吻，冰雹子樣落在他唇上、頰上、額上，……。一陣大瘋狂，一片天旋地轉，一叢叢一球球紅吻撲過來，撲過去。他們似要藉這陣熱烈擁抱和這兩片紅唇，復活一種比地球更悠久的情愫、情調，比永恆還永恆的人生，生命。不只復活它們，而且要加一千倍一萬倍表現它們。他們不再是兩個肉體存在，只是一種精靈式的象徵，天地萬物未存在前的創世紀的象徵。

# 八

奇蹟在四周旋轉。靈感在四周激蕩。她是一個琉化物，無休止的激情是一座硫磺窟，她燔燒而強烈的氣味整個裏捲了他。自從來到這個星球上，他還未遭遇過這樣狂狙的場景。一千闋戰火交響曲，也沒有這個撼動他心魄。它轟醉的紅態，遠超出他想像一千倍。他再不能分析，更不能解剖，他只讓自己往一陣大龍捲風裡沉、沉、沉，……。她黑黷黷的深眼睛，她火冒冒的猩紅唇，她歇斯底里的抖顫聲音，這一切，像千萬支箭鏃，直貫他心臟肺腑；箭射得越密，鋼鏃愈尖銳，穿得越透，血流得愈多，他越快意、越狂醉。她是一片金屬焊合力的總象徵，他每一滴血都與她的凝成一體。

她無限溫柔的撫摸他的頭髮、他的肩膀，一遍又一遍，好像要把她所有的相思與深情隨手指嵌印入他血肉。她不斷撫摸，又不斷用臉頰輕擦他的臉頰、他的胸膛，無比的溫存，無匹的嫵媚，一陣又一陣的擦著。一片溫柔的喃喃聲，從她紅嘴裡流出來：

「啊！蒂！饒恕我吧？饒恕我吧！我苦夠你了！我苦夠你了！……啊！蒂！寬恕我吧！

我這樣痛苦你。……啊！蒂！原諒我吧！原諒我吧！我是這樣傷害你。我是這樣傷害你。……啊！饒恕我吧！寬恕我吧！原諒我吧！……」

她再說不出別的話，只是這樣重複喃喃，重複撫摸他、輕擦他，不知重複了多少遍，不知重複了多少時候。重複著、重複者，她突然哭泣了，她在他懷裡哭著道：

「……我從未有意想苦你、傷害你，我從未有意要生你的氣，我只是生自己的氣。你知道，我爲你受了多少苦。」

說到這裡，她停止哭聲，努力壓抑自己，只是靜靜流淚。她用克制的聲音，開始力求理智的道：

「……當我厭倦熱帶的浮誇，想追求一個新的深沉，到北方去時，在那迷茫的海程上，我絕未想到會邂逅你。憑我的直覺，在第一夜，我就感到你的魅力，但我不相信這個。我不以爲：奇蹟會像春天落花，那樣容易落到我身邊。於是第二夜，第三夜，……。我發現你比我所能想像的更迷人。那個時候，我所以沒有立刻投向你，有兩個理由。一是我年輕的浪漫感，有意要把一切安排得神秘縹緲，好使它在回憶中顯得魔祟；一是我的自衛本能。我畢生想像著奇蹟，不斷追求，一旦眞出現了，我卻絕不會那樣輕易把自己交給它。我從未養成一種習慣：把自己全部交給任何一種外界存在。我愛奇蹟，卻又不大敢信任它。

「這以後，我踏入北方，我一直想念你。一件美麗事物，在回憶中，分外顯得美。一種有魅力的個性，在記憶中，更顯出魅力。我開始發覺，我可能失去生命中最可珍貴的。

「這次歸來，我原本計畫作一次更遠的旅行，我絕沒有想到，會重遇你。更沒有想到：

你竟和我有那樣的親屬關聯。海上的印象，加上兒時的，再加上現在的關聯，以及那可能更新的，這些對我是一個太大壓力，我預感無法抵抗。但我的老脾氣又發作了：我的自衛本能。一種將會全盤失落的恐懼包圍我。我知道，這是我一生命運的生死轉捩點。你那些信上，有一封告訴我：『在生命中，我找尋各種顏色與音符。現在我終於找到最確定的一種了：你是我最後的顏色，最終的音符。』你錯了，這些話只是你情感的想像。我絕不是你的『終點』。我可能只是你的『過渡』。

「從海上第一夜認識你起，我就被你強烈的發掘意味的眸子吸住了。我愛這雙眼睛，又怕它們。我愛：因爲它們那種垂直強度，像隨時要一眼把宇宙掘穿。我怕：因爲人間並沒有多少東西、經得起恆久發掘的。此刻，你這雙發掘的眼睛射向我了，可我絕不是永恆宇宙，也不是無底礦山，我絕經不起你長久不斷的發掘。你目前仍爲永恆發迷，要在任一種事物上找它，但我身上沒有這個。一雙宇宙礦工的眼睛與一個塵世女人聯在一起，這是一大危險。正像胡狼和燕子在一起是大危險。因此，我不得不作嚴重考慮，對你表現最大的冷淡，甚至故意發你脾氣，叫你難堪，結果造成半年來我們間的離奇關係。

「這許多日子裡，大部份時間，我都耗費在迷亂的思緒裡。像一艘沉船碎片，我被分裂成許多碎塊，這一塊屬於波，那一塊屬於浪，不斷在黑暗大海上漂浮。我不知道黑暗將把我帶往哪裡？也不知道這許多碎塊還能聚合不能？我對你的愛惡的分量，我從未正式估價過。我只感到你無比的磁力：因共鳴而引起的磁力。每一次，當我想方設法，用哲學式的邏輯和思維把你推遠時，另一套邏輯就在我心裡大聲喊：『你是在騙自己！』失落自我的恐懼，使我不敢坦白對自己承認：我是在熱愛你。但這片熱愛早像一天大霧，叢叢密密裹擠我。我想在霧中保持視線明晰、頭腦冷靜，只是徒然。有時候，我夜裡醒來，滿臉是眼淚，但我不知爲什麼流淚。有時候，彈完琴，上樓時，我倒在床上哭泣，毫無理由的。兩個矛盾力量不斷在我心頭交戰，一個渴望你的接近，另一個反對。當我每次用冷淡回答你的慇懃時，我內心另一個情緒在反抗。但當我才想使用溫情時，我全心的熱烈，到了臉上，卻變成一片冷靜，到了嘴邊，卻是一些岩石樣的語言。越當我臉上對你最冰霜時，其實也就是我心裡最桃李時。一個聲音常在我耳邊喊：『這個男人是一棵禁樹，他的菓子是吃不得的！』我永遠用一種類似畏懼的基本情緒接近你。

「你知道我爲什麼恢復練琴？主要是爲了平靜我的情感。這些日子來，我左一堆右一堆情感堆積如海，必須找一個出口，只得從音樂裡流出來。這以後，我才能呼吸你。我很少看你，卻常常呼吸你。我知道，你坐在那個角落上，那張鵝黃色沙發裡。我知道，你不是沉沒於琴聲，是沉入我裡面。而最主要的是：你隨時渴望投入我。是的，你隨時等我的一個字、一個眼色，這個字、這個眼色、不只會帶給你永生歡樂，也會帶給我永生青春、永生光輝。但我偏不說這個字，偏不投這一眼。因爲，我知道，在這『一個』後面，我必須付『千千萬萬個』代價。爲了換得你這位發掘者的歡樂，另外有千千萬萬個不可測等著我，後者的答案，可能是痛苦。幸福對你只是數學上的答案，不是生物學上的答案，有一天，你獲得最後答案，你可能會心滿意足的走開。但幸福對我卻是生物學上的答案，不，是交響音樂上的序曲，它唯一的要求，只是更深的開展與延續。我看出這種數學觀點與生物學觀點以及音樂觀點的基本衝突，我無法不用數學回報數學，而閉上我那雙音樂眼睛、生物的眸子。我盡可能把自己感情往下壓、壓，壓得連自己也不認識。可是，我知道，所有壓力的總和，只不過爲了製造一個命定的反叛。

於是，有一天，那個命定的反叛終於衝來了，……我心內的玫瑰園和冰山，必須作一最後決戰了。

四天前，花廳那一角，忽然沒有你了，接著是第二天、第三天，……。無須哥哥告訴我，你是在作一次長途旅行，我已預感要永遠失去你。我不能描畫，這一預感是怎樣撕碎我。直到今天上午看見你止，這幾天，我是生活在一百座煉獄裡，那個命定反叛終於懲罰我，燒燬我。沒有一夜，我不通宵在床上輾轉反側。從哥哥口裡，正式得知你遠走後，那一夜，我不能閉一秒鐘眼睛；從黑夜到天明，我幾乎睜了八小時。我在深夜徘徊，睜大眸子凝望窗外雪光，接著，又躺在床上。我對我這一生的命運，不得不作『最後的審判』、『最後的掙扎』。我看得很明白，我面前只有兩種系列：一個是自我，一個是自我以外；一個是邏輯，一個是慾望；一個是數學，一個是樂曲。我知道，你是個發掘者，也是放野火者，你會在我身上放一把野火，又遠遠跑開。你要了我的『自我』，以它作爲一堆歡樂的燃料，然後又會唾棄它的灰燼。你的路和我的只同一半，我是從歡樂到歡樂，你是從歡樂到歡樂以外。若干年來，我已漸漸厭棄曲折與複雜，只需垂直和單一，但你仍爲曲折與複雜發迷。……這一夜，我從未這樣醒覺的看清你我的分歧點，但我也從未這樣厭惡且反抗我的清醒。不管多少本哲學在心裡畫多少個公式，我終於選擇一個；你！我只要你！我的永恆命運也只有一個：你！埋藏了多年的眞實情緒，終於以一種無比巨大力量從黑暗中屹立了，對我呈現出無比華麗與神奇。我開始肯定，一個人只有被強烈慾望支配時，才能極度深沉。在這個深沉淵底的滿足性的歡樂，才是最高歡樂。也只有它，才是眞生命、眞智慧，而這正是我若干年來所追蹤的。你在，我的感覺雖沉重極了，悶極了，卻極度充實。你不在，這些沉重感也沒有了。我開始意識，這份沉重正是我數年來所追求的。只有你在，聽你的聲音，看你的視覺，呼吸你的呼吸，我的生命才圓，才眞！一千本哲學抵不上一支樂曲！一千個幾何公式抵不上一個音符。人類是從慾望開始的，不是從數學開始的。最低限度，我最終的歸宿是無窮音，不是無窮符號。『自我』誠可貴，但它只是錢幣，專爲買幸福。錢幣本身並沒有價值，價值全建立於交換。說得更眞實些，它的眞正存在價值是在『失落』上。我必須失落自我，才能獲得眞正的生活。幸福與『自我』不兩立：或者前者在後者門外響，或者後者溶入前者。康德和柏拉圖算什麼？一百本康德抵不上你的一次擁抱。一千個數學公式，也抵不上你的一個吻。只有這些擁抱和吻，你我的靈魂溶合一體，這才是眞光、眞熱、眞香、眞色。現實生命是從光熱香色中產生的，不是從一堆XY裡產生的。當然，我絕不否定那些科學大師與哲學大師的價值。我只以爲，他們是原始生命的終點，卻不是起點。沒有起點，怎麼有終點呢？我們必須先建立生活起點，或者說，生命的眞正起點：幸福。

「於是，我追蹤這艘日本輪船的消息。昨天中午，我乘夜車抵上海，不顧幾夜失眠，疲倦，花了一個下午，終於尋到這條日本船，它今天將駛往東北。爲了保證找到你，我索性買了一張到青島的船票。今天上午開船前即使找不到你，至少，船上的兩天時間，足夠尋著你了。我不敢想像，假如上船後竟看不見你。可我相信必能看見你。眞理永遠幫助誠實的追求者。謝謝上帝，我終於看見你了。由於你的那些信，我更眞正看見你了！現在，親愛的蒂！我最愛的蒂！你終於在我懷裡了。

「我向我最愛的蒂發誓！從今夜起，我要另外變一個人：一個永遠表現瘋狂的人。只有在最高瘋狂中，才有最高幸福。過去的瞿縈，整個死了。我唾棄她。像唾棄一個沒有血的蠟像，一個懦怯的侏儒。從今夜起，你的胸膛即使是一片刀山，我也要滾進去，讓千萬把刀子扎個透。我知道，你身上有天堂，也有地獄。你能給我天堂不朽的花朵，也能給我地獄的永恆鞭撻。但我再不考慮這些了。只要你眼睛裡有幸福，我就找你眼睛。只要你唇上有鮮花，我就找你嘴唇。只要你血液裡有紅有熱，我就找你血液。我要的是眞幸福、眞生命！你正是我的眞幸福、眞生命！……啊！蒂！我親愛的表哥，你不是我最好的表哥麼？從小你就那麼熱愛我，我也熱愛你。兒時，你給我的記憶太深了，我永忘不了。在我過去回憶裡，我只眞正愛過一個友人，就是你。我離開你後，一直在想你。即使漸漸成長了，你的影子慢慢淡，我依舊常用一片溫情回想你。這也是爲什麼，我歸來後，從第一次看見你起，就害怕你，怕你會像兒時一樣魔我。假如沒有兒時那段回憶，你現在的單獨姿態可能不會有那樣巨大的力量。信仰越新越好，朋友越舊越好。時間與友誼的濃度常成正比。甜蜜的回憶，會加深現實的幸福。啊！蒂，我最愛的蒂！我親愛的表哥，你依舊像兒時一樣寵我吧！親我吧！讓我們再去找青青溪水，讓我們再去坐在明亮溪水邊洗腳，你依舊會用涼水澆我的腳板。讓我們再去尋覓舊時月夜，月光總是雖新猶舊，我將靠在你懷裡，聽你講月亮的故事。讓我們再到花的黃毛丫頭，你依然是那個『有一雙想做夢的眼睛』園裡摘花，到太陽光裡跳舞。我依然是那個貓樣溫柔的大孩子。讓我們再一次手攙手的，走進童年。我將比兒時千百倍的戀你、親你、愛你。我兒時所有的，只是一片天眞，現在，除了這個，還有我成熟的感情、成熟的精神、成熟的身體。在海上，你不說過：我好看極了，你爲我的美發狂。從今夜起，我把全部美交給你，一滴也不剩，你願怎麼施用，就怎麼施用。啊！蒂！我最親愛的蒂！我的哥，從今以後，我全部是你的。我的頭髮、我的眼睛、我的臉頰、我的嘴唇、我的愛、我的夢、我的幻想、我的祝福、全部全部是你的，正像生命萬象全部是造化主的。啊！我最愛的蒂！蒂！蒂！蒂！蒂！蒂！蒂！……」

像一架非洲大鑾琴，她狂猘的對他彈，琤琤琮琮，纚纚不休，彩澤深沉，音色燦爛。從琴聲裡，她彈出一片繚繞的內在，一陣獷熱。今夜，她是一大片發光的鈾鈓，要用那不朽光輪，照徹他一百多天來的心靈黑暗，給予他紫外線式的強烈激勵。她墨鬒鬒的髮，黑彎彎的眉，直隆隆的鼻兒，這一切是風中的燃燒，叫他氧化了、火化了。她不斷深看他，淡看他；淡看他，又深看他。她渾身抖顫，呼吸喘息，心搖目蕩，眼光像千萬隻鶴嘴鋤，不是看他，是深掘他的生命，同時也挖掘自己的生命。她要緊緊捕捉他靈魂的陽面和陰面，所有凸飾與凹飾，光與暗，角和圓。現在，她算眞正找到生命大源了。一個夜晚，她要把自己整個變過來。她從未這樣糟蹋過自己，可也從未這樣創造且享受自己。她什麼都不要了，只要他。有了他，才有全宇宙。此時，全宇宙都在她懷裡旋轉。風沙星雲，流石殞星，一切像瀑流，繞著她，在她四周衝激。好幾次，她幾乎被衝死了，又復活了。愛情─這一個毒味的眞理，誘惑她不知多少年了，今夜似整個出現於她身邊。她，不再介意它的毒素，以及明日的浮影。她只要今夜：這個現在、這個刹那、這個永恆。她愛他，這中間就產生永恆。這一切就夠了！儘夠了！這一刹那，似紛飛著無數蜜蜂翅翼，足夠爲她塡補千千萬萬個未來窟窿了。

註：Pan爲牧羊神，善吹蘆笛。

「回聲」爲希臘神話中的仙女、被神懲罰，不能自由談話，只能複述別人最後一句話。她癡戀美少年納蕤思，因失戀的絕望，而形顏消瘦，全身血肉都飛散在空中，只剩下一片回聲。

# 第七章

## 一

紫色——是一種睡，萬萬千千細胞在睡，浮動而粗獷，睡得比紫色更深、更沉。藍色——是夢，夢像嵐一樣美，霧帶一樣輕，但並不透明。綠色——是睡與醒的中間色，從睡的邊緣爬到醒的邊緣，又從後一條直線滑回前一根直線，但它不是夢。橘色——是一種醒覺，所有意識枝椏，突然從光禿變成一片繁茂、葱蘢，地平線睡著了的一切光芒，陡然醒來。現在，這些年輕人，正彷彿從一片中間色醒來，用一種橘色視覺，眺望湖上亭臺樓閣、花樹山水。他們的橘色視覺泡沫，不斷泛起、漫開，滲入湖上每一叢梅樹，每一朵梅花，每一葉，每一莖，每一光，每一色。他們眼睛裡的水樣液與透明液，流溢到每一蕚、每一蕊，反映天空與太陽的七色，又幾乎透入每一顆宇宙粒子。湖上那些紫色、綠色、藍色，正是他們昨夜的各種經歷，各種神秘色彩，使他們無限恍惚，又很甜馨。

「這樣的初春，這樣的清晨，在放鶴亭的山光水色中，你們會感到四周非常美麗，這證實一個偉大的現代眞理，空間是有限的，它像地球表面一樣，能彎曲過來。在這裡，你不會感到古代無限空間的美，卻感到有限空間的美。整個宇宙，好像就是一座花園，它的色彩、棲息在這些梅樹上；它的硬度、表顯在這些花崗石階臺上；它的聲音、流在流水上。一種異常的美，本身形成一種氣球體，我們就在這個又充實又透明的氣球內喝茶、談天、看花、望水，一絲一毫沒有無限縹渺感。這裡有一種淡雅的靜，卻是充實的靜，不是虛無的靜。這靜流在水裡，亮在山上，響在鳥聲中，開在梅花上，我們便溫柔的感到現世的旖旎，人間的綺紋玲瓏。」印蒂斜倚石欄杆，睇視欄外一些紅色梅樹，輕輕說。他似乎是說給四周友人聽，又似說給梅樹聽。

「正是這樣，每次到放鶴亭，我總像回到自己庭囿、園苑，說不出感到親切，溫存。特別是現在，梅花盛開時，一切都玉潔冰清。一花，一石，一山，一水，全像我茶杯裡浮動的茶葉芯子，我舌尖上可以嚐味它們的淡雅、芬芳。」瞿槐秋啜了口明前龍井茶，悠閑的吸了一口煙，愉快的說。

「大哥，你說石頭也泛茶香，我看你不必喝什麼龍井茶了，乾脆拿一塊石頭，泡在茶杯裡得了。」瞿縈咕咕笑起來，說得大家都笑了。

「那麼，杭州所有茶葉店，都可以關門，搬個兩車子石頭進來，改成石頭店，專賣石頭茶好了。」景藍也笑著道。說得大家更笑了。

「這樣，茶葉店老板，都可以換人，改由地質學家經營好了。」洗美綉笑著說。

「我看槐秋喝茶喝入迷了，恨不得把西湖上一切有形東西都化成茶葉，所以，連石頭也要拿來當茶喝。」鄭天漫笑著道。他一面說，一面從附近梅樹下拾起一塊大岩石，遞上去「

來！來！帶回去，好好用石灰缸貯藏起來，改天用虎跑泉水去泡。」

瞿槐秋苦笑：「我要喝這種茶，得轉世投胎，有一張鯨魚嘴才行。」大家聽了，大笑起來。

林欝笑道：「我從上海休假度周末，來看梅花，你們放了梅花不看，卻大談石頭，眞是煞風景。」他的眼睛望著半山一叢叢綠梅：「我完全同意印芾說法：放鶴亭充份表現一種有限空間的美。」

聽了他的話，一剎那間，大家不再開口，默默凝眸望四周梅花。

山上、山間、山下都是梅。亭前、亭後、亭左、亭右，全是紅色點點、白色點點、粉色點點。水邊、池畔、道旁、階側、閃爍一片片色彩，氤氳幽香、清芬。那些紅梅、綠梅，娉婷玉立，渾身上下，無一處不熠熠紅寶石、銀色鑽石。那些花開得純粹極了，素淨極了。這些優美的樹，彷彿不是開花，只是輕輕作一種瑰緻呼吸，一點不費力氣。這些紅梅，不管花怎樣紅，繁茂，卻絲毫不顯濃艷。那些綠梅，不管花怎樣白，冷靜，也一點不顯適分素淡，淡雅中仍透一片旖旎、矞煌。白色草梅，就沒有這麼純粹了，稍嫌駁雜，但它們那片葱蘢的花朵，千朵百朵的，綴成一片銀色的星星海，卻給人一種壓倒的白色印象，似遇大雪。突出的是它古老的棕黑色樹幹，如此蟠曲、虬結、蒼邁、乾枯、孤獨、堅挺，和豐富的俊秀白花一對襯，人們好像是在一個千年古老巖壁石窟中，仰觀偉大銀河千萬顆星星，說不出的，給人一片又新鮮又深沉的美感。這種新鮮與古老的交錯感覺，在一本本「骨里紅」那裡，表現得特別凸出。那幾枝枯老乾瘦的樹幹，點綴一朵朵非常猩紅的花朵，宛似一些紅色少女，用鮮麗紅唇狂吻一個古代聖者。那幾十棵臘梅，卻以另一種高貴姿態，描在池邊，一朵朵濃黃小花，雖然快謝了，好像不是花，是一些奇麗的小小鵝黃果實，圓圓的掛在枝頭，又冷艷，又孤傲，不時散發一陣陣沁人的幽香，和幽蘭芳香一樣迷人。

大家欣賞這一片神奇梅色，不覺看呆了。

鄭天漫悄悄走到林欝後面，從地上拾起一瓣瓣梅花，紅色的、白色的，輕輕灑到他頭上、肩上、身上，使他變成一個婚禮中的新郎。被灑人一聲不響，一動不動，仍背著雙手，憑欄欣賞後山梅花。大家想笑，可又覺得這片靜境非常之美，便微笑著，不出聲，靜看天漫繼續把一瓣瓣花灑下去。林偶一回頭，見天漫這樣，他不禁笑了，大家也笑了。

「天漫，今天這個場合，我是一個獨身者，我受不起你的天女散花，你應該到另一位那裡借花獻佛才好。」他向印蒂呶呶嘴。

「不，印蒂不需要我這個假天女散花，另有眞天女替他散花呢！我因爲憐惜你光棍一條，才借這些花替你祝福，祝福你的妮亞是一個比梅花更幽、更香、更美的伴侶。」他這是點出林欝已經和妮亞同居，但這次卻沒有帶她來玩。

林欝望著洗綉美，笑著道：「哦，『更幽』、『更香』、『更美』，瞧，天漫這不是說給我聽，這是在誇你。大家聽聽看，有了一個幸福妻子的天漫，是不是在向我示威？」

洗綉美臉孔紅起來。「天漫，你就是愛管這些閒事。林先生不僅有美麗的妮亞，而且，上海天女如雲，梅伴如雲，那裡還需要你替他擔心思。」

鄭天漫笑道：「好，林欝天女如雲，梅伴如雲，下趟替我們挑一擔來，讓我們品嚐品嚐。」

大家聽了，都笑了。

林爵笑了一會，沉思起來。「也許，暫時還是獨身好。孤獨有孤獨的特殊味道。」

「什麼特殊味道？」景藍笑著問。

「你知道麼？一切獨身漢都是偉大人物，因爲，上帝也是獨身者。」印蒂笑著道。大家聽了，全哄笑起來。

林爵把渾身梅花殘瓣抖了一下，那些玲瓏小朵朵，全落到地上，他從頭上取出一瓣，放在嘴裡，慢慢嚼著，嚼了一會，輕輕道：「還不只是這樣。」

他望著湖面，繼續道：

「當我孤獨時，自我是一切，我獨立的反映地球上各種光、色、香，而且常常是平靜的、精細的、犀利的。當我身邊多了一個朋友後，我的肉體空間添了一條肉體，背景就不同了，生命數量也不同了。我精神裡，也不再純粹是一條生命的色素和聲音，而是兩條生命的。因此，我再不能完全平靜了，有時，也粗糙了。漸漸的，自我沉下去了，他體像萍蕟浮在我的四周。於是，或多或少，有一個生命在壓制我、限囿我，我的靈魂觸鬚有點被黏住了，像樹頂透明的蟬翼被孩子的黏餌黏住了。參加我靈魂空間的，假如是一個愛人，那麼，自我就完全沉沒了，那個謙虛的創造主隱遁了，我的一切精緻翅膀，都陷住了。也許，經過一個長時期適應，能夠再飛翔，然而，飛翔的天空完全不同了。兩個人的——特別是一對愛人的柔和天空，不可能再給予我那份孤獨的深度和高度。一切靈魂浪潮，全平衡了，再沒有巨濤與海嘯了。可能，那是一個新的畫面；一片謐靜的平坦的光明的湖水。」

說完這段話，他沉思了一會，又道：「我不怕妮亞攻擊我。從我個人角度看，也許，暫時不接受這份新畫面好。這需要一點靈魂準備——一種充分的靈魂準備。否則，即使不會太失望，也不會太理想。」

他才說完，瞿縈就笑著說：

「林先生，照您這樣說，每個男人未結婚前，都得出家先作和尚，修鍊幾年，先把靈魂充分準備好，然後再在報上登結婚啓事，是不是？」

她說完了，大家大笑起來。

## 二

「瞧，這幾個旅客，從對面星星旅館走出來，笑著跑下湖邊長長石階，乘白色小船，到放鶴亭喝茶，他們多悠閒。」景藍望著湖面，輕輕道。

「他們簡直像生活在夢裡。」唐鏡青喃喃道。「夢像蜻蜓，悄悄飛到他們的髮上、肩上、襟上。」

「我們自己不也生活在夢裡？我們悠閒的消磨這個週末。我們幾乎隨清晨第一個露滴，來這裡啜飲茶滴，隨第一線太陽紅光，來欣賞這裡紅色的梅花和楹柱。從這個早晨起，夢的腳步，就從沒有在我們四週停止過。」印蒂靜靜的道。

「可生活在夢裡的生命，卻不知道自己在夢裡。我們看船上人是在夢裡，船上人看我們也在夢裡。」唐鏡青輕輕道：「說不定，我們的笑聲，把他們從對岸夢中驚醒了，他們這才翩然飛下床，覺得這樣一個清新的早晨，第一件事，應該是乘船來梅花叢中喝茶。」

「但願我們的生活永遠像這個梅花早晨，我們生活裡每一個節目，像茶杯裡每一片茶葉芯子一樣，那麼碧綠、新鮮、清香。」景藍低低嘆息。

「人們本可這樣生活，也本該這樣生活。但有些人，偏不肯。他們寧願用炮彈的花朵代替我們四周的梅花朵朵。」林欝望著湖面那隻白色小船：「拿我說：運氣就比你們差些了。過了今夜，明早八點我得坐寫字間，開始在一些數目字裡翻跟斗。而我還得聽妮亞抱怨：這次不帶她來玩杭州。我倒很想把這些梅花香味永遠留在我身邊，但我不可能。我眞不知道，什麼時候起，這個地球才能眞正變成一座花園，像這座放鶴亭一帶一樣。」

「不談這些了。當我們還沉浸在夢裡時，就不必想夢以外的一切吧！在這樣的美麗早晨，連上帝也不許可任何黑色音符或灰色音符的。」瞿槐秋望著林欝道。

「可夢不只是找玫瑰與楊柳，它也尋冷硬的岩石，和墜落的葉子。」

「林先生，得罰您喝一杯茶。（這裡沒有酒）。剛才您建議所有未婚男子先出家做一陣子和尚，現在又要我們和『冷硬的岩石』與『墜落的葉子』做朋友，打交道。——這些都不應該是今天早晨的聲音。罰您一杯！」瞿縈笑著道。

「領罰！領罰！」林欝笑起來，舉起茶杯，一飲而盡。「我忘記了，幸福的人除了玫瑰與夜鶯，是不愛看別的，聽別的。」他一面說，一面望著印蒂與瞿縈，會意的笑著。

「還不僅僅是這個。」瞿縈輕輕笑著道：「馬的年齡在牙齒上。樹的年齡在年輪上。人的年齡在臉上。星星的年齡在重量和運動上。歡樂的年齡——時間，在我們的聲音上，在你的、他的、我的聲音裡。假如你的聲音像『墜落的葉子』，就說明我們大家的歡樂將要夭折，這不是今天早晨應該有的聲音。」

「對！對！對！再罰他一杯！」大家笑著說。

「領罰！領罰！」林欝笑著又乾了一杯茶，卻對印蒂道：「你的美麗表妹可眞像一位『幸福公司』的女經理呵！」

大家全笑了。

「罰茶不行！要罰酒！」鄭天漫笑著道：「時間不早了，快八點了，我們眞該去用早點了。到太和園去吃點心，要幾瓶酒，大大罰林欝一頓，好麼？放鶴亭的梅花倒底不能當點心，左一杯右一杯，茶喝多了，肚子倒更餓了。」

「再坐一會吧！這一刻眞是可愛。早餐以後，一個人的情緒又不同了。」印蒂迷戀的眺望對岸，沉迷的道：「瞧，這艘白色船往這裡划過來了。船上兩男兩女在唱聖母頌，聲音很美，他們可能是基督徒。」

「唱聖母頌的，不一定都是基督徒。每一個沉沒在幸福裡的人，都歡喜唱修佩特這支名曲。我看，他並不是寫給聖母的，倒是獻給他永恆愛人的，所以才這麼甜蜜、美麗。」唐鏡青道。

「我看，他們的划船技巧不大高明，掌舵的掌不穩，船不時像陀螺樣團團轉，這點水路，他們划了廿分鐘，還沒划到？這樣划法，划全湖，起碼要一個晝夜。這不是船，簡直是蝸牛。」洗美綉笑著道。

「那個男的槳落下去，把水濺到旁邊的少女身上了。」林欝笑著道。

「她們都在笑那掌舵的了。」

「在這樣的早晨，少女的笑聲，眞似蝴蝶樣飛撲在湖面上。每一朵笑都閃耀不同色彩。」印蒂低低說。他望著對岸青山，輕輕道：「要是在對岸山上有兩間房子，多好，一推開窗子，就可以看見藍色的湖，綠色的堤，每星期日，成天可以聽見少女們的蝴蝶似地笑聲。」

「印先生，我看你對這隻白色船興趣很大，等等我要他們在船上給你留個位置，好不好？」洗美綉笑著說。大家都笑了。

「其實，你那兩間茅屋也不錯；雖看不見湖，可有一種獨特的謐靜。在湖邊山上，反而不安靜了。」林欝道。

「印先生，你的窗外窗內，不需要西湖，它有比西湖更美麗一百倍的風景哩！」景藍笑著道。

印蒂不開口，只笑。瞿縈也咕咕笑。臉卻微微有點紅了。

「你們要聽眞正美麗的笑聲麼？我們到空谷傳聲去！」鄭天漫道（註一）。

唐鏡青輕輕道：「那隻白蝸牛船已爬過來了。……他們正在划最後一槳……那個紅衣少女放下槳，站起來了，那件紅色絨衣映襯她的臉，比岸上『骨里紅』梅花還鮮麗。……我們走吧！這個幽靜亭子出現新的闖入者了。」

「我們走吧！……放鶴亭飛來新鶴，我們這些舊鶴應該飛去了……！」景藍笑道。

在空谷傳聲路邊，印蒂端詳幾棵法國梧桐，無枝無葉無條，幾乎看得入迷了。那些枝葉太繁茂的樹，像一些穿著華麗衣服的女人，只有修鋸了大部分枝葉，她才以眞正的原始肉體出顯在你面前。它們簡直是羅丹或馬育爾手下的一尊尊雕像，以各種各樣的表情，吸引你的視覺。

「瞧，這幾棵法國梧桐，幾乎一根枝條也沒有，僅是一條條光光樹身，可這又多美！有的像喝醉酒的魯智深打山門，歪歪斜斜，有的像坦白率眞的羅漢，嘻嘻哈哈；有的像天魔飛舞中的羅漢，如幻如迷；有的像龍袍玉帶的古帝王，一派莊嚴。沒有一棵不充滿壯麗的生命，活潑潑的靈魂，它們簡直比有花有葉的樹更洋溢無限魔力。」

印蒂喃喃著，像沉浸於一微妙的景色中。由於他的指點，大家也發現這些無枝無葉的赤裸樹身的神異；那是一種無比深沉的宇宙力量，生命之力。

突然，鄭天漫跑過去，走到湖邊，向對岸青山大聲叫道：

「我是魯智深——醉打山門！」

登時，對岸青山也鸚鵡樣應聲：

「我是魯智深——醉打山門！」

唐鏡青笑著，大聲道：

「我是羅漢——嘻嘻哈哈！」

青山也和應：

「我是羅漢——嘻嘻哈哈！」

瞿槐秋大笑，一個字一個字大聲道：

「我是懶漢——請不要理我！」

對岸也回答他：

「我是懶漢——請不要理我！」

大家哈哈大笑。

對岸青山也哈哈大笑，笑得似乎比他們更響亮。

瞿縈用高音哼了「茶花女」、「飲酒歌」頭幾句，對岸青山也唱起來，清麗極了。景藍唱了幾句維也納「林中故事」華爾滋，四山也共鳴，像閃電。

林鬱笑著大聲道：

「青山綠水——後會無期！」

對岸也重複他的話。

洗美綉大聲笑道：

「我沒有話說——請原諒！」

青山也回答她：

「我沒有話說——請原諒！」

大家都說了，只印蒂沒說。

「你爲什麼不開口？」鄭天漫笑著問。

「我和洗小姐一樣，沒有話說。」他笑起來。「我要說要唱的，都被你們說完唱完了。」

「不行，你得說一句。」瞿縈笑著，在後面輕輕推他。

「好，我說我說！」

印蒂笑起來。他一個字一個字大聲道：

「我肚子餓了，要到太和園吃早飯，塡肚子了！——再會！」

青山也大聲道：

「我肚子餓了，要到太和園吃早飯，塡肚子了！——再會！」

大家又哈哈大笑，笑得前仰後合。

「瞧，葛嶺山也肚子餓了，要到太和園吃早飯、塡肚子了，看樣子，太和園非鬧得天翻地覆不可。說不定連那幾個廚師也要被它活呑下肚，哈哈哈！」

「這一下，倒應了槐秋的話了，我們眞要拿石頭泡茶喝了。哈哈哈！」

「不要緊，太和園旁邊，有『泰山石敢當』橫碑，哈哈哈！」

「哦，我們是泰山崩於前，其色不變。哈哈哈！」

最後，一片大笑聲中，大家向太和園走去。

## 三

「紮，海上那些天，你究竟住在哪個房間裡？爲什麼我總找不到你？……你爲什麼現得那麼神秘？」

「這點秘密，現在我還不能宣佈。等一個能宣佈的日子，再宣佈。神秘是一切誘惑的主要因素。爲了讓我在你的眼裡多保持點魅力，我裡面的窗子，還應該關閉幾扇才對。」她笑著道：「一個女人打算杜絕別人追蹤，總有點辦法的。」

他望著她，微微好奇的道：

「眞奇怪，當時我們在一起好幾夜，居然沒有辨識出對方。」

「這是很自然的。我們分別十幾年了。一個六歲小女孩變成一個高大少女了，你自然不會認識她。至於你，也全變了。那時你身材瘦削，樣子完全是個中學生，起初還是個小學生呢。此刻你卻變成一個魁梧壯大的紳士了。更主要的是，那時，你只是個天眞幼稚的大孩子，現在，你卻飽經世故，帶點中年人氣味了。不過，更重要的是，那時，我有意要擺脫一切現實。我不希望知道你更多，也不希望你知道我更多。一切應該帶了份夢境朦朧味。」

「我是在你搬家後、經過幾年辛勤運動，才漸漸魁壯高大起來的。那正是青年人容易發育的幾年。哦，不談這些了，還是談談幻境吧。」

「哦，朦朧的姑娘，你四周大霧現在終於消失了。你會不會惋惜？」他笑著問，溫柔的抓住她的手。

她頭倚在他肩上，溫柔的微笑道：

「有時候，一個女人應該朦朧點，有時候，也不妨明朗點。」

他沉思了一下，笑著道：

「我想起另一件事了。你到S埠海船上追蹤我，假如萬一眞碰不到我，那你打算怎樣？」

她的頭從他肩上抬起來，笑著道：

「天知道！瞿縈所想要的，上帝總常常幫助她得到。我常常有這麼個預感：一個人只要眞心要什麼，總會得到什麼。」

「你這樣自信？」

「嗯。我就這麼自信。」雙眼調皮的望著他。「我的自信是有根據的。有一次，我聽你和大哥閒談，說你有一個好朋友莊隱，在哈爾濱中東鐵路工作，似乎當什麼站長。我只要到哈爾濱找到莊先生，肯定你就不會漏網，我非把你拿捕法辦不可。」

她咕咕笑起來。

他也大笑了。

他定定瞅了她一會，低低道：

「假如我用七個海夜那雙眼睛看你，我現在完全不認識你了。」

「在我裡面，原本另有一個人，她像一個精靈，一直被關閉。有時我也想放她出來，可不敢。現在，我再沒有關閉她的理由，關也關不住了，只好讓她衝出來。一個女人的原始精靈出現在世界後，前後會判若兩人。這正是情感的魔力，也正是你最可恨處。可我不管了，我早宣布過我的情感哲學了。偉大的浪漫主義與哲學感是誓不兩立的。」

他抬起頭，傻傻望著她，突然又一次抓住她的手，催促的笑道：

「眞對不起，我不該勾引起你這篇抒情宣言。今後，我永不提這個了。請寬恕我。」他誠懇的望著她。「不過，浪漫主義女神。我倒相信，這幾年來，你一定有一段『魯濱孫漂流記』。把這段英雄式的『漂流記』向我打開吧！讓我也分沾一份你的燦爛色彩。」

「哦！這沒有什麼『燦爛』。這只是一個『想像病』的女子的一點夢幻經歷，一種幾近荒唐的現代傳奇。你如果眞要分喝這份酸汁，那麼，請抬起嘴唇，讓我斟你一杯。」

我是一個早熟者，十六七歲時，就分擔三十幾歲人的思想，現在，從理性上說，卻幾乎有點像老年了。讀完中學，我就不再想唸書。我已有了足夠的想像力和觀察力，所需要的只是事實的平衡。沒有事實陪襯，書本子只是一場可怕空虛。經驗是智慧的最高註解。我於是開始羅曼蒂克的冒險。我下了個大決心：絕對按照自己獨特的幻想與意志去生活。這四五年來，我走了好些地方，我做過店員、賣花女、記者、女工、舞女、家庭教師、女侍者，我主持過華麗大筵席，成爲一些高級布爾喬亞的偶像。我也侍候過教堂聖像、工廠機器、百貨店櫥窗。有一個時候，我忽然覺得殺人害人是一種新鮮趣味，我幾乎加入一個特務組織。但一個考慮救了我；我的自由感。另一個時期，我熱衷於繪畫，憧憬於古代，我旅行到敦煌，幾乎想在那石窟裡長住。但是，在那樣荒涼的地方，孤獨是女子的最大危險。我的計劃終於流產。我也曾經想學航空，從此把生活永遠高空化、冒險化，一種絕對的自由。只可惜它的不斷的單調衝動、會損害明靜而複雜的智慧，後者卻是我極愛的。……我這些生活與想像，當時對我雖是個重負，但我毫不覺苦。我做這些，正像彼得大帝到歐洲留學，秘密在造船廠做苦工，一種雄心和好奇沖淡了任何苦味。

沒有一種職業能挽留我三個月。經過許多生活變化，我終於愛上戲劇。它的綜合味與超俗味迷住我。我加入一個劇團，從華南到了南洋。我原以爲這個亞熱帶可以做我最後歸宿。我打算找個小島，在海邊建一座精緻房子，讓生活裡全部充滿天空感、海水感。只要有一個美麗的小島，我願永遠做個平凡島民，嫁給一個平凡土人，他絲毫不了解我，卻會奴隸樣侍候我；像一個白種女人腳下的紅種印第安人。把一種絕頂高貴交給絕對平凡，這也是一種偉大。可是，我這個偉大幻想，命定是不能實現的。島嶼、海水、陽光、天空、椰子樹，看久了，你也會厭。一個特別恐懼是：在那裡住久了，炎熱天氣和過度懶散，會痲痺一個人的性靈與智慧，而這二者卻是我最鍾愛的寵物。

劇團是我唯一較久的工作單位，我工作近一年。待久了，它裡面的黑暗窒息我，它的幾個領導人幾乎是流氓，風格和上海杜月笙、黃金榮差不離。你當然明白，我的外形迫使我過去不能較久勾留於一項職業，同樣也不能叫我長留在一個劇團。四周那些雄性生物像蒼蠅，不斷包圍我，應付他們、使我苦得不亦樂乎，也忙得想自殺。這一次從南洋到北方，主要是：借那片沉重的北國空氣和冷靜，理我幾年來的經驗和思想，且從書本上找些註解。有一百二十天之久，我每天關在圖書館，回到公寓，也是手不釋卷，規定每日看七百頁書，與外界完全絕緣，不看一個朋友，也不讓任何朋友知道我。漸漸的，我又發覺，書究竟不是我唯一歸宿。我終竟熱愛著狂烈、新鮮、活蹦活跳。書只當與生活結婚時，才能發射光色。我需要生活。我必須好好生活。這一次從北方回杭州，我本準備再到海外去，走得更遠點。沒有想到，你這個狩獵人，會把我絆住。永遠把我絆住。

這幾年來，使我不能久安於一事的主因，一方面是我無窮幻想與趣味，一方面，上回已經提過了，卻是我這個多餘的臉孔與身材，後者特別帶給我不少痲煩。我想起古人兩句話：「象由齒斃，膏用明煎。」可是，不管我怎樣放縱想像和情感，怎樣勇敢、衝動，其實，我卻是個很吝嗇的老猶太。我從不拿生命中最寶貴的做冒險的祭器。我更不願拿我最後的最內在的純潔當祭羊。在你以前，我從沒有眞正愛過一個人，更沒有侮辱過我的純潔。我不叫這純潔，我叫它尊嚴。這是我浪漫主義中的古典謹嚴。並不是我不想交出自己，而是沒有那樣的存在，那樣的雰圍。我本能的嗅覺太敏銳了。我所遇到的，幾乎全是人的糟粕，一些材料的浪費。使我無須委曲自己的另一因素是：我有足夠的錢。我從不需要向任何人乞憐。——貧窮常會逼人搖尾的。

所有這一切經歷，只有一個與我無緣：政治。它有損靈性和美。生命夠短了，再分一部份給口號標語，是一種愚蠢。我厭惡那些台上的喊聲，台下的掌聲。亞理士多德是錯的，人不是政治動物，人只是人！或者，一定要加飾詞，應該說：人是一個愛美的動物。那些滿口「擁護」和「打倒」的革命角色，我見過。他們中有幾個，成天向我佈道，只爲了博得我的歡心。在他們腦蓋骨上，「正義」只是花冠裝飾，好把他們打扮成榮譽桂冠詩人。在他們身上，革命感只是孔雀尾巴，好在人前炫耀，高傲的鵝行鶴步！這些專拿血淚名詞當商品的「進步」販子，只叫我頭痛。

這也許是一個女人意見；那些天花亂墜的政治理論，把一切都歪扭了。在原始時代，一個人愛另一個人，一個人給另一個人幸福和公道，理由極簡單，甚至常不要理由。在現代，政治家與宗教家口中的愛、幸福、公道，都變得像女人一樣，成天到晚打扮得妖妖嬈嬈。從前，一個人餓了，另一個人遞幾塊餅子去，就算了。現在，未遞餅子前，人們卻要開許多座談會，發一些宣言，等開完會，發完宣言，餓的人已經早餓死了。這又像慈善家幫助患難朋友，不去直接幫助他，卻先登廣告、刊啓事，召開座談會，討論怎樣幫助他。到處都是標語、口號、廣告、喇叭、大鼓，宣傳的腥味窒息一切。這個時代，「革命」已變成豪華「正義」婚筵上來賓胸前的玫瑰花，不插一朵，就算是一種失禮。除了喇叭與大鼓，人們從不想用別的較樸素平靜的方式，來爲別人多做點事。喇叭與大鼓震響多少年了。餓死的殺死的一天比一天多。這一切叫我氣悶。因此，我厭惡政治。弄政治的人，白晝黑夜高喊「自由」，自己卻一輩子套在枷鎖裡，也希望別人套在枷鎖裡；習慣於枷鎖的人，絕不能給別人「自由」！

不再談這些厭氣事，還是讓我回到男女。

像在鋼琴上彈鍵盤，我彈過許多男人，也聽過許多男人。我知道，哪個鍵盤會發出什麼聲音，怎樣的音量，怎樣的音色，怎樣的音質。在所彈的曲調中，對哪些應該閉緊耳朵，對哪些不妨半閉半聽，哪些可以偶然聽聽，哪些可以隨便聽聽，哪些可以供娛樂，哪些可以多聽幾次，——但這一切都不是眞正的音！眞正的音來了，那是不能想像的。一個女人或許終生遇不到，或許可以遇見一次，最多也只能一次，一朵印度優曇華。在一個人的青春盡頭，最後，這種音籟或許突然出現了。那是不能忍受的。人可能因過度的滿足而恐怖，因而畏懼的避開。

我「呼吸」過許多男人，我徹底懂得「呼吸」的意義。我的太尖銳的鼻觸會保護我。告訴我：哪些氣味是不潔的；但它也會謀害我，叫我徹底感觸到眞正的乳香和龍涎香，並沉迷於它。

靈魂的和鳴，是一件怪異現象。在這裡，思維毫無作用，一切只能信賴直覺。假如靈魂與情感是一串串聲音，我這個聲音，和許多男子的聲音共鳴，都嫌混雜，醜惡。只有和你的共鳴，才產生最高和諧、最深的美。只有在你這裡，我才感到自己，聽到自己，也了解自己。這「最後的音」，「最後的乳香」，「最後的共鳴」，我找尋許多年了，直到那幾個海夜，我才算找到。我無法描繪這個「獲得」的內場景。它們像星球「獲得」空間，太陽「獲得」光熱，一切只是偉大自然的一部份。當事者由於那種極度瑰麗的光色，本身已沉醉於絕對美艷裡面，永恆沉默了。

我痛愛你，主要是：痛愛你身上有我的顏色與氣味。你比我色彩更深、氣息更強，但它們的本質卻有共通點。我在你思想和感覺裡，發現我自己的旋律。我們的共同特徵是：盡可能把視覺原始化，厭惡現代文化的有色鏡片，愛從第一個因子捉住最後一個因子，重視第一眼的透視和直感，對生命有較遠較高的憧憬，唾棄作爲純粹形像的現象和現實，認爲它們只是思想與感覺的一種實驗例證。我們全有著原始人對永恆的迷戀，對生命幻化的驚奇，固執的發掘生命底蘊，綻放最大的想像力，卻又企圖從這裡面建立一套固定的觀念體系，在極度浪漫主義中，仍保持古曲謹嚴。其中最大特徵是：盡可能使生命複雜化，卻又不忘記在複雜中追求統一的和諧。這一切，表現於你的，自然比我的更深、更廣、更強。但是，這兩支不同樂曲的基本旋律，卻是一種。正像一個天才音樂家，能從一個基本模型旋律中，演化出許多不同的「變調」，另一個非天才，演化得卻較少。

在生命裡，我只愛兩樣東西：「自我」和「自由」，沒有前者，我等於一個走動的軀殼，比死更可怕的死者。沒有後者，活著只是一種刑罰，生命只是個嚴懲。我寶貴這兩樣，勝似珍貴兩個王國。它們是我最高的財富。現在，你和你的愛情出現了，我在生命兩座高峯後面，看見第三座，比一切高峯還高的高峯。爲了你這座極度的高峯，我拋掉我守財奴似地守了七八年的那兩個財富。這對我是個不朽啓示：只有把「自我」扔到垃圾箱裡，我才能享受那不朽的幸福。平凡的慾望，雖然能桎梏自由，但一個眞實的平凡慾望卻勝過一千個自由。從前，我恐懼做自然慾望的奴隸，永遠要擺脫。此刻我感到慾望的迷人芳香，它的笨滯平凡處，正含有深沉的魅力，它能平衡人的心靈，像舵平衡船。

我整個變了，所有過去都與我絕了緣。我的性格開始一個新型。

一個男人，永遠不知道「勇敢」這兩個字對女人的意義。你永遠不能想像：當我和這兩個字結合時，會產生怎樣一種場景。若干年來，我從未把自己整個交出去。我從未做過生命的最大賭徒，孤注一擲。我也賭過，那只是一種遊戲。我也常常懵夢：我要把自己終生命運作最大賭本，只壓在一注上。這對我是一件極嚴重極可怕的事。然而，這些還只是我的一點吝嗇，捨不得前面所說的那兩宗財寶。

從今起，我要整個變。所有過去將與我絕緣。我的個性要開始一個新型。在你身邊，一切越是反「自我」的，我越接受。越是反「自由」的，我越愛。

讓我沉到一片絕對陌生的新鮮的神異中。

我絕對絕對有「沉」的勇敢。無限度的勇敢。

## 四

春天來了，萬象繁茂而光明。他們的愛情，也葱蘢而閃亮，像陽光中的綠樹。每一個日子，春的足印在他們心頭留下婳麗感、精緻感。他們以無盡的歡情，在光與風中招展，在萬紫千紅中款擺。他們深入情緒大森林，啜飲最香的樹汁，採擷瑰麗的菓子，玩賞離奇的樹葉形態。

每天，她最愉快的時辰，是躺著幻想他的時刻。她的柚木床面臨一大排窗子。隔夜，她早把白紗窗帷撩到兩側，清晨，方形玻璃上正好投映黎明的光浪，第一扇太陽光射出來時，她睜開眼睛，頭貼在白色大枕頭上，瞥見一角藍天，以及那排尤加利樹的碧葉叢。芙蓉鳥與黃鸝在樹叢間鳴囀。她睇望雲彩、陽光、樹葉，在黃鸝聲中幻想他。他似乎就是雲彩、陽光、樹葉與鳥聲，注滿她的感官。有時候，她披白色長睡衣，趿繡花拖鞋，瀟灑的蹀躞到窗前，打開紫格窗子，把長長黑髮膏沐於鮮涼晨風中，兩手托住香腮，一面看雲，一面幻想他：她在雲彩陽光春風中幻想他。夜裡，她常常扭熄電燈，愛點燃那盞圓圓的古式大宮燈，它凝立床頭茶几上。在半透明的彩色描花的球形大玻璃罩內，那朵濡漫開的白色朦朧燈火，分外親切而溫柔，毫不阻絆她的思路。她在幽魅的古代燈光中幻想他。有時，拿起一卷唐詩，輕吟一兩首，還未吟完，她又怔怔瞅那一片片絡上薄薄暈光的白紗窗帷，沉入幻想中。

他送她的精緻朱古律糖果，那些五彩玻璃紙，她留下來，在窗子一角貼成一幅圖案畫。早上一睜開眸子，第一眼就瞄這片彩色圖案。

許多個暗香浮動的下午，他消磨在她的琴邊。她彈著，他替她翻樂譜，有時替她剝橘子。他貼攏她身畔，他的氣息濃濃包圍她，她是這樣感動，彈著彈著，有時，忍不住停下手指，半迷暈的靠在他胸膛上。這一朵朵琴聲像一朵朵白玉蘭花，恰好點綴出生命的純潔，幸福的純潔。有時，她感動得這樣深，實在不能支持了，面泛紅暈，忍不住低低對他道：「蒂，你暫時離開我一會吧！你再在我旁邊，我練不下去了。」於是，他仍恬坐東角那隻鵝黃沙發上，一壁靜聽，一壁看書。一練完琴，假如廳內另外沒有人，她立刻蝴蝶樣撲到他懷裡。

平均起來，每個禮拜，大約他看她三次，她看他兩次，其中休息兩天。這個間歇、是他們約好的。他們的情緒是如此熾烈，假如沒有緩衝，天天見面，將疲倦得不能忍受。每次分別後，他們像離開一座火山，需要一片清涼。同時，他們認為幸福是一幅幻畫，時時、刻刻、看久了，魅力將減少。看一陣子，必須閉一陣子眼，才行。夢後回憶，以及夢未來時的幻想，常比夢當時更甜。這兩個「清涼日」（這是他們為「休息日」杜撰的名詞），他們像盛夏季一場狂醉後、躺臥冷冷泉中，幾乎什麼也不想做，只是平靜的休息著，平靜中、感到一種疲倦而慵困的甜味。

在預定日子裡，萬一她臨時不能去訪他，必差楊嫂或高昇送一束鮮花給他，花叢裡附一封短信，她解釋：讓花代她來看他、香他。信上有時會說：「這些花，每一朵我都親過，上面有我唇膏的印跡。假如你此刻渴望我，那麼，有這許多片紅嘴在你身邊——」

他們相約，早上七點，他們必須寫日記，記下他們相互的感覺。夜間九點，必須給對方寫一封短信，抒寫自己情緒。這些日記和信，見面時，好交換了看。日記等於愛情早禱，信是晚禱，前者象徵他們一天中最愉快的開始，後者可以催他們安眠。同一個時辰，在兩地寫，動筆時，心情特別溫甜，好像頭和頭偎貼在一起。沒有話時，只寫一句話也行，只要是心深處流出來的。有時，她只寫一兩句，極調皮的逗他。例如：「蒂，昨天你吻我時，爲什麼不閉上眼睛？」又如：「蒂，相識以來，從海上到今天，你在我眼裡究竟看出多少個甜？」又如：「蒂，有一天，假如我眞能長長長長的睡在你懷裡了，長長長長的，你怕不怕？」

太陽極明亮的上午，月亮極亮的夜晚，他們泛舟湖上，帶一瓶葡萄酒、一本詩、一袋水果。他們喜歡船蕩湖心，停下槳，她斜躺在他腳下，頭枕著他的膝，聽他輕吟斯文朋或白朗寧夫人的詩。聽著、聽著，她會拿起一盞高腳玻璃杯，注滿一杯紅色葡萄酒，沉迷的喝著，喝個一小半，溫柔的把杯子高擎起來，笑著看他一口喝完。有時，她乾脆把殘酒潑到他眼睛裡，咕咕笑著道：

「讓你每一次凝望也充滿酒意！」

他打了她一下。「你眞傻，不喝酒，我的眼睛不也充滿妳的酒液？」

他睡在她家裡時，常常一大早起來，悄悄跑到她窗下，從口袋內取出一些彩色巧克力，一顆顆、從樓窗口投進去。竟投得那麼準，有時恰好投在她臉上。她被敲醒了，睜眼望窗上那角彩色圖案，輕輕將彩紙拆開，把糖放在嘴裡，微笑；卻不肯起來。這一刻的躺，比她嘴裡嚼的巧克力還甜。他在樓窗前不斷投糖果。他聽見她銀亮的咕咕笑聲。他知道她醒了。他於是吹起口哨。吹著吹著，她笑著走到窗前，斜戴白色睡帽，披白色睡衣。她扶著白色窗檯，笑著瞧他，給他飛吻，偶然夾一半個鬼臉。望著望著，她會從窗檯花瓶內取出一大束紅色山茶花，一朵朵拋下來，花瓣灑得他滿頭滿臉都是的，她咕咕笑著。

有時候，一大早，他悄悄把她家大院子裡的一籠鳥帶到窗下，或者是百靈，或是畫眉，或是四喜鳥。他把竹籠子掛在樹下，一陣美妙而閃金的囀聲啼展著。她在床上聽到一陣嘹亮清脆的鳥聲，知道他出現在窗下了，卻不起來。過一會，一陣口哨響了，一顆顆糖終於投到她枕邊了。這是催促的信號。但她仍不起來。她伏在枕上，用鋼筆寫一張紙條，團好了，擲出窗外。他接到了，打開來，是這麼幾句：

陽光、雲彩、畫眉聲、巧克力、你的口哨、你的幻影，這一切編織成一條溫柔而華艷的波斯錦氈，媚麗而溫存的蓋著我，我沒有那樣殘忍能起來。親愛的，讓我再酥酥享受三十分鐘吧！繼續吹口哨。我每一個骨節都酥成鳥羽了。

晚上，臨睡了，她請他在樹叢下散步，等她燈熄了。她說，她愛在睡時聽見他的口哨聲，好讓她溫馨入眠。於是，他在一株株樹下散步，溫柔的吹口哨，溫柔的凝視那燦爛的樓窗，直至它淪入黑暗。有時，窗上的暈黃久久不滅。二十分鐘過去了，他一面吹，一面正躊躇著，突然，窗子開了，她出現在窗口。他瞥見她暈紅如醉的臉。他再不吹口哨了。他們只是久久互望，像玫瑰花望玫瑰花。

他們常說，玫瑰也有視覺，要不，一看見春天，它臉上不會那樣紅醉。

她有一個奇怪興趣，每天要送他一樣東西，每星期七樣。送的程序如下：禮拜一：一大束花。禮拜二：一條彩色手帕。禮拜三：一盒糖果。禮拜四：一瓶甜而味淡的酒。禮拜五：一本精裝的書：詩或小說或畫集。禮拜六：一張音樂片子。禮拜日：一條領帶。

日曜日，他照例在她家午飯。飯前，在花園裡，盛開的夾竹桃樹畔，她取出一條新領帶，親自替他繫上，每一次顏色和花式都不同。他呼吸桃花香，笑著說，這是他生活裡最大的享受之一：「一個自己所疼愛的少女，在夾竹桃掩映下，替自己結新領帶，這情調新鮮極了。」可是，她絕不要他回送禮，說那樣就沒有意思了。等她送厭了，再讓他送吧！可是，每次他來聽琴，總帶一大束康乃馨或蒼蘭。他選一朵白色的或紅色的康乃馨，親自用髮夾替她簪在鬢邊，這是專讓她練琴時戴的，其餘的插入花瓶。有時候，一定要送她別的東西，她不肯，卻笑著道：

「你什麼東西我都不要，我只要你一樣東西。」

「什麼東西？」

「你的靈魂！」

「這個，我不早已全部交給你麼？」

「不，你是個魔鬼，你有好些個靈魂。但我不要那最黑最黑的一個，我只要那最紅最紅的一個，——最紅最紅的！好把我的靈魂也染成一片太陽紅。」

他們大笑。

每禮拜約有一次，她在泉水畔替他洗頭髮。他匍伏泉旁，探下頭，全部黑髮浸入水中。一遍又一遍，也替他浣著，拿長毛巾給他搧打，打個一陣子，要他跪在陽光裡再曬一會。接著，面對面，用梳子替他料理，梳得整整齊齊。梳完了，她問：「你要不要跪在泉水邊，照照鏡子呢？」他笑著道：「不了，你的眼睛就是我鏡子。」她溫柔的撫摸他的肩膀，笑著道：「你這個泉水濱的納蕤思，大約不會憔悴得變成一朵黃色水仙花吧！」

有時，他自告奮勇，他要替她洗髮。她笑著道：「你這個人，眞太什麼了。凡事一要回報，就沒意思了。我做這個，你做別個，才好！」實在強他不過時，她也只好依他，卻笑著道：「有人說：文人互捧，是互洗衣服。我們可以說，男女互愛，就是互洗頭髮了。」他們都大笑。他笑著道：「那是蕭老頭的話，他太哲學了，毫不懂感情味道。他哪裡知道：生命裡最可貴的，就是互洗衣服的樂趣。」

有時候，他愛看她匍匐于泉水畔梳洗，禁不住讚美道：

「一個白衣少女跪在泉水邊，把長長黑髮浸散在水裡，如一片海藻，這象徵一片『永恆的春天』。」

「那麼，一個老太婆跪在泉水邊洗頭髮，就是『永恆的冬天』囉！」

「那不只是『永恆的冬天』，還是『永恆的地獄』！」

她聽了，不開口，若有所思。

他看見她臉上的暗影，似乎猜出她在想什麼，連忙笑著道：

「這是我說了玩的。這個世界哪有什麼『地獄』？即使有『地獄』，也是『天堂』的偶然化裝，爲了逗我們玩，調劑我們在天堂裡所享受的過度歡樂的。像吃慣肥魚大肉的饕餮客、偶然吃點青菜、蘿蔔一樣。」接著，故意岔開話題道：「其實呢，洗頭髮應該用溫熱水，還得加肥皀，冷水——特別是冰涼泉水，並不最理想。我們只不過藉這一場景，創造一種生活美罷了。在一切大自然風景中，泉水總是最最可人的。它是最有魅力的風景之一。多少大詩人歌頌過它。縈，你比我更明白，只有它的明鏡，才能照透，我倆的永生夢境。」

# 五

「那天下午，走過你窗前尤加利樹下，發現綠色葉簇牽掛著一綹髮絲。我墊起腳，輕輕折下那條小樹枝，連枝帶葉和髮攜回來。我本是來看你的，忽然興起個念頭，……覺得帶這綹髮絲悄悄走掉，不讓你知道，最好。這一綹、一共七根長長青髮。我幻想、不知哪一個早晨，你坐在窗口明鏡前梳裝，不經意抛下了。我把他們膠在一幅天青色緞子上，彎折成七朵薔薇花形，配了個金色框子，懸在我枕邊左壁上。每個早晨，我一睜開眼，就凝視它們，想像這時你該披上長長的白色大梳妝衣，靜坐橘黃色柳桉台子前，面對圓圓明鏡，輕輕舉起那白色象牙梳子，溫柔的梳理你長長而繁茂的黑髮了。你的大眼睛偶然會仰望那藍色天空，窗口那株尤加利樹飄顫著清鮮植物氣息，樹下籠裡的畫眉鳥美麗的叫著。

「我最喜歡你的白色裝扮。我常幻想，你穿一襲白色寬袖子長長大袍子，披長長的黑鬒鬒的豐滿頭髮，一幅和袍子一樣鮮白光潔的臉，一個太陽剛昇起的早晨，你突然從一個極高極高的尖塔頂層慢慢走下來，高貴而溫柔的走向我。或者，你突然湧現於一座青色大森林，一點腳步聲也沒有，輕輕的，溫馨的往我走來，絨毛似地向我飄來，輕鬆得像一幀由天鵝羽編成的白色圖案畫。在白白臉孔和白白長袍子後面，飄起一大捲一大捲的彎彎黑髮。你像一個森林女神表現著性靈深度。你的白色顯示你最高幻覺，你的黑髮象徵你的最深神秘，你的唄默描繪你優美的祈禱情緒，能叫人閉上眼，靜靜沉浸於你的魅力……。

一株長長的苗條身材，一件長長的白色大袍子，一張白白的有一雙深色大眼睛的臉，一捲長長的、波浪形的茂密黑髮，一座高塔或一座大森林，——這幾樣物事聯在一起，就夠支配我一生了。」

她聽完了，咕咕笑著道：

「你所幻想的，我大約都有，就缺少一座高塔或大森林。六和塔和保俶塔太矮了，前者的石級轉折又太多，後者又堵塞了，不然，我倒可以表演一下。可惜靈隱大叢林不夠茂密。」

他大笑起來，捉住她的手，笑著道：「六和塔與保俶塔全不夠格。靈隱的叢林更不行。……我所說的塔，是古代宮堡式的塔樓，至於大森林，最好是外興安嶺的。」

「那我這個森林女神做不成了。還是讓我來欣賞你壁上的裝飾吧！」

他領她入寢室，果然看見天青色緞子上、膠著七朵黑薔薇。她笑著道：

「蒂，假如你眞愛看我梳妝的樣子，你在我家過夜時，第二天大清早，我讓你到我房裡看我梳妝，不過，最好別讓我媽她們知道。」

「眞的嗎？哪一天？」

「隨便哪一天。不過，得揀一個有太陽的日子，我把我們所有的那些鳥籠都掛在樹下，畫眉、芙蓉鳥、四喜鳥、竹葉青、百靈鳥，……」

「啊！縈，你太好了！」

他禁不住吻了吻她的頭髮，低低道：

她抬起那雙象牙黑大眼睛，瞪了他一眼，微微沉思一會，忽然嫵媚的笑道：

「你有未想到，也有那麼一天，每個早晨，你都會在我身邊看我梳妝，甚至給我拿這拿那？——」

「啊！那一天——」印蒂愉快的矑視她，笑著喃喃。有很久很久，他神思恍惚，陷入夢幻界中。接著，怔怔瞧她一會，卻溫柔的抓住她的手，輕輕笑道：

「啊！那一天究竟太遠了，我們暫別想那麼遠的事吧！現在，還是讓我先談談關於你的一些微妙幻覺吧！」

他們又回到書齋兼客室，並坐在長長籐榻上。印蒂繼續他的話：

「有時候，我喜歡一個少女穿一件長長白色睡衣，頭髮半整，趿著銀色拖鞋，斜倚在長長躺榻上，看一本書（最好是一本屠格涅夫的小說），眼睛半開半闔，半醒半惺忪，半做夢半不做夢的樣子。這樣一派表現沉思的面孔，是一種極美麗的風格。一個少女在書邊做完一個悠長幻夢後，她也躺在長榻上冥想，把所有熱情深蘊於心底。穿過她臉上的暗淡光輝，像透過一層灰燼看底下紅炭，她心底那份焊熱愈加有力了。這時，像星光散溢她的神態，又像幽邃潛藏她的綺思，她的韻律實在動人。最高的狂熱有時不是外鑠，而是那種微微拌著慵困、倦怠、和煥散的熱態。正午陽光雖熾，但觀者被眩了眼，看不見，只有夕陽在感覺上才分外灼熱，因爲它是那樣鮮明的映入我們的視覺中。

「有時候，你斜躺在籐榻上，看一本書，臉部情緒是很動人的，我似在讀濟慈的『妖女』詩篇，又像諦聽孟德爾遜的『春之頌』提琴曲。

「你應該製一件白色印度『沙麗』（一種印度婦女服裝），用一幅白色長綢子包裹全身，且束住頭部。再穿一雙青蛇皮的印度拖鞋，……

「頭上最好再頂一口白色的大水甕或水瓶。」她笑著加了一句。

「不對，那是朝鮮女人的姿態。」想了想：「對，頂了口白色大甕，輕輕踱到泉水邊汲水。」

她笑起來。「你這不叫我做洗衣服的女工了？」媚笑道：「蒂，明兒，我就來一套這種打扮，給你做洗衣婦，好不好？」

他也笑著道：「你眞要這樣打扮，明兒杭州人都瘋了，都要湧到泉水邊看你了。──看你不迷壞人！」

她笑著打了他一下，微微沉思道：

「你剛才許多想像，都把我描畫成一個純粹夢想的女子。其實，我恐怕不全能配合你的想像。」她天眞的笑著：「我怕你會奇怪我：在你眼裡，我似乎太大膽了。……照規矩說，眞正的愛情，應該是傳統的。女的什麼也說不出，只會紅臉、躲避，讓男的找她。她躲到一棵楊梅樹或櫻桃樹下，小動物似地，臉孔深藏在葉簇中，卻讓身子半隱半現。於是，她聽見他的腳步聲；她呼吸到他的呼吸。他終於抓住她的手，抱住她的腰了。他閉上眼，半掙扎半惱怒的讓他吻著，吻完了，她輕輕嘆了一口氣，──這就是傳統式的。但我卻是傳統的反叛者。話說得最少的少女最美。照這個標準說，我頂難看了。」說到這裡，她站起來，大笑道：

「此刻，還是讓我躲到櫻桃樹下面吧！」

他也大笑起來，笑著道：

「我這裡沒有櫻桃樹，只有七葉子樹。」

「這不行，它太高了，葉子又不濃密，遮不住我的臉孔。」

「那麼，我給你尋一架梯子，讓你爬上去，再找一塊土耳其黑面紗，讓你蒙住臉。」

他們都大笑起來。她笑得前仰後合，倒在他懷裡。

過了一會，他一面給她削蘋果，一面笑著道：

「少女的美麗處正是她的無知，她好像才從天空踏入人間。她不懂世界，但心裡卻充滿那麼多的善良情感。她用純潔的眼望一切，會因衣裙的一角褶皺而害羞。這種精緻嬌嫩的情感，像一層白白的透明蟬紗，薄薄的、幻麗的蓋住她，你絕不會希望這幅蟬紗擋大風大雨，你只眩惑於它的瑰麗閃光。可珍貴的正是這種犧羊式的天眞與無辜。」他沉思著：「可是，假使一個女人經過世界大風大雨了，仍能保持這種天眞無辜和精緻，那就更可貴了。因爲，只有這種精緻才眞結實。同時，她也眞能超越一切了。對萬象的明澈與洞透，有時不但不會損害人的純潔感性，反而使它更透明、更純潔。」

蘋果削好了，她切開來，一片片送到她的嘴裡。她嚼著、笑著，深情的瞟視他。她一面吃，一面笑著道：

「你這段話正合我的意思。我是個喜歡演戲的人。在情人面前，我以爲：一個女人應該從最淫蕩的馬克德尼演到最貞潔的聖馬利亞。自然，她一生只能這樣演一次，也只能有一個觀衆。」她吃了片蘋果，帶著回憶道：「少女時代是可貴的，那時，她相信世界絕對乾淨，到處是花朵和美麗島嶼。稍後，她漸漸發覺，島上也有污濁的河流與泥溝。……她也多懂得點人了。以前，她常常奇怪，人爲什麼會那樣？現在，她才知道，他們本該那樣。……在少女的精緻與現實的粗糙之間，差別有時候很大，有時也並不大。假如說，粗糙可能代替精緻，或磨損精緻，相反的，也能鍛練精緻，使它更堅固，如你所說。經千風萬雨始終不改花顏的花，才是眞美的花。暴風雨應該使花更美、更穠艷！」

## 六

三月，天氣是這樣柔和，幽魅的午睡後，一張開眼，當第一輪金色陽光從窗外衝撲入眼簾時，印蒂心情就激動起來。盥洗後，他兀坐窗下，拿起一本雪萊詩集，想讀下去，但再讀不下去。陽光像千萬扇華艷旗幟，正向他飄舞，他再坐不住。他彷彿聽見，陽光的無數華麗聲音，不斷催促他、召喚他、邀請他，他實在無法抵抗。

他匆匆披上衣服，衝到陽光中。

一浴在太陽海液裡，他唯一慾念馬上昇起來：去找她！

是的，去找她！

她！

太陽裡沒有她，再不能表現它眞正的強度、狂度。

不知道什麼巧合，才穿過花園，走向樓梯口，她似乎早聽見他了，突然大鳳蝶樣從樓上飛撲下來，穿一襲橘金色荷葉領連衫長裙子。

他一看見她，帶著點喘息，極興奮的道：

「啊，縈，今天天氣這樣美，我簡直無法忍受。像一隻野獸，我第一個慾望是：必須衝到陽光裡！一衝到陽光裡我第二個慾望立刻是：必須衝到你這裡！」

她深色大眼睛淘氣的瞪著他，不開口，只是咕咕笑。

他微微埋怨道：

「小姐，這樣美麗的天氣，你還忍心把自己鎖在高樓上，眞殘忍，——我以爲在半路上會遇見你哪！」

像路易十四時代的貴族少女，她兩手輕執裙裾，向前低低探了探身，又笑著張開雙臂，有意要讓他看清她鮮艷的橘金色裝束。她笑著道：

「傻子，你瞧我打扮得這樣整齊，不正爲盛裝迎接我的王子？我裙子的色澤不正表明我對天氣和陽光的禮遇？」

他也笑起來，立刻拖她走。

「啊，快跑！快跑！快跑到陽光裡！這樣好天氣，任何人把自己關在屋子裡，都絕對不能原諒。」

「往哪裡去呢？」

「到哪裡都好！只要在太陽下面。」

他們沉迷的走在太陽裡。陽光貓樣溫柔而媚緻，彷彿正用它的軟滑絨毛輕擦他們的臉頰和頭髮。一切悠悠悠，飄飄飄飄。每個人都變成一隻猩紅氫氣球，可以自自由由，無極無限，向天空飄，往明藍雲海裡飄。藍海內，一朵朵白雲如白色芍藥花，它們是那樣輕鬆，帶禽鳥味，似乎隨時會飛下來。法國梧桐與瀝青路，膏沐於陽光，裊散醉人的氣息。行人都有一種安閑的步態，這在另外季節是不大有的。日光海樣淹沒一切，生命都變成海中酡醉的紅珊瑚了。

他們臂挽臂，悠悠走。

「縈，我的血在血管裡流得舒暢極了，有著極美麗的節奏，像一支小夜曲，這眞是一個魔鬼天氣。瞧，湖濱這麼多人。天氣把人們都從屋內趕出來了。」

瞇了瞇眸子，他無限沉迷的道：

「我現在只有一個慾望，就是：筆直往前走、走、不停的走，不許有一點曲線，對著太陽方向，筆直前進，去追太陽，捕獲太陽、一直到它沉落。我眞願我們一直走進太陽核心，化爲那瘋狂火海的一部分。縈，你怕不怕？」

「怕？」她怔怔的瞪他一眼。

「你不怕太陽火？」

她不響，默默和他走了一段路，終於側過臉，標緻的望了他一眼，又溫柔的低低對準他的耳螺道：

「現在，每分每秒，不有一個生命、像成千成萬太陽在身邊燃燒我？我還怕那無數萬里外的太陽？」

他不再開口，感激的用力夥挾她的臂膀，蕩蕩漾漾向前走。她感到他渾身奇異顫慄，它也神秘的傳染到她身上。一種喘息性的熾熱岩流似溶解他們。他們互偎，神魂顛倒向前走，似乎不是往街盡頭走，也不是向地平線走，而是正對一片無邊無際的奇異熱焰走。像那位後期印象派大師瘋狂找南歐海邊陽光，拼命要把火焰捕捉到畫面，他們也瘋狂的捕捉陽光，利用後者的光色營養他們的深情，豐富他們的親和力。不斷的，大片大片的金色輝煌閃耀，花花朵朵的塡塞他們的視覺，，他們整個生命化爲陽光的延長，而奇蹟式的愛情正是太陽的輻射線。

…………

落小雨的夜，他們最歡喜在湖濱長長街上散步。

瀝青路被小雨洗得潔淨可親。他們互挽腰，並頭合撐一把綵色大花傘，慢慢在街上蹓躂，悠閑得像五月落花。抬起眼，世界被雨弄得濕濕的，被夜弄得暗暗的，一切朦朧而窩秘，如遠處樹林深處一盞彩色燈籠上的彩畫。江南雨和江南夜梭織天空，也編織大地。春雨特有的蘊藉情調塗抹一切，像口紅搽飾少女菱唇。他們整個沉入這片唇膏似的情調中。許久不開口，只用溫柔的互摟代替感覺思想。一條手臂常是最好的語言，說出它主人的內在熱、光、媚與情感。兩人頭並頭，髮駢髮，不時挨擦。他呼吸裡盈滿她髮上臉上的芳香、鬢邊的薔薇花氣。她緊貼住他，有意把半個身子重量交給他，粉臉不時磨擦他的臉，雨中的龐兒有點涼涼，卻叫雙方極舒服。在兩張臉上面，傘像荷葉圓圓展開，接受雨腳的舞蹈，這使他們聯想起一座美麗的舞池子，一剎那間，許多雙美麗的　腳同時旋轉起來。傘是淡青色的、透明的，上面印繪紅色蓮花，綠色蓮葉。街燈一透過傘，上面花葉顏色分外幽玄而恍惚。

湖裡沒有游船，也沒有火，一片黤黑。湖對雨夜街道並沒有襯托。人走在湖濱，只感官裡依稀漾湖的影像，多半是白天或月夜的形象。雨夜的湖不再有實際裝飾，只有抽象感覺上的烘染。他們在湖邊走，卻很少看湖。他們並沒有具體目的，只想這樣走走而已。雨霧圍給他們的感覺素染了色，他們覺得自己旖旎，世界溫柔，一切像昨夜夢，又分明，又模糊。雨和夜把世界渲染成一團夢，他們似散步在花園夢中，呼吸於夢空間。這是一個無開始無終結的夢幻，又甜，又迷。一片曖昧大蛛網暗淡的纏住一切。他們覺得自己又曖昧、又糊塗，卻又很舒服。也許，這正是愛情的基調。愛情與春夜原是同一旋律的兩支樂曲。他們此刻漫步，就是想在兩闋樂曲中找尋同一旋律。

不知什麼時候，他們竟蹓躂到白堤上了。柳樹叢下特別梵靜，再沒有人聲與車馬聲，只有雨聲、極輕輕的美麗響著。他們足步慢下來。她頭靠在他肩上，嘴唇貼著他的耳膜卵圓窗，夢囈似地，喃喃絮語：

「啊，蒂，這世界好甜好香哪！雨和春夜把一切都弄得甜甜的、香香的。可是，這香甜中也有點澀味：一種說不出的惆悵。你看，一切多模糊，多不可捉摸啊！天下最惱人的，不是模糊與不可捉摸嗎？」

「啊，蒂，慢慢走，輕輕走，小心別把夢踏破，大地現在就是夢。」

「啊，蒂，我抱住你，像抱一棵大樹，它的硬度使我不自覺也結實起來。」

「啊，蒂，聽這雨聲啊！聽這春夜啊！它們全是我的言語，正向你傾訴，雨用淅瀝傾訴，春夜用幽靜傾訴，——最模糊曖昧的言語，不是最最動人的？」

「啊，蒂，你的耳朵好熱，我的話是不是小小火苗，把它燒熱了？我的話燙不燙？你怕不怕燙？」

「啊，蒂，這樣的雨夜，你心裡究竟有多少片雨？多少個夜？多少種溫柔？把它都給我吧！都給我吧！我要！我要！我要得厲害！」

他貼住她的頭髮，神思恍惚，向她低低耳語：

「我現在什麼都沒有，只有你的氣味。我接觸你，不是接觸『你』，是接觸一種氣味，一種溶體，周身全溶化了。我靈魂裡有一株樹，它這時從枝梢搖顫到樹根，是爲你而搖，爲你而顫，啊，縈，我們沉默吧，沉默的走在雨裡吧；我們的沉默，是紅蝙蝠雙雙伏在紅蕉花間，這花就是世界，就是這湖，這堤，這雨。讓我們筆直的，默默的，走進雨的精髓裡，也化成這一片比紅蕉花更美的雨吧！」（註二）

# 七

大舞場情調是一個神異的擁抱，有婦人胸膛的迷人味，與麝香的濃度。在世界漩滑內滾倦了，驟撲入這片彩色擁抱中，渾身連每一滴原形質的「褶皺」都會燙得平平的、舒舒的。霓虹燈花蛇樣熾亮，金紅的、暈藍的、明紫的、淡青的、宛若一環環花圈。菲律賓樂師張著烏黑的眸子，有著樹膠色的臉，誘惑的吹奏魅人的小喇叭，像印度人吹蛇笛。銅鼓急促的響，小提琴閃電樣流閃，銅琴鏗鏗鏘鏘作金石鳴。塗蠟的舞池子是魔人的，它是一塊妖媚的巨大結合板，把許多複雜慾念結成單純一片。配著樂聲，一對對舞男舞女、鰻樣輕快的滑著舞步，作著波圈式的婉麗迴旋。紅衣鑲金邊的侍者，輕盈的在圓座子間來回穿梭，似荷葉四周游泳的金魚。話語聲傳到這一片片荷葉空間，也是一種自然產物，永遠保持適當的調子，一種水波式的均衡，不致損害由音樂舞蹈與霓虹所組成的和諧。

唐鏡青與景藍坐在幽暗一角，靠金黃楹柱邊的座子上。他們悄悄由杭州來上海，正爲享受一次大舞廳的詩意情調。左近的楹柱陰影恰好遮蔽他們。他們盡可能避免熟人發現。現在，他們可以看清陰影外的一切，外面卻不一定看不清他們臉孔。她鬢邊插一朵大紅山茶花，著一件鑲金褶襉的銀色軟緞晚禮服，他穿黑色小禮服，繫白色蝴蝶結。這本是一個奢侈性的場合，只有帶著豪華情緒，才能深深享受四周的彩色氣氛。他們坐在猩紅小沙發椅裡，有時她的頭半靠著他的肩。蕩人心魄的舞曲、孌美的迴旋於四周。在這片旖旋音樂聲中低低談情話，一個人會魂銷魄散，渾身血肉都絨化了，骨頭全變成羽毛體，再沒有分量。有分量的只是溫馨的款款軟語，它們比舞曲更有力的響在耳畔。他們談得很慢，很慢，話很短，極均勻。這個說幾句，自然而然停下來，聽那個。誰都不帶獨佔性。多半是他問一句兩句，她答一句兩句。他雖然坐著，卻像躺在席夢思上，舞曲是最妙的彈簧。音樂的波浪不斷使他們身體上下起伏，卻永不沉沒他們，只是輕悠悠的，一會兒把他們高高托上去，一會兒把他們低低放下來。霓虹燈閃光在他們眼裡，髮香在他們呼吸裡迴旋。一切是醉人的。他們並不隨每次舞曲起舞。一部分時間卻消磨於低語。當舞池內踱旋著一對對舞伴時，四周座子全空了。這時候，他們談話更方便。舞蹈最狂熱時，一雙雙舞伴瘋狂的跳快速華爾滋，乘沒人注意，她會從他肩上抬起臉，溫柔的貼貼他的臉。他抬起灼熱的眼，暈眩的凝望她，感激的微笑著。

「藍！」

「青！」

「迷嗎？」

「嗯。」

「暈嗎？」

「嗯。」

「沉嗎？」

「嗯。」

「想什麼？」

「你！」

「給我一個。」

他湊過嘴唇。她迅捷吻他一次，一個天眞的笑。

「這裡的吻也像舞步，眞輕。」他嘆息。

她那雙帶點匈牙利風的黑眼睛，深深的、黯黯的，魅魔極了。她火熱的瞧著他，低低道：

「把臉靠在我的肩上，……低低告訴我你的情緒，……在我耳邊。」

他把頭在她肩上貼了一會，又離開。

「不，今夜讓我們什麼也不想，什麼也不談，只沉沒在這片彩色漩渦裡。到底，也有這麼一個機會，能在這兒單獨消磨一晚了。明天，我們又將暫分別，我將回到杭州我那又美麗又可怕的牢籠中，你也將回到你的籠子內。珍惜今夜吧！相識幾年，這還是我們第一次在上海舞廳消磨呢！在杭州，我們那些可愛的時辰、總帶西湖味，美極了，可有點出世味，只有這兒，才是眞正深沉的人間。未來是不可測，過去是一片混沌複雜，又迷人，又痛苦，我們從不可能在人前公開我們的情感。我的家更是痛苦源泉，可我有什麼法子。……好，不談這些了。讓我們徹底忘記未來吧！暫抓住這叫人昏眩的一刹吧！好麼？」

她點點頭。他繼續低低流瀉。

「自從六年前，在我提琴獨奏會上，你送我第一籃毋忘我起，性靈上，我就開始一片新生活。自從三年前，我們在西湖船上，度過第一個月夜起，我的情感世界就出現新的太陽。這是詩的三年，也是矛盾的辯證的三年。終究，我們也算嚐了點天堂幸福，雖然是秘密的、偷偷的。多有意思，幾乎沒有一個人窺見我們情感密室內場景。也好，在人群裡，就讓它是一片從未探索過的幽邃洞窟，而我們是窟中唯一生命。……啊，藍，今夜，我眞有無數話語想告訴你。可我覺得，還是沉默吧！我們過去談得夠多了。此刻，讓那位古代波斯大詩人的一些句子，變成我們生命裡的陽光，今夜四周的霓虹燈光吧！」

她又點點頭，只低低說了一句：「今夜，這裡全部霓虹燈都是你的化身。」

他微微笑了。

他們喝棕色濃可可，棕色液面泛金黃色紋縷，霓虹燈光正射在這些紋縷上。「哦，『翠堤春曉』華爾滋音樂響了，我們去跳舞吧！」

金色的銅鼓鳴響著，急促而沉重。蕩人心魄的小喇叭吹奏著，流瀉出霓虹樣都麗的音色。它一聲比一聲緊，鼓聲配合著，一聲比一聲急，聲聲吹打到人心深處，溢滿誘惑的召喚著。

舞伴們從四面八方飛撲入舞池，各色衣衫飄颻霓虹燈光中。塗臘的美國楊松地板上，似翩舞著一雙雙五彩巨大蛺蝶。它們展放華美翅膀，妖嬈的迴旋。敏捷的舞步像滑雪，輕盈的溜著，又如燕子翦水，明快的掠過來、掠過去。這時候，人體顯示它特有的魅力。當他的雪白襯衫貼著她銀色軟緞酥胸時，人體再不是一種形式結構，而是一片溶化了的香氣。他即使有千萬種感覺，也變成最單純的一種：感覺自己如陽光中白雪酥解。她紅撲撲的臉，錫溜的星眸，閃耀在他眼裡，它們不再是實體，而是象徵：徵兆她肉體最前哨的警覺，好像一座華麗的高塔，它最尖銳的突出物是塔尖。一切都從她烏黑眼瞳和鮮紅嘴唇邊流顯出來。她胸膛的半成熟味，她心魂的抖顫，也由她眼梢唇角露出來。她凹形的黑眼睛，代表她深沉的胸膛在看他的眼，是一座胸膛看另一座胸膛。舞著舞著，她的臉越來越紅醉了，他們的臉終於貼在一起。他們閉上眼，緊抱著，海浪樣前進又後退，蜻蜓樣迴旋又轂旋，從這一角旋到另一角，從這片舞空間轉到另一片舞空間。

音樂繽紛，霓虹熠煠，花香繚繞，舞衫飄拂，舞池輕滑。華爾滋是優美的，像無數粒鵝卵石投擊水面，圓圓的水波，不斷迴旋一圈又一圈、一波蕩一波，無比的靈盈，無比的媌艷，是舞蹈的絕對圓形化。勃露斯是低迴的，有著穩健的均衡，是林中小步，游魚唼喋。爵士舞是急促的、狂熱的，表現出黑人的原始味，未開發的非洲叢苑味。探戈是多摺疊的，像一片片旋轉的花瓣，以複雜的線條描繪單一的美。它是多邊形的，爵士舞是三角形的，勃露斯是菱形的，華爾滋是圓形的。音樂波漩著、膨脹著、擴大著，火樣包圍了舞男舞女。感覺不再由內而外，而是自外而內。一大片微妙質感從聲音和霓虹燈光滲入人們心靈。生物的最深本能化了裝，以一派奇異姿態由人們情緒裡滾出來，慾望赤裸裸而曼美的流瀉著。羅可可的華艷飛舞著。到處是光、色、音、香、味的艷麗碎片。人們在碎片間迴旋。唐鏡青與景藍也跟著狀旋。無數圓漩中，他們似乎變成大風暴高空的千萬圓荷葉。

這一夜，唐鏡明與景藍沉醉在華爾滋裡時，另一空間，瞿縈正伏在碧綠罩檯燈光下，抒寫她最內在的華爾滋旋律，比一切跳舞音樂更強烈的音籟。

假如說，一生中，一個女人也有最最沒有辦法的時候，那麼，我現在正是最最沒有辦法的時候。是的，我沒有辦法。我要重複的加重說：我毫無辦法。任何人像我遇到這樣一個男人，也毫無辦法。他在我身上的魔力，我無法描繪，假如我能描繪，我就有「辦法」了。這種魔力，從海上第一夜起，從他向我發出第一籟聲音起，就像吉卜賽人的舞蹈鈴鼓似地，響在我四週，這以後，它就不斷昇高，由身外響透我身內，直到使我完全昏眩。他的確是有魅力的，它的特點，就是你無法抓住他，然而，它又這樣緊緊跟你纏在一起。它們是一個神秘整體，絕不是東一片，西一塊，叫你好逐個拆開，確實摸到。它們是一種玄妙的暈光迷霧，由一個永不可測的核心發出來。要了解這些，你必須直通核心，但我卻無法「透」，否則，我就「有辦法」了。

是這樣的一個男人，他有聲有色的纏裹你。（這裡的「色」，不是指形像的色，而是心靈的色。）他開始纏你時，你毫不知道。當你知道時，你已被纏定了。可是，這種「纏」並不像蟒蛇，緊得叫你害怕，而是一種天鵝絨式的纏，纏得你很舒服。有時候，他只要輕輕講一個字、一句話、輕輕碰我一下，我心裡都是暖烘烘的。不，只要他在我身邊，我就是暖烘烘的。我好像一直喝一種酒，它叫我迷迷的，烘烘的，卻永遠給我又持續溫柔又有點震撼式的刺激，而不會使胃覺起酸性反應。它只叫你微微的暈，淡淡的暈、慢慢的暈、帶甜的暈。

我不說他深湛，他從不有意向我表示深湛；我不說他靈感，他從不有意對我表現靈感；我不說他水晶，他從不向我有意流瀉水晶；我不說他幻美，他從不向我有意裝扮幻美。但他其實是深湛的、靈感的、水晶的、幻美的。這些特色像一些樹葉子，完滿的招展在他個性巨樹上。沒有風，它們從不藉人力搖撼過。有風，那也不是狂風，而是極清爽的風，搖展得很自然、很明靜。他有的是風暴，但他更歡喜把這藏在他最深處，作爲一切動力的總樞紐，而經常只朝我微風款擺。這一種透明的神韻之美，比什麼都能從根攪動一個女人心魂。因爲，它正是女人心魂的主色，共鳴的和音，即使是輕輕一觸，也比一切雷吼聲能搖撼人。

啊，蒂，我爲什麼不愛你？爲什麼不愛你？爲什麼不愛你？我並不是白痴，也不是瘋子，更不是蠟像或石雕。如果我不愛你，那眞是自然界一件怪象，像六隻腳的畸形羚羊，兩個腦袋的怪胎兒，一千萬次才有一次。假如這一生中，我曾經做過一件合理的事，那就是：愛你。假如我這條平凡身子還能給這個世界添任何一點顏色，那就是：愛你。假如我的生命還能對人性有一點貢獻，那就是：愛你。假如今後幾十年，我還能做一件討我自己歡喜的事，那就是：愛你。我是一個女人，上帝也會可憐我沉迷在這樣事上的。……不要被我外層那些幻景所欺。一個好看的女人，要在這個「大世界」活得不想跳燕子磯，是需要這點幻景的。它們是一帷幕帘，不讓窗內一切坦露在任何人眼裡。我並不是個展覽會，也不是陳列館，也不是公園，從早到晚，任何人，要逛進來，隨時都可以逛進來，品花論草一番。過去，有一個時期，我曾那麼做過，終於發覺，滿不是那回事。單憑火熾情感，並不能買得人的歡心。現在，我只是我。我變得吝嗇了。我只願做一家私人花園，只接待一位遊客：第一個，也是最後一個。在這個人面前，無論是園內花草樹木，或窗內一切，全可以展露在陽光下。這也是我的原始面貌；在眞正的陽光下（世界上贗品陽光多得很），赤裸著我的頭髮和腳，笑著走在海濱沙灘上，必要時，剝光我的一切，包括那最重要最神秘的。此刻，你來了，我眞正的太陽光來了，蒂，你沒有注意到嗎？我已摔掉我的帽子，脫掉我的鞋子與襪子，現在，正解開那件晚禮服的鈕扣？……在你面前，我要永遠赤裸頭髮和腳。……在你面前，我只想穿兩種衣服。一種是白色梳裝袍子，這只有我獨自一人時才穿，可以表顯我最隨便、最自然的情緒，而我也毫不用顧忌，因爲，這時，我的唯一觀衆就是我那個私人房間，而你正是我的私室。另一種是白色游泳衣，穿上它，如果在幽僻的海邊，唯一的觀衆只是大自然，而你正是我的大自然。

啊，蒂，給我！給我！把「你」給我！把「我」給你！是我的給我！我有許多東西，在你未降臨這個世界時，早埋在你身上。你來這個世界，只有一個使命，把欠我的東西還給我。

蒂，你還記得嗎？那天下午，我們躺在蘇堤草地上曬太陽，曬了許久，你低低貼住我耳螺問：「你現在是不是覺得很熱？」當時我本來睜著眼睛望藍天的，聽到你的話，閉上眼，什麼也說不出。我心裡昏昏暈暈的。你也不再問下去，只用手輕輕撫摸我的頭髮。可是，現在我可以回答你了。因爲，這正是一個清晨，我靜坐窗前，芙蓉鳥在窗外綠樹間鳴囀，我也同樣看著湛藍天空，但我可以回答你：「自從認識你以後，大自然再沒有四季，永遠只有一個季候：盛夏。世界永遠是盛夏的世界。宇宙因爲你而永遠熾熱。」我這個回答，你滿意不？

你記得嗎？有一次，你久久抱我後，突然對我半輕鬆半恫嚇的低低道：「縈，你知道：我是一個得寸進尺的人？」當時我只是笑笑，沒有回答，現在，我可以回答你了：「先生！你當我是個猶太人嗎？——在對歡樂的支付上，我有著印度王公的最大慷慨。」（註三）

把你和我的夢連在一起，這是我的習慣。每一夜，睡前，我總懷著熱烈的期待，盼你走入我的夢。我有意要養成一種習慣，彷彿讓我那根感覺美的腦神經、常常飄開去，一頭搭在美裡，一頭掛在你樹枝狀神經中。特別是，月光叫我窗子開花的那些夜，寢前，我熄了燈，久久佇立「花」下，仰望大月亮，祈求它照亮你我神經的交流電。更禱告它照亮你的腳步，今夜瀟灑的踏入我的夢。

我不能敘述對你的感情。一個字、一籟音，從我唇邊漏出來，其實都是對你的褻瀆。我願把你深深藏在我心靈的永恆地窖底，像猶太人窖藏一堆千年鑽石珠寶。在這深沉地窖底，有你的頭髮、你的眼睛、你的笑、你的影子，以及有關你姿態的各種回憶、反映、沉思。我窖藏著、儲蓄著。……我又像在靈魂沙漠上造一座埃及金字塔，塔底躺著你的記憶與影像，而不是木乃伊。建這座塔，並沒有一千二百萬古埃及奴隸，只用我的溫情、我的顫慄、我的歡樂和悲哀。這是我的矛盾：我愛你、親你，有時卻不願它們沾一點塵土。我常幻想，我應該學維蘇威火山式的痛愛你，卻又不讓你知道一點。愛一個毫不知道自己被愛者。

啊！蒂！每一次，當我提筆寫這些時，我似乎不是在寫，而是向你血肉裡撲去。每多寫一字、一句，我就多向你撲入一分、一寸。我是有這麼多理由，要向你撲去。我是有這麼多歡樂、抖顫、瘋狂，要向你撲去。我不願是熱帶的五彩貝殼：榧螺、望月貝、或子安貝，嫵美的躺臥廣大海濱，任千萬人留戀。我只願是谷訶的向日葵，永遠單獨簪插於你斗室瓶中，是一片大燃燒的產物。啊！蒂！注視我呀！凝視你瓶中的我呀！瞧這朵向日葵呀！瞧這一大朵燃燒，這一片大太陽的奇異結晶呀！我不正是你的結晶？啊！蒂！向日葵永遠追逐太陽。我永遠追逐你。

上面日記片斷，幾天後，一個陽光美麗的下午，在湖邊白堤草地上，她斜躺在他膝下，溫柔的低低唸給他聽。他閉上眼，靠一棵柳樹幹，讓一些纖纖柳枝條、隨風輕拍他的臉，……。

註一　此處大家對葛嶺青山喊話處，是裡西湖「空谷傳聲」處，人發大聲，對山必應。

註二　紅蝙蝠出瀧洲，雙伏紅蕉花間，採者獲其一，則一不去。南人收爲媚藥。

註三　此處指波斯大詩人莪默伽耶的「魯拜集」的詩句。